Hexen, Teufel und Germanen

Teufelsglaube und Hexenwahn als Folge der Christianisierung

Beispielhaft verdeutlicht am altsächsischen Gott Krodo, der aus der reinen Religion unserer germanischen Vorfahren zur primitiven Götzenverehrung entwertet und degradiert wurde.

von
Mike Vogler

Weitere Bücher von Mike Vogler:

Mysterium Heiliger Gral: Der Autor macht eine Reise durch die Jahrhunderte und verfolgt dabei die Spur des Heiligen Grals durch alle Zeiten und viele Kontinente. Beginnend bei den magischen Kesseln der Kelten und den legendären Rittern der Tafelrunde führt die Reise zu den Legenden um den Abendmahlskelch, aus dem Jesus getrunken haben soll. Und weiter geht es durch die Jahrhunderte des Mittelalters über die Katharer und Templer in ein kleines Dorf in den Pyrenäen, wo ein Pfarrer einen bis heute mysteriösen und rätselhaften Schatz fand. Sogar die Nationalsozialisten versuchten mit viel Aufwand in den Besitz des Artefaktes zu gelangen, welches die Menschheit seit Anbeginn der Zeit bewegte. ISBN 978-3-89094-634-4

© **2. Auflage, Copyright 2018 by Bohmeier Verlag, D-04357 Leipzig, Oelssnerstr. 2, Germany, Tel.: +49 (0) 341-6812811 - Fax: +49 (0) 341-6811837.**
Immer erreichbar über unsere Internet-Homepage: www.magick-pur.de

© **Coverbild und Covergesamtkonzeption von JAD.** Karl der Große ließ im Jahre 780 das Heiligtum des Krodo zerstören. Collage nach einer Abbildung „Die Zerstörung des Götzenbildes Krodo".

Gesamtherstellung: Bohmeier Verlag, Printed in Germany

ISBN 978-3-89094-712-9

Inhaltsverzeichnis

Mein Dank gilt Herrn Horst Woick aus Bad Harzburg für interessante Informationen zum altsächsischen Gott Krodo; zudem den Damen der Harzbücherei Wernigerode für das Bereitstellen von wichtigem Literaturmaterial. Besonders bedanken möchte ich mich bei meiner Frau Peggy, welche mich beim Entstehen dieses Buches mit Rat und Tat unterstützt hat.

Die 2007 errichtete Krodostatue auf dem Großen Burgberg in Bad Harzburg.

Einleitung

Einen germanischen Gott namens Krodo wird man in den modernen Büchern über die Geschichte und Mythologie der Germanen vergeblich suchen. Seine Bedeutung für die Geschichtswissenschaft ist im Vergleich zu Wodan, Donar, Saxnot und den anderen germanischen Göttergestalten zu gering, als dass man ihn in einschlägigen Publikationen findet. Als ich jedoch auf eine Legende von Kaiser Karl dem Großen stieß, welcher jenen besonders im Harz verehrten Gott höchstpersönlich zum Teufel erklärte, wurde mir auf einmal klar, warum gerade im Harz der Glaube an die Macht des Teufels und seiner Hexen so stark vertreten ist.

Der Harz mit seinen mystischen, schier undurchdringlichen Wäldern war ein Landstrich in Europa, in dem es für die christliche Kirche im frühen Mittelalter besonders schwer war, ihre Lehren zu verbreiten. Zudem waren die Sachsen nicht gewillt, ihre angestammte Religion zu Gunsten des gekreuzigten Heilands aufzugeben, welcher in einem fernen, ihnen gänzlich unbekannten Land gestorben war.

Also musste die Kirche schwerere Geschütze auffahren. Die Franken als militärischer Arm der Kirche sorgten mit besonderer Härte für die Verbreitung des christlichen Glaubens und sorgten gemeinsam mit dem Klerus auch für die Verunglimpfung der alten germanischen Götter.

Am Beispiel des altsächsischen Gottes Krodo möchte ich meinen geneigten Lesern verdeutlichen, wie aus der reinen Religion unserer germanischen Vorfahren eine primitive Götzenverehrung gemacht wurde und strahlende, lebensbejahende Gottheiten zu Dämonen, Teufeln und Hexenweibern degradiert wurden.

Im ersten Teil meines Buches stelle ich meinen Lesern ausführlich jenen Gott Krodo vor, den schon Karl der Große für so mächtig hielt, dass er ihn zum leibhaftigen Teufel erklärte. Besonders interessant ist der schon geraume Zeit andauernde Gelehrtenstreit über den eigentlichen Ursprung des Krodo.

Der zweite Teil des Buches beschäftigt sich mit der Geschichte der Germanen sowie deren Religion und Missionierung durch die christliche Kirche. Zudem gibt es biographische Kapitel über Karl den Großen, Bonifatius den „Apostel der Deutschen" sowie den Sachsenherzog Widukind, welcher sich mit aller Macht gegen die Unterwerfung und Christianisierung seines Volkes stellte.

Im dritten Teil erfahren meine Leser, wie die Kirche die germanische Religion gezielt beeinflusste und vereinnahmte, so dass eine reine, naturverbundene Religion heute als Götzendienst unwissender Barbaren hingestellt wird. Ausgehend von meiner These, dass der Teufels- und Hexenglaube in Europa auf Grund der Christianisierung der heidnischen Völker entstand, endet das hier vorliegende Werk mit Ausführungen über den Teufel und seine Hexen.

Der Klusfelsen in Goslar: In der Felsengrotte wurde 1167 eine Marienkapelle - die „Kluskapelle“ - errichtet, die im 19. Jahrh. wieder abgebrochen wurde.

Grab des sächsischen Herzogs Widukind in der Kirche von Enger.

Teil I – „Der vermeinte Götze Krodo"

1. Krodo - ein erstes Kennenlernen

Meine erste Begegnung mit dem altsächsischen Gott Krodo geschah eher zufällig. Im März 2008 verlebten meine Frau und ich mal wieder einen Kurzurlaub im schönen Harz. Jenes malerische Mittelgebirge ist schon seit Jahren unser favorisiertes Ferienziel in Deutschland. Die geheimnisvollen, dunklen Wälder und die vielen bizarren Felsformationen üben eine Faszination aus, der man sich nur schwer entziehen kann. Nicht zu vergessen die wunderschönen alten Burgen und pittoresken Städtchen. Auch geschichtlich hat der Harz einiges zu bieten, denken wir nur an Quedlinburg mit der Gruft Heinrichs I. oder an die Kaiserpfalz in Goslar.
Da wir die üblichen touristischen Ziele zur Genüge kannten, kaufte ich mir im Vorfeld unseres Urlaubs die DVD „Mythos Harz - Atlantische Kultstätten". Der Titel klang vielversprechend und hielt auch, was er versprach. Im Film werden verschiedenste magische Orte und vermeintliche frühzeitliche Kultstätten vorgestellt. Um die Entdeckung jener Örtlichkeiten hat sich besonders Dr. Siegfried Hermerding verdient gemacht, der auch im Film des Öfteren zu Wort kommt. Mit Hilfe seiner Ausführungen stellte ich ein abwechslungsreiches Programm für unseren Besuch im Harz zusammen. Wir besuchten unter anderem das Steinmühlental bei Rothesütte, welches für seine Großsteinskulpturen bekannt ist, sowie den „Steinernen Mönch" von Ilfeld, welcher verblüffend den Skulpturen auf den Osterinseln ähnelt. Höhepunkt unserer Exkursion sollte jedoch die Besichtigung des Klus-Felsens in Goslar werden. Jene Felsformation wurde laut Siegfried Hermerding von unseren germanischen Vorfahren als Kultstätte für die Verehrung ihrer Götter verwendet. Über den Klus hatte Siegfried Hermerding bereits 1987 eine Broschüre herausgegeben, von der ich mit etwas Glück ein Exemplar im Internet erstehen konnte. In dieser Broschüre las ich auch das erste Mal von einem Gott namens Krodo, der in früher Zeit große Verehrung beim Stamm der Sachsen genossen haben soll. Außerdem war das Foto des sogenannten Krodo-Altars im Heft abgebildet, der im Goslarer Stadtmuseum zu besichtigen ist.
Jener Krodo und der nach ihm benannte Altar interessierten mich jedoch vorerst nur am Rande. Das sollte sich jedoch spätestens beim Besuch des Museums in Goslar ändern. Völlig fasziniert stand ich vor jenem mysteriösen Artefakt, dessen Herkunft und Verwendungszweck bis heute ungeklärt ist. Es handelt sich um einen rechteckigen, teilweise vergoldeten Bronzekasten, der von vier orientalisch gekleideten Figuren getragen wird. Die vier Seitenwände sind mit einer Vielzahl von Öffnungen versehen, die einst mit kostbar verzierten Schmuckplatten verschlossen waren. Von diesen sind leider nur noch die Fragmente einer einzigen Platte erhalten. Mangels schriftlicher Überlieferungen wird der Krodo-Altar von den Geschichtsgelehrten heute als christlicher Reisealtar betrachtet. Meiner Ansicht nach sind die Verzierungen der Schmuckscheibe und speziell die orientalisch anmutenden Trägerfiguren

jedoch ein Anzeichen dafür, dass es sich hier nicht um eine christliche Reliquie handelt. In der zeitlichen Datierung sind sich die Experten ebenfalls uneinig. Eine umfangreiche Untersuchung im Jahre 1992 datierte das Objekt auf die erste Hälfte des 12. Jahrhunderts und ersetzte damit die lange geltende Entstehungszeit um 1080. Beide zeitlichen Einordnungen stehen einer Verbindung mit dem altsächsischen Gott Krodo entgegen. Grund genug für die Wissenschaft, das ganze Thema ins Reich der Legenden abzutun. Aber das ist ja beileibe nichts Neues. Lässt sich etwas geschichtlich nicht bis ins Detail beweisen, wird es beiseitegeschoben und gilt als nicht mehr relevant. Aber es sind gerade jene Dinge unserer frühzeitlichen Vorfahren, die mich interessieren. Meine Neugierde war also geweckt.
Wieder zuhause begann ich zu recherchieren und stieß auf Erstaunliches. Jener geheimnisvolle Krodo schien bei den vorchristlichen Sachsen ein beliebter Gott gewesen zu sein. Es handelte sich bei ihm vermutlich um eine Art Fruchtbarkeitsgott. Eine Abbildung in Botes Sachsenchronik zeigt ihn als älteren, sehr schlanken Mann, in einem kittelartigen Gewand. Nach germanischer Tradition trägt er das Haar lang. Mit der linken Hand hält Krodo ein Rad erhoben, in der rechten Hand trägt er einen Korb mit Rosen. Seine Füße ruhen auf einem großen Fisch. Die Symbole deuten zweifelsohne auf Krodos Bedeutung als Beschützer der Fruchtbarkeit, der Gesundheit sowie der Ernte hin. Das Rad versinnbildlicht den Lauf der Zeit, das Werden und Vergehen des menschlichen Lebens. Die Rosen stehen für Fruchtbarkeit sowohl der Menschen als auch der Natur. Der Fisch deutet auf das Element Wasser sowie Nahrung hin, zwei unablässige Komponenten für das Überleben aller Spezies auf unserer Erde. Zusammenfassend können wir sagen, dass die Figur des Krodo das Leben als solches symbolisiert.
Immer wieder wurde von selbsternannten Experten behauptet, dass Krodo nur die Erfindung von mittelalterlichen Schreibern war. Es darf aber nicht vergessen werden, dass es sich hierbei um eine eher lokale Gottheit handelte, die nur von einem Teil der Sachsen verehrt wurde. Seine Bedeutung im Vergleich zu den bekannten germanischen Göttern, wie beispielsweise Wodan oder Donar, ist als eher gering einzustufen. Das ist auch der Grund, warum Krodo über die Jahrhunderte hinweg fast in Vergessenheit geriet. In akademischen Kreisen gilt er heute als bloße Erfindung Conrad Botes. Allerdings stellte sich mir die Frage, warum Bote einen Gott erfunden haben soll. Die Geschichte der Sachsen war doch auch so interessant genug und die uns heute zur Genüge bekannte Sensationshascherei kannte man im 15. Jahrhundert noch nicht.
Im Jahre 1825 kam es zu einem literarischen Schlagabtausch zwischen Julius Gottfried Eberhard Leonhard, seines Zeichens Herzoglicher Braunschweiger Forstschreiber und dem Regierungsrat Christian Heinrich Delius aus Wernigerode. Grund für die Auseinandersetzung war der Wahrheitsgehalt der Krodo-Legende. Der Streit gipfelte in der Veröffentlichung von Leonhards Buch „Die Harzburg und ihre Geschichte" sowie Delius „Untersuchung über die Geschichte der Harzburg und den vermeinten Götzen Krodo". Beide Bücher gelten heute als Standardwerke zum Thema Krodo.

Leonhard galt als Verfechter des Krodo-Mythos, wogegen Delius zu jener Art Heimatforschern zählte, die streng nach wissenschaftlichen Fakten arbeiteten, welche bei den Legenden um Krodo natürlich nicht gegeben waren. Nach Leonhards Aussagen stand auf dem Großen Burgberg bei Bad Harzburg einst das Abbild des Sachsengottes Krodo. Der heute in Goslar befindliche Krodo-Altar soll sich zu Füßen der Statue befunden haben und diente als Opfertisch für den Gott. Die Anhänger der Krodo-Theorie sind sich heute weitestgehend einig, dass jenes Heiligtum auf dem Burgberg ursprünglich nicht von der ansässigen germanischen Bevölkerung errichtet wurde. Vielmehr soll es einst als Tempel für den römischen Gott Saturnus entstanden sein, der von einer römischen Legion errichtet wurde. Jener Tempel soll sich an der Stelle befunden haben, an der heute die Bergstation der Seilbahn steht, die auf den Großen Burgberg führt.
Unter dem römischen Feldherrn Drusus kam es 11 v. Chr. im Rahmen der Germanenfeldzüge zu Kämpfen mit den Cheruskern, die damals am Rande des Harzes siedelten. Es liegt also durchaus im Bereich des möglichem, dass auf dem heutigen Großen Burgberg römische Soldaten stationiert waren, die zum Zwecke ihrer Religionsausübung dort einen Tempel errichteten. Gegner der Krodo-Theorie werden jetzt sicher meinen, dass die Cherusker nach Abzug der römischen Truppen deren Tempel wohl niedergerissen hätten. Wir dürfen aber nicht vergessen, dass Römer und Cherusker zwischenzeitlich immer wieder Friedensverträge schlossen. Ein möglicher Tempel auf dem Großen Burgberg blieb somit wohl erhalten, wenn er auch nicht mehr genutzt wurde. Warum sollte sich die einheimische Bevölkerung die Mühe machen, ein Heiligtum ihrer neuen Verbündeten abzureißen. Der Tempel verfiel dann sicherlich im Laufe der Jahrhunderte und nur die Statue des Saturnus blieb erhalten.
Eine etwas andere Meinung zur Entstehung des Krodo-Heiligtums vertritt der Bad Harzburger Heimatforscher Horst Woick. Im Mai 2010 hatte ich das Vergnügen, diesen bemerkenswerten Herren persönlich kennenzulernen. Herr Woick ist der Ansicht, dass es germanische Soldaten im Dienste Roms waren, welche die Kultstätte zu Ehren Krodos errichteten. Verständlicherweise hatten wohl viele germanische Soldaten die religiösen Gewohnheiten ihrer neuen Dienstherren angenommen. Nach der Entlassung aus den römischen Legionen und Rückkehr in die Heimat kam es so zu einer Art „Verschmelzung" römischer und germanischer Gottheiten. Krodo war möglicherweise das Produkt einer Vermischung vom römischen Saturnus mit dem germanischen Wodan.

Zu welcher Volksgruppe die Erbauer des Krodo-Heiligtums gehörten, darüber können wir heute nur spekulieren. Am ehesten handelte es sich möglicherweise um Hermunduren oder die bereits erwähnten Cherusker. Beide Stämme siedelten zu Beginn der Zeitrechnung im Bereich des nördlichen Harzes, auch in der Gegend des heutigen Bad Harzburg. Schon Tacitus, der berühmte römische Historiker, schreibt, dass die Hermunduren den Römern treu ergeben waren und von den Cheruskern wissen wir mit Sicherheit, dass Männer ihres Stammes in den römischen Legionen Dienst taten. Bekanntestes Beispiel dürfte hier mit Sicherheit der legendäre Arminius sein, der als Offizier in römischen Diensten germanische Hilfstruppen befehligte und so wichtige militärischen Erfahrungen sammeln konnte. Jene Erfahrungen nutzte er dann später, um seinen ehemaligen Herren die vernichtende Niederlage in der berühmten Varusschlacht im Jahre 9 n. Chr. beizubringen.

In jedem Fall ist die Meinung von Herrn Woick durchaus interessant, lässt sich allerdings wie so vieles im Themenbereich Krodo nicht mit Sicherheit beweisen.

Im Jahre 531 zerschlug eine militärische Koalition aus Franken und Sachsen das damalige Königreich Thüringen und sächsische Siedler ließen sich am Rande des Harzes nieder. Diese entdeckten dann wohl die einsame Statue auf dem Großen Burgberg. Denkbar wäre es, dass sie jene für das Abbild eines lokalen Gottes hielten und ihn in ihre Glaubenswelt mit aufnahmen. Der Begriff Sater, eine andere Bezeichnung für Krodo, war in der einheimischen Bevölkerung noch erhalten geblieben und entstand aus der Abschleifung des namens Saturnus. Wenn auch dieser römische Gott bei den Cheruskern, Hermunduren und den späteren Thüringern keine Verehrung genoss, war er doch nie ganz vergessen worden.
An dieser Stelle möchte ich darauf hinweisen, dass es sich hierbei um persönliche Vermutungen meinerseits handelt, die mir nach der Lektüre von Leonhards Buch kamen. Sie sollen nicht als feststehende geschichtliche Tatsachen verstanden werden.

Woher der uns heute geläufige Name Krodo stammt, darüber kann ebenfalls nur spekuliert werden. Als möglicher Namenspate kommt der Gott Kronos aus der griechischen Mythologie in Frage, welcher das Gegenstück zum römischen Saturnus darstellt. Die Männer der germanischen Hilfstruppen in römischen Diensten werden wohl auch von Kronos gehört haben und mit den Jahren bürgerte sich jener Name für die einsame Götterstatue auf dem Großen Burgberg ein. Mit der Zeit wurde dann aus Kronos der uns heute bekannte Krodo.
In der Chronik des Ortes Oker, nicht weit entfernt von Bad Harzburg, fand ich einen möglichen Lösungsansatz für die Herkunft des Namens Krodo. In jener Chronik, die von einem gewissen Herrn Schucht im Jahre 1888 verfasst wurde, heißt es, dass die ortsansässigen Sachsen auf die Frage nach ihrem Gott geantwortet hätten: „Den Groten, nämlich Wodan." Somit hätten also die Bewohner jener Gegend – wie alle Germanen – dem Göttervater Wodan gehuldigt, den sie als den „Groten" also den „Großen" betitelten. Aus einem Missverständnis heraus wurde aus „Groten" mit der Zeit der Name Krodo, welcher dann für die Statue auf dem Großen Burgberg geläufig wurde. Wir haben damit einen interessanten Hinweis, der sich aber wiederum nicht wirklich beweisen lässt.

2. Krodo – eine Bestandsaufnahme

Seine erste schriftliche Erwähnung fand Krodo in der „Chronik der Sachsen" von Conrad Bote, der als Schreiber für die Herzöge von Braunschweig arbeitete. Es handelte sich hierbei um eine der ersten in Deutschland verfassten und illustrierten Chroniken. Bote schrieb von 1489 bis 1491 an seinem in mittelniederdeutscher Sprache verfasstem Werk, welches dann im Jahre 1492 in Mainz von Peter Schöffer

veröffentlicht wurde. Schöffer war ein Schüler Johannes Gutenbergs, welcher uns heute als Erfinder des modernen Buchdrucks bekannt ist.
Botes Sachsenchronik ist mit einer großen Anzahl an Holzschnitten versehen, welche ihr auch den Namen „Niedersächsische Bilderchronik" eintrug. In den Abbildungen werden Stadtansichten, unter anderem von Braunschweig, Hamburg und Köln gezeigt, außerdem Abbildungen von wichtigen Persönlichkeiten der damaligen Zeit sowie historische Geschehnisse dargestellt. Für unsere Betrachtungen ist natürlich in erster Linie die Erwähnung und Abbildung des altsächsischen Gottes Krodo von entscheidender Bedeutung. Laut Botes Ausführungen ließ der römische Kaiser Julius nach der Eroberung „Alemanniens" sieben Burgen für die sieben Planetengötter errichten. Auf dem Großen Burgberg beim heutigen Bad Harzburg soll die Burg des Saturnus gestanden haben, zu der auch ein spezielles Heiligtum der Gottheit gehörte, die wir heute unter dem Namen Krodo kennen. Insoweit decken sich Botes Aussagen mit den uns bekannten Überlieferungen, dass römische Soldaten ein Heiligtum zu Ehren ihres Gottes Saturn auf dem Burgberg errichteten. Allerdings ist die Errichtung der ersten Burg auf jenem Berg historisch erst in der Zeit von 1065 bis 1068 durch Kaiser Heinrich IV. belegt.
Botes Behauptung, dass sich auf dem Burgberg zusätzlich noch die Irminsul, das Zentralheiligtum der altsächsischen Stämme befunden haben soll, ist meiner Ansicht nach als eher kritisch zu betrachten. Conrad Bote schoss wohl etwas zu weit über das Ziel hinaus, wenn er den Hain der Irminsul mit einem römischen Heiligtum auf dem Großen Burgberg zusammenlegte. Möglicherweise wollte er so die Wandlung eines römischen Planetengottes zu einem Gott der alten Sachsen anschaulicher untermauern.
Der Magdeburger Geschichtsschreiber Georg Torquatus nahm sich einige Zeit später der Ausführungen Conrad Botes an. In seinen 1562 begonnenen „Annales Magdeburgenses et Halberstadenses" berichtete er ausführlich von Saturnus/Krodo und beschrieb sein Aussehen mit anschaulichen Worten. Leider wissen wir nicht, ob Torquatus Beschreibungen sich ausschließlich auf Botes Aussagen über Krodo bezogen oder er auf mögliche ältere Quellen zurückgriff, welche schon von Bote in der Sachsenchronik angedeutet wurden.
Der Theologe Caspar Calvör griff in seinem 1714 erschienenen Buch „Das alte heydnische und christliche Niedersachsen" das Thema erneut auf. Calvör stellte die Vermutung an, dass es sich bei Krodo um eine sächsische Variante des Gottes Wodan handelte. Meiner Ansicht nach ist dies eine durchaus interessante These, denn beispielsweise war der altgermanische Kriegsgott Ziu bei den Sachsen als Saxnot bekannt. Im weiteren Verlauf seiner Erörterungen ist klar zu erkennen, dass Calvör seine Informationen aus Botes Sachsenchronik entnommen, diese jedoch um weitere Nachforschungen erweitert hat. Calvör sieht sogar Verbindungen von Krodo zur lebenspendenden Urgewalt „Mutter Erde" bzw. deren späteren Variante der Erdmutter Nerthus, welche er, wie viele mittelalterliche Chronisten, Hertha nennt. Calvör geht sogar so weit, Krodo mit dem biblischen Adam gleichzusetzen, was sicherlich seiner Tätigkeit als Theologe geschuldet ist. Wenn der Chronist mit seinen Ausführungen für

meinen Geschmack auch etwas zu weit ging, haben wir seinem Werk jedoch viele wichtige Informationen über Krodo zu verdanken.
Was sollen wir nun von den Legenden halten, die sich um Krodo ranken? Handelt es sich tatsächlich nur um ein Fantasieprodukt Conrad Botes, wie Regierungsrat Delius felsenfest überzeugt war, oder sollen wir eher den Ausführungen Leonhards Glauben schenken? Um diese Frage beantworten zu können, müssen wir uns intensiver mit der Sachlage beschäftigen.
Julius Gottfried Eberhard Leonhard war felsenfest von der Bedeutung Krodos als Gottheit der alten Sachsen überzeugt. Neben seiner Arbeit als Herzoglicher Forstschreiber widmete er sich intensiv der Erforschung der Legenden, die sich mit dem Großen Burgberg und Krodo beschäftigten. Die Ergebnisse seiner Nachforschungen verarbeitete er zu einem Buch, welches 1825 von der Buchhandlung Fleckeisen in Helmstedt unter dem Titel „Die Harzburg und ihre Geschichte" veröffentlicht wurde. Leonhard war jedoch kein bloßer Theoretiker, er betrieb auch handfeste Nachforschungen vor Ort. Im Jahre 1820 veranlasste er eine umfangreiche Grabung auf dem Großen Burgberg, welche Zähne von Pferden und Rindern zu Tage brachte sowie große Mengen von Asche, was auf Brandopferungen deutete Jene Funde ließen Leonhards Überzeugung wachsen, dass sich einst auf dem Großen Burgberg ein Heiligtum zu Ehren des Gottes Krodo befand. Anzumerken sei an dieser Stelle, dass sich die Bezeichnung Großer Burgberg erst einbürgerte, als dort eine Burg errichtet wurde. Leonhard bezeichnete den Berg in seinem Buch als Saterborg.
Über den Kult, den die Sachsen um Krodo betrieben, wusste Leonhard so einiges zu berichten. Laut seiner Beschreibung wurden dienstags und sonnabends auf dem Großen Burgberg zeremonielle Riten zu Ehren des Gottes abgehalten. Da Krodo allgemein als Beschützer der Natur sowie des Ackerbaus und Viehzucht galt, legten die Menschen zu seinen Ehren Blumen und Früchte auf dem Altar zu Füßen der Statue nieder. Auch Tiere sollen geopfert worden sein. Da die Sachsen Krodo auch als Beschützer ihrer Freiheit betrachteten, flehten sie ihn auch bei kriegerischen Auseinandersetzungen um Hilfe an. Zu diesem Zweck sollen gefangene Feinde auf dem Altar geopfert und verbrannt worden sein. Dieser Aussage müssen wir jedoch eher skeptisch gegenüberstehen, da Größe und Beschaffenheit des Altars nicht auf solcherart Opferung hindeuten. Das Opfern von Menschen wurde zwar bei den germanischen Stämmen gelegentlich praktiziert, allerdings geschah dies dann hauptsächlich durch rituelles Ertränken und nicht als Brandopferung. Leonhard geht sogar noch weiter und erzählt, dass jede Mutter ihren erstgeborenen Säugling in die hochlodernden Flammen auf dem Altar warf, um Krodo zu huldigen. Solch eine Behauptung bedarf meiner Ansicht nach keines Kommentars!
Karl der Große ließ laut Überlieferungen im Jahre 780 das Heiligtum des Krodo zerstören. Auf Geheiß des Kaisers wurde an jener Stelle eine Kapelle errichtet, in welcher der nun christlich geweihte Krodo-Altar seinen Platz fand. Der Krodo-Kult wurde offiziell verboten und seine weitere Ausübung mit dem Tode bestraft.
Da sich Leonhard bewusst war, dass seine Ausführungen durchaus auch Zweifler und Kritiker auf den Plan rufen würden, sorgte er vor. Er schrieb, dass es sehr wohl einen

Gott Krodo gegeben haben muss, denn sonst hätte Kaiser Karl nicht dessen Heiligtum auf dem Burgberg zerstören und an jener Stelle eine christliche Kapelle errichten können. Natürlich handelt es sich hierbei um kein stichhaltiges Argument. Vergessen wir aber nicht, dass es zu jener Zeit durchaus üblich war, christliche Bauwerke auf vormals heidnischen Kultplätzen zu errichten. Der Bau einer Kapelle durch Karl den Großen ist historisch nicht belegt, allerdings stand nachweislich am Anfang des 16. Jahrhunderts eine Kapelle auf dem Burgberg. Auf Grund eines angeblich wundertätigen Marienbildes entwickelte sich jene Kapelle zu einem viel besuchten Wallfahrtsort. Aus weit entfernten Gegenden eilten Kranke und Gebrechliche herbei, um sich heilen zu lassen. Anscheinend muss es diverse erfolgreiche Heilungen gegeben haben, denn nicht ohne Grund berichtet der Bad Harzburger Amtmann Claus von Eppen im Jahre 1548 ausführlich davon.

Wenn also im 16. Jahrhundert eine Kapelle auf dem Großem Burgberg stand, haben wir Grund zu der Annahme, dass es auch früher, möglicherweise schon zu Kaiser Karls Zeiten, dort einen christlichen Versammlungsort gab.

Wenn „Die Harzburg und ihre Geschichte" auch als Meilenstein der Krodo-Forschung betrachtet werden kann, machte Leonhard jedoch den Fehler, die ihm zur Verfügung stehenden Quellen nicht gründlich auf ihren Wahrheitsgehalt zu untersuchen. So schrieb er von einer Urne, die vorgeblich auf dem Osterfeld nahe Goslar gefunden wurde. Jene Urne befand sich laut Leonhards Aussage über Generationen hinweg im Besitz einer Familie aus Goslar. Bei einer späteren Untersuchung der Urne wurde ein verstecktes Pergament entdeckt, welches an den Medizinalrat Dr. Brandis übergeben wurde, der es gemeinsam mit einem gewissen Professor Rössing übersetzte. In dem als „Gelübde des Artwaker" bekanntem Text verspricht ein Edelherr von Schladen seinem Gott Krodo-Wodan großzügige Opfergaben, wenn er ihm und seinem Herrn Wittekind (Widukind) beim Kampf gegen Karl den Großen helfen würde. Wir wissen heute, dass es der Goslarer Bürger Erdwin von Hardt war, der die Urne nach eigenen Angaben im Zeughaus der Stadt fand, wo sie nach ihrem Fund auf dem Osterfeld jahrhundertelang unbeachtet aufbewahrt wurde. Er entdeckte auch das Pergament, in welchem Krodo Erwähnung fand und sich dessen Existenz somit bestätigte. Schon kurz nach der vermeintlichen Entdeckung wurden Zweifel an der Echtheit des Pergamentes laut, welche Leonhard jedoch nicht davon abhielten, in seinem Buch davon zu berichten. Spätere Nachforschungen ergaben, dass es sich beim „Gelübde des Artwaker" eindeutig um eine Fälschung handelte. Weder die verwendete Schrift noch die Ausdrucksweise des Textes hatten etwas mit der Zeit Karls des Großen gemein.

Möglicherweise ließ sich Leonhard in seiner Meinungsbildung auch von einem Gemälde des Malers Friedrich Georg Weitsch beeinflussen. Jener stellte in seinem Bild „Opferfest des Krodo auf der Harzburg" eine ähnliche Szene dar, wie sie von Leonhard beschrieben wurde. Zu Füßen der Krodo-Statue steht der qualmende Altar. Ein Mann reicht dem germanischen Priester einen Säugling zur Opferung. Die begeistert dreinschauende Menschenmenge beobachtet die Szenerie fasziniert. Zwei gefesselte Männer in römischer Kleidung werden von einem Bewacher herbeigeführt.

Sie sollen ebenfalls den Opfertod finden. Weitsch malte das Bild 1797 und Leonhard muss es gekannt haben, zu ähnlich ist seine Beschreibung von den grausamen Riten auf dem Großen Burgberg. Das dargestellte Kinderopfer ist möglicherweise auch eine Anspielung auf die mittelalterliche Vorstellung, dass Hexen geraubte oder gar eigene Kinder beim Hexensabbat opferten. Ich sehe hier eine mögliche Verbindung zwischen Krodo und dem uns heute bekannten Teufels- und Hexenkult.
Karl der Große muss wohl bei der Eroberung des Sachsenlandes von solcherlei schändlichem Treiben gehört haben, denn seine Mission führte ihn auch in den Harz. In Osterwieck soll sich der Kaiser nach dem hiesigen Gott erkundigt haben. Laut Botes Sachsenchronik fragte er die einheimische Bevölkerung: „Wer ist euer Gott?" Jeder der Befragten antwortete: „Krodo, Krodo ist unser Gott." Kaiser Karl antwortete darauf: „Dann soll er fortan Krodenduvel heißen." Duvel ist ein altdeutsches Wort für Teufel. Der Kaiser machte es sich also sehr einfach und stempelte den Gott der im Harz siedelnden Sachsen als Teufel ab. Den Namen Krodo wandelte er zudem in Krode ab, was Kröte bedeutet. Es war also eine doppelte Verunglimpfung, da die Kröte immer schon mit dem Teufel und seinen Hexen in Verbindung gebracht wurde.
Das in der Geschichte von Karl dem Großen und dem Krodenduvel ein möglicher Funken Wahrheit enthalten ist, deutet sich in der sogenannten „Kaiserchronik" an. Jene Chronik entstand Mitte des 12. Jahrhunderts und beschreibt in Reimform das Leben diverser römischer und deutscher Kaiser. In der für uns interessanten Passage heißt es, dass ein alter Tempel wiederentdeckt wurde, in dem ein Gott namens Saturnus verehrt wurde. Nach der Entdeckung wurde das im Tempel befindliche Abbild des Gottes nur noch „Tiuwel", also Teufel genannt.
Von all jenen, die Krodo in das Reich der Mythen und Legenden abtun wollen, wird die Geschichte mit dem Krodenduvel natürlich bestritten. Fakt ist allerdings, dass es historisch belegt ist, dass sich Karl der Große zweimal am Fluss Oker aufhielt. Dank des Heimatforschers Wilhelm Lüders wissen wir, dass Karl im Jahre 780 mit seinem Heer in der Ortschaft Ohrum nahe Wolfenbüttel rastete. Laut den Aufzeichnungen Leonhards wurde just in diesem Jahr auf Befehl Karl des Großen die Krodo-Statue auf dem Großen Burgberg zerstört.
In diesem Zusammenhang stieß ich auf ein höchst interessantes Wandgemälde in der Kaiserpfalz zu Goslar. Auf Wunsch Kaiser Wilhelms I. schrieb das Preußische Kultusministerium 1876 einen Künstlerwettbewerb aus. Ziel der Ausschreibung war es, einen Maler zu finden, der den Kaisersaal der Pfalz neu gestalten sollte. Gewinner des Wettbewerbs war der Düsseldorfer Akademieprofessor Hermann Wislicenus. Die Schaffung der Wandbilder in der Goslar Kaiserpfalz wurden zum Lebenswerk des Künstlers. Mehr als zwanzig Jahre lang war Wislicenus mit der Ausschmückung des Kaisersaales beschäftigt. Das Ergebnis seiner Arbeit war eine wahre Farbenpracht, die bis heute nichts an ihrer Faszination eingebüßt hat. Bei meinem Besuch der Pfalz gefiel mir besonders das Bild „Karl der Große zerstört die Irminsäule". Das Gemälde zeigt den Kaiser hoch zu Ross im Kreise seiner Soldaten, von denen einige damit beschäftigt sind, eine hölzerne Statue zu Fall zu bringen. Einige prächtig gekleidete germanische Männer schauen in demütiger Haltung dem Treiben zu. Allerdings hat

die hölzerne Statue so gar nichts mit der allgemein bekannten Darstellung der Irminsul gemein. Bekanntlich wird jenes germanische Heiligtum immer als stilisierter Baum dargestellt. Das hölzerne Gebilde auf Wislicenus Gemälde ähnelt jedoch eher einem indianischen Marterpfahl als einem Baum. Ich machte meine Frau auf diese Absonderlichkeit aufmerksam und fragte sie nach ihrer Meinung. Spontan bekam ich die Antwort: „Das ist Krodo und nicht die Irminsul." Genau das war auch meine Ansicht. Bestärkt wurde meine Vermutung zusätzlich durch die beiden Hörner, welche den Kopf der Statue krönten. Für mich ein eindeutiger Hinweis auf den „Krodenduvel". Leider war es mir an diesem Tag nicht möglich, einen Museumsangestellten zu dem Gemälde Fragen zu stellen. Ich kaufte mir jedoch im angeschlossenen Shop eine Broschüre mit Abbildungen zu allen Bildern des Kaisersaales. Wieder zu Hause betrachtete ich mir das bewusste Gemälde noch einmal eingehend, wurde aber in meiner Ansicht nur weiter bestätigt. Um sicher zu gehen, setzte ich mich mit der Verwaltung der Kaiserpfalz per e-Mail in Verbindung und fragte nach, ob der Künstler sein Werk tatsächlich als Zerstörung der Irminsäule bezeichnet hatte oder ob sich der Name erst später einbürgerte. Nach einiger Zeit erhielt ich Antwort. Der Museumsdirektor persönlich teilte mir mit: „Tatsächlich hat Hermann Wislicenus selbst sein Bild ‚Karl der Große zerstört die Irminsäule' benannt, es gibt keinen Hinweis darauf, dass ihm der Bericht aus der Sachsenchronik betr. Krodo überhaupt bekannt war. Die ‚Zerstörung der Irminsäule' war im 19. Jahrhundert ein beliebtes Motiv für Historienmaler, zahlreiche Zeitgenossen W.s. haben es gemalt, u.a. Julius Schnorr von Carolsfeld, Alfred Rethel und Wilhelm von Kaulbach. Die Legende von der Zerstörung eines Krodo-Bildes war nicht annähernd so verbreitet und populär. Was auch angeführt sein soll; während über die Zerstörung der Irminsul schon von Zeitgenossen berichtet wird (Fränkische Reichsannalen 772 und der Bericht des Mönches Rudolf von Fulda) spricht die Sachsenchronik von 1492 aus dem Abstand von über 700 Jahren über die Zerstörung eines Krodo-Heiligtums."

Nach diesen Informationen war ich genau so schlau wie vorher. Bei einer erneuten intensiven Betrachtung des Gemäldes kam ich jedoch zu dem Schluss, dass Wislicenus die Krodo-Legende doch gekannt haben musste. Warum sollte er wohl sonst von der üblichen Darstellung der Irminsul abweichen und eine Statue mit Hörnern malen, welche zweifellos ein Fingerzeig auf die Geschichte von Kaiser Karl und dem Krodenduvel ist. Dank des Regierungsrates Delius galt die Krodo-Legende am Ende des 19. Jahrhunderts als unschicklich und hätte Wislicenus diese offiziell bei der Ausschmückung der Pfalz verwendet, wären seine Auftraggeber wohl mehr als ungehalten gewesen.

Leonhards recht sorgloser Umgang mit den verwendeten Quellen machten ihn zu einem leicht angreifbaren Ziel für alle Gegner des Krodo-Mythos, allen voran Regierungsrat Delius. Jener war ein nüchterner Analytiker, der nichts auf Mythen und Legenden gab. Für Delius galten in der geschichtlichen Forschung nur ernsthaft beweisbare Fakten, alles andere ließ er nicht gelten. Er war auf Grund seines Berufes ein eher ernsthafter Mensch, der Leonhards schwärmerische Begeisterung für Krodo nicht verstehen konnte. Im Vorwort seines Buches „Untersuchung über die Geschichte der Harzburg und den vermeinten Götzen Krodo“ machte er seinen Lesern unmissverständlich klar, dass seine Ausführungen als Antwort auf Leonhards Veröffentlichung zu verstehen sind. Delius schrieb, dass seine Untersuchungen „... ebenso unerwartet, als unwillkürlich veranlasst” wurden. Aus dieser Aussage ist ersichtlich, dass es für ihn ein Unding war, dem Thema Krodo überhaupt Beachtung zu schenken. Delius ging hart ins Gericht mit allen Forschern, welche sich mit Krodo beschäftigen, denn er meinte, dass „... die Nachrichten über eine ehemalige Bestimmung dieses Berges zum gottesdienstlichen Gebrauch der heidnischen Vorväter, über den Gott Krodo, durch den Wahn der Schriftsteller, seit dem letzten Jahrzehnt des 15. Jahrhunderts, so eng verflochten, dass deren ebenmäßige Beleuchtung nicht abgewehrt werden kann.” Er ging noch weiter und prangerte die von ihm sogenannten „Geschichtsfreunde” an, die alles glauben, was auf bedrucktem Papier steht. Delius schien viel daran zu liegen, das Thema Krodo ins Reich der Mythen und Legenden zu verdammen, denn er schrieb, dass der Streit über Krodo unter den Schriftstellern schon über einhundert Jahre andauerte und das es an der Zeit sei, die Akten darüber zu schließen. Als Quellen des Krodo-Mythos gab Delius Botes Sachsenchronik sowie die weniger bekannte niederdeutsche Chronik eines gewissen Abel an. Noch bevor Delius jene Quellen beim Namen nannte, bezeichnete er sie als „völlig unglaubwürdig”. Delius behauptete über die Autoren, dass sie „... den anderwärts aufgefundenen Nachrichten Selbsterdachtes freigebig beifügten.” Außerdem prangerte er an, dass beide Chroniken erst über siebenhundert Jahre nach „... dem Erlöschen des geschilderten Gottesdienstes niedergeschrieben ...” wurden. Regierungsrat Delius war dafür bekannt, dass er nur zeitnahe schriftliche Überlieferungen akzeptierte. Von diesem Standpunkt aus betrachtet, erscheint seine Skepsis durchaus nachvollziehbar. Allerdings dürfen wir auch nicht vergessen, dass gerade im Mittelalter solche Geschichten meistens mündlich von Generation zu Generation weitergegeben wurden.

Nach Delius Meinung gab es auf dem Großen Burgberg nie ein Krodo-Heiligtum, welches von Karl dem Großen zerstört wurde. Als Begründung für seine Behauptungen führte er an, dass in den fränkischen Annalen nichts darüber geschrieben stand, während die Zerstörung der Irminsul vielfach erwähnt wurde. Nun dürfen wir aber nicht vergessen, dass es sich bei Krodo nur um eine lokal begrenzte Gottheit handelte, während die Irminsul das Zentralheiligtum der Sachsen war. Außerdem sind die schriftlichen Überlieferungen aus der Zeit Karl des Großen alles andere als lückenlos. Die Taten Kaiser Karls sind uns heute vor allem durch den Chronisten Einhart überliefert, welcher um 820 die Biografie „Das Leben von Karl dem Großen” verfasste. Von jenem ist jedoch bekannt, dass er es mit der Wahrheit nicht immer so genau nahm. Darin sind sich die Experten frühmittelalterlicher Geschichte einig. Es war damals auch durchaus üblich, das Leben berühmter Herrscher auszuschmücken und zu glorifizieren. Falls es tatsächlich zur Zerstörung eines Krodo-Heiligtums kam, ließ der Chronist dieses wohl möglich unerwähnt, da ihm die Aktion nicht spektakulär genug erschien. Dass die heute beliebte Geschichte mit Karl dem Großen und dem „Krodenduvel” erst später niedergeschrieben wurde, hatte ebenfalls einen guten Grund. Es handelte sich um eine Begebenheit, die nur unter der einfachen Landbevölkerung kursierte. Jene gab ihre Geschichten und Legenden bekanntlich mündlich weiter, da die meisten einfachen Leute weder lesen noch schreiben konnten. Mündliche Überlieferungen verändern sich zwar mit der Zeit, aber der Kern der Überlieferung bleibt doch bestehen. Wir können also davon ausgehen, dass der Krodo-Mythos früher einen realen Hintergrund hatte.

Eine weitere ausführliche Wiedergabe von Delius' sogenannten Untersuchungen würde jetzt zu weit führen. Zusammenfassend kann man sagen, dass Delius mit dem ihm zur Verfügung stehenden Geschichtswissen versuchte, den Krodo-Mythos streng wissenschaftlich zu widerlegen. Allerdings war die Geschichtsforschung damals noch nicht so weit fortgeschritten, wie sie es heute ist. Aus unserer heutigen Sicht erscheinen seine Ausführungen zum Teil recht abenteuerlich. Letztendlich kommt Delius immer wieder zu dem Schluss, dass Krodo nur eine Erfindung von Bote und Abel war, da es vorher keine schriftlichen Aufzeichnungen gab. Diese Art von Beweisführung reicht aber nicht aus, dem Thema Krodo jeglichen Wahrheitsgehalt abzusprechen. Delius ging bei seinen Untersuchungen viel zu voreingenommen ans Werk, so dass das Ergebnis schon von vornherein feststand. Anmerken möchte ich an dieser Stelle noch, dass die Art und Weise, wie Delius die Anhänger des Krodo-Mythos in seinen Schriften immer wieder beleidigte, mehr als unseriös war.

Leonhard und Delius waren wie Feuer und Wasser. Während der Erste mit historischen Quellen und Legenden recht sorglos umging, war der Andere zu wissenschaftlich fixiert, um den Geschichten über Krodo auch nur die geringste Chance zu geben. Wenn es tatsächlich ein Heiligtum mit einer Krodo-Statue auf dem Großen Burgberg gab, gehen wir eigentlich davon aus, dass jene Statue bei der Zerstörung der Kultstätte durch Kaiser Karls Männer völlig zerschlagen wurde und für immer verschwunden ist. Aber möglicherweise hat doch ein Teil der Statue die Zerstörung überstanden. Im Bad Harzburger Ortsteil Bündheim steht eine alte Kirche, von der es heißt, dass sie aus Steinen der Harzburg auf dem Großen Burgberg gebaut wurde. Das Erstaunliche an jener Kirche ist die an der Nordseite eingemauerte steinerne Kopfplastik. Der bereits erwähnte Heimatforscher Horst Woick ist der Ansicht, dass es sich hierbei um den Kopf der zerstörten Krodo-Statue handelt. Obwohl die Männer Karls des Großen ganze Arbeit leisteten, ist es durchaus denkbar, dass der Kopf der Statue erhalten blieb. Bekanntlich hatte Papst Gregor I. schon 601 seine christlichen Anhänger aufgefordert, heidnische Kultstätten wenn möglich zu schonen. Vielleicht hatte einer von Kaiser Karls Soldaten von jener Aufforderung gehört und den Kopf des Krodo heimlich beiseite geschafft. Laut Herrn Woick wurde der steinerne Kopf zunächst in der Kapelle auf dem Großen Burgberg aufbewahrt. Der Kopf ist durch die Unbilden der Natur über die Jahrhunderte hinweg stark verwittert. Wir können nur erahnen, welche Züge das Gesicht des möglichen Krodo trug. Die Abmessungen des Kopfes lassen zumindest darauf schließen, dass die Krodo-Statue die Größe eines normal gewachsenen Mannes hatte. Beim Betrachten der vielen Fotos, die ich von der Kopfplastik „geschossen" hatte, entdeckte ich Hinweise auf mögliche amphibische Züge. Ob jene froschähnlichen Gesichtszüge vom Steinmetz gewollt waren oder nur durch Verwitterung entstanden, lässt sich heute nicht mehr mit Bestimmtheit sagen. Sollten tatsäch-

lich jene lästerlichen Stimmen recht haben, die immer wieder behaupteten, dass Krodo von Kröte kommt und es sich bei dem vermuteten sächsischen Gott vielmehr um einen „Krötengott" handelt? Doch welche Religion soll einem solchen „Krötengott" gehuldigt und ihm auch noch ein steinernes Denkmal gesetzt haben?
Ich habe der Ansicht, dass Krodo etwas mit einer Kröte zu tun haben sollte, immer ablehnend gegenübergestanden und diese für eine christliche Verunglimpfung gehalten. Wie um mich vom Gegenteil zu überzeugen, stieß ich in einer kleinen Buchhandlung in Bad Harzburg auf eine Broschüre mit dem Titel „Sechs Märchen um Bad Harzburg". Eines der Märchen, die der Verfasser Heinrich Rohkam zu Papier gebracht hatte, handelt von einem Krötenkönig namens Krodo. Was für ein Zufall!
Es wird berichtet, dass vor sehr langer Zeit die Landschaft um das heutige Bad Harzburg sehr wasserreich war, es gab überall kleine Seen und Bäche. Dort, wo viel Wasser ist, gibt es auch viele Frösche, welche in jenen Zeiten noch Kroten genannt wurden. Doch nicht nur viele der Kroten lebten in jener Gegend, auch ihr König hatte dort sein Zuhause. Jener Krotenkönig trug den Namen Krodo und sein Schloss lag im Krodotal. Doch Krodo war nicht wie die anderen Kroten. Er hielt sich selten im Wasser auf und war auch nicht so klein wie seine Untertanen. Im Gegenteil, sein Körper war der eines Menschen und er ging auch auf zwei Beinen. Nur hatte er Häute zwischen Fingern und Zehen und auch einen Krotenkopf. Ansonsten war er ganz wie ein Mensch geformt, nur viel größer als diese, denn die Menschen in jener fernen Zeit waren sehr viel kleiner als heute. Der König Krodo war beliebt bei den Menschen, sie huldigten ihm und baten ihn in vielerlei Dingen um Rat. Krodo war gleichsam gut zu den Kroten wie zu den Menschen und alle lebten friedlich unter seiner Herrschaft. Krodo hatte nur ein Problem, er fand keine Frau. Die Krotenfrauen waren zu klein für ihn und von den Menschenfrauen wollte ihn keine. Krodo war zwar herzensgut, besaß ein prunkvolles Schloss, speiste von goldenen Tellern und Besteck, doch keine der Menschenfrauen wollte einen Mann, in dessen Adern kaltes Blut floss und der statt eine Mundes ein Froschmaul hatte. Der Krotenkönig war einsam und traurig über die vergebliche Suche. So vergingen tausende von Jahren. Die Menschen wurden ihrer immer mehr und machten das feuchte Land urbar, so dass viele der Kroten sich ein neues zu Hause suchten. Schließlich war es soweit, dass Krodo ganz allein in seinem Tal lebte und noch einsamer wurde. Früher hatte den ganzen Tag fröhliches Gequake das Krodotal durchdrungen, doch jetzt saß der König allein in seinem prächtigen Schloss und blies Trübsal. Die Menschen hatten den Krotenkönig jedoch nicht vergessen. Sie bauten ihm ein neues Schloss, fingen die schmackhaftesten Fische für seine Tafel und versuchten noch so manches, um Krodo aufzumuntern. Doch seinen Wunsch nach einer Frau konnten sie ihm immer noch nicht erfüllen. In seiner Verzweiflung bot er jedem, der ihm eine Frau bringen würde, die Hälfte seiner Schätze an. Boten wurden in alle Herren Länder gesandt, doch kamen alle mit leeren Händen zurück. In seiner Verzweiflung ließ Krodo alle weisen Männer der Welt an seinen Hof kommen. Er versprach ihnen alle seine Reichtümer, nur sollten sie aus ihm das Ebenbild eines Menschen machen. Denn am meisten fürchteten sich die Frauen vor seinem Froschkopf. Die weisen Männer versuchten so einiges, doch letztendlich konnte ihm

keiner helfen. Krodo hatte genug vom ständigen Alleinsein und beschloss zu sterben. Unter bitterlichen Tränen bat er seine menschlichen Freunde, ihm ein Grabmal zu errichten. Die Menschen wollten den Krotenkönig von seinem Vorhaben abbringen, doch der todunglückliche Krodo ließ sich nicht umstimmen. So begannen die Menschen, für den Krotenkönig eine prächtige Gruft zu bauen. Als diese fertig war, bat Krodo alle seine Menschenfreunde zu sich, um Abschied von ihnen zu nehmen. Doch der König musste immer noch so bitterlich weinen, dass er kein Wort herausbrachte. Weinend betrat Krodo sein Grab, welches sich sofort hinter ihm schloss. Die Menschen waren traurig, dass ihr Freund und guter König sie für immer verlassen hatte. Sie schworen sich, ihn nie zu vergessen, in ihren Gedanken sollte er ewig weiterleben. Doch Jahrhunderte, ja Jahrtausende vergingen und der König Krodo geriet in Vergessenheit. Eines Tages jedoch war ein Jäger auf der Pirsch im Krodotal und entdeckte eine munter sprudelnde Quelle, welche er vorher noch nie bemerkt hatte. Der Jäger war durstig und trank aus der Quelle. Und welch ein Wunder, es schmeckte salzig. Auf einmal erinnerten sich die Menschen der Umgegend, dass sich an jener Stelle einst der König Krodo zur letzten Ruhe begeben hatte. Seit jener Zeit heißt es, dass die die tiefe Traurigkeit den König keine Ruhe finden ließ und er noch immer salzige Tränen weint, welche die Quelle speisen. Wohl wahr, ein schönes Märchen?
Doch was steckt hinter der Geschichte?

Krodo begegnet uns hier als amphibischer König, der auch bei den Menschen beliebt war. Dass er vor tausenden Jahren lebte und einen enormen Einfluss auf die Menschen hatte, deutet auf eine heidnische Gottheit hin. Doch welche obskure Religion soll sich gerade eine Kröte zur göttlichen Verehrung ausgesucht haben. Dass Götter in Form von Tieren verehrt wurden, kennen wir zwar aus verschiedenen Kulturkreisen, doch die Religion der Germanen kennt keine Tiergötter. Eber, Stier, Hirsch und Vogel galten zwar traditionell als sogenannte Totemtiere, eine Art Schutzgeister, genossen aber keine allgemeine göttliche Verehrung. Ich gehe davon aus, dass jenes Märchen vom König Krodo seinen Ursprung in der bereits erwähnten Legende von Kaiser Karl dem Großen und dem Krodenduvel hat. Die „Verteufelung“ wurde hier zwar weggelassen, aber nichtsdestotrotz erscheint Krodo als eine Kröte, also ein eher „niederes“ Tier. Ist das Märchen auch noch so hübsch geschrieben und man fühlt mit dem traurigen Krotenkönig, der keine Frau findet, wirft es doch absichtlich ein negatives Bild auf unsere germanischen Vorfahren. Verehrten sie doch vorgeblich keine strahlenden Götter wie die Römer oder gar eine so mächtige Wesenheit wie den absolutistischen Gott der Christen. Nein, ihre Verehrung galt einer Kröte!

Anzumerken sei noch, dass es in Bad Harzburg tatsächlich eine salzige Quelle gibt, mit welcher die Sole-Therme betrieben wird, welche mit in den städtischen Kurbetrieb eingebunden ist. Womöglich baden die Kurgäste noch heute in den Tränen des unglücklichen Krötenkönigs.

Doch Spaß beiseite! Wenden wir uns noch einmal der Verunglimpfung des Gottes Krodo als Kröte zu. Die Geschichten von einem angeblichen Krötenkönig waren es wohl auch, die Matthäus Merian d. J. zu seinem Kupferstich veranlassten. Jener Kupferstich zeigt die Zerstörung der Krodo-Statue auf dem Großen Burgberg. Die

Statue besteht hier aus einen menschlichen Körper mit einem amphibisch aussehenden Kopf. Allerdings hat der Stich von Merian geschichtlich keinen Wert. Das erkennen wir an der augenscheinlich im Bau befindlichen Burg. Bekanntlich liegen aber zwischen der etwaigen Zerstörung des Krodo-Heiligtums und dem Bau der Harzburg fast dreihundert Jahre. Möglicherweise soll die dargestellte Burg die von den Römern errichtete Burg des Saturnus sein, welche Bote in seinem Buch beschrieb. Allerdings ist jene Burg historisch nicht nachweisbar, wie ich bereits am Anfang dieses Kapitels erwähnt habe. Merians Arbeit ist also ein hübscher Kupferstich, aber sicher kein Beweis für das krötenartige Aussehen von Krodo.

Zusammenfassend kann man sagen, dass die Verehrung eines möglichen Gottes Krodo und sein Heiligtum auf dem Großen Burgberg wissenschaftlich nicht nachweisbar sind. Es wäre jedoch falsch, seine Existenz von vornherein abzulehnen. Der Stellenwert von mündlich überlieferten Legenden des Volkes darf nicht außer Acht gelassen werden. Die Verbreitung der Krodo-Verehrung auch in anderen Teilen des heutigen Deutschlands lässt darauf schließen, dass jene Gottheit tatsächlich von den frühen Germanen verehrt wurde und nicht nur eine Erfindung Conrad Botes war.

3. Die Verbreitung des Krodo-Mythos

Obwohl es den Anschein hat, dass es sich bei Krodo um eine Gottheit handelt, welche hauptsächlich im westlichen Harz verehrt wurde, sind uns jedoch auch Geschichten und Legenden über ihn aus anderen Teilen Deutschlands überliefert.

Im erzgebirgischen Crottendorf in Sachsen begegnet uns ein schon stark „verteufelter" Krodo. Der Name der Ortschaft soll sich von einem unheimlichen Wesen namens „Crodo" herleiten, der im Erzgebirge sein Unwesen trieb.[1] Die etwas andere Schreibweise des Namens können wir an dieser Stelle vernachlässigen, es handelt sich hier eindeutig um die gleiche Person. Der Ort Crottendorf entstand zu Beginn des 13. Jahrhunderts. Beim Bau der ersten Kirche des Dorfes kam es immer wieder zu Zwischenfällen, die einem heidnischen Götzen namens „Crodo" zugeschrieben wurden. Dieser soll die tagsüber von den Arbeitern in mühsamer Arbeit errichteten Kirchenmauern des Nachts wieder zerstört haben. Außerdem schleppte jener „Teufel" das Baumaterial immer wieder an das andere Ende des Dorfes, um den Bau des Kirchenhauses zu verhindern. Erst als ein Priester das Baumaterial segnete, ließ das unheimliche Wesen von seinem Tun ab. Die Legende weist eindeutige Züge der Auseinandersetzung zwischen christlicher Religion und Heidentum auf. Wenn auch zu jener Zeit das Christentum die fest etablierte Religion war, hatte der Volksglauben die vorchristlichen Götter noch lange nicht vergessen. In diesem speziellen Fall wurde der heidnische Gott „Crodo" vom Klerus dämonisiert und zum Feind der neuen Religion gemacht. Wir haben hier eine eindeutige Parallele zum „Krodenduvel" im Harz. Eine weitere Gemeinsamkeit des erzgebirgischen „Crodo" mit

---

[1] Die von mir teilweise verwendete Schreibweise „Crodo" bezieht sich immer auf die von mir verwendete Quelle. Um Verwechslungen vorzubeugen, habe ich den Namen deshalb jedes Mal in Anführungsstriche gesetzt.

dem Krodo des Westharzes ist der Kultplatz auf dem 756 Meter hohem Liebenstein nahe Crottendorf, wo jene heidnische Gottheit verehrt worden sein soll.
Wir bleiben im sächsischen Freistaat, genauer gesagt in der Stadt Meerane. Im Jahr 1790 wurde im heute eingemeindeten Ortsteil Crotenlaide ein sechseckiger, von Menschenhand behauener Stein gefunden. Interessanterweise befindet sich ganz in der Nähe auch der Ort Götzenthal, was nach der immer wieder in alten Niederschriften benutzten Bezeichnung vom „Götzen Krodo" klingt. Dieses sahen die glücklichen Finder der Steinplatte wohl ebenso, denn der Fund wurde als Opferstein des Krodo bekannt. Jenen Opferstein erwähnte auch Dr. Heinrich Leopold in seiner „Meeraner Chronik" von 1863. Leopold schrieb, dass es bis zum Beginn des 11. Jahrhunderts eine rege „Crodo-Verehrung" in der Gegend um Meerane gab. Allerdings beschrieb der Chronist „Crodo" als sorbischen, d. h. slawischen Gott, was zu dem Irrtum führen kann, dass es sich beim Meeraner „Crodo" und dem Harzer Krodo um zwei unterschiedliche Gestalten handelte. Aus Leopolds optischer Beschreibung der Gottheit ist jedoch eindeutig ersichtlich, dass es sich um ein und denselben Gott handelte. Außerdem schrieb er, dass am Fundort des vermeintlichen Opfertisches einst uralte Eichen standen, was nun eher an einen germanischen Kultplatz erinnert.
Eine mögliche namentliche Verbindung zum Gott Krodo ist auch in dem erstmalig 1258 urkundlich erwähnten Crodenbeke zu erkennen, der heute als Kronenbach bekannt ist. Hierbei handelt es sich um einen kleinen Bach in der Nähe von Braunlage im Harz. Laut geschichtlicher Überlieferung soll es an diesem Bach einst eine uralte Richt- und Opferstätte gegeben haben. Jene Stelle heißt heute Kappellenfleck, weil dort einmal eine kleine Kirche stand. Die im Zuge der Christianisierung gebräuchliche Praxis, vormals heidnische Kultplätze mit christlichen Gotteshäusern zu bebauen, lässt einen möglichen Opferplatz am heutigen Kronenbach durchaus in den Bereich des Möglichen rücken. Die Verfechter des Krodo-Mythos sehen sich durch den alten Namen „Crodenbeck" in ihrer Annahme bestätigt, dass es sich hierbei um eine Opferstätte von Krodo handelte.
Da wir gerade beim Thema Christianisierung sind, sollte auch eine mögliche Beziehung Krodos zum christlichen Glauben nicht vergessen werden. In meinen Ausführungen habe ich bereits einen Wallfahrtsort auf dem Großen Burgberg bei Bad Harzburg erwähnt. Laut einer Legende ließ Karl der Große nach der Zerstörung des Krodo-Heiligtums an dessen Stelle eine Kapelle errichten. Einige hundert Jahre später, Anfang des 16. Jahrhunderts, entwickelte sich dort ein regelrechter Marienkult. Vor allem Kranke und Gebrechliche zog es auf den Berg. Grund dafür soll ein wundertätiges Marienbild in der Kapelle gewesen sein, dem ein Bezug zum altsächsischen Gott Krodo nachgesagt wurde. Auf dem Saum von Marias Gewand befand sich angeblich eine Darstellung von Krodo. Der Verleger Matthäus Merian d. J. schrieb dazu, dass an Marias Gewand „vnten am Saum der Crodo oder Teuffel fast vnkentlich gemahlet gewesen" sein soll.[2]

---

[2] Zitat entnommen aus der Broschüre „Der Krodo-Mythos", herausgegeben 2004 vom Harzklub-Zweigverein Bad Harzburg.

Eine Besonderheit an dieser Aussage ist für uns von wesentlicher Bedeutung. Es ist die Tatsache, dass Krodo im 16. Jahrhundert anstandslos mit dem Teufel, dem ultimativ Bösen, gleichgesetzt wurde. Erstaunlich ist vor allem, dass Matthäus Merian, der in Frankfurt am Main lebte, überhaupt etwas von einem gewissen Krodo wusste. Vermutlich hatte er Bothes Sachsenchronik studiert und war auf die Geschichte von Karl dem Großen und dem Krodenduvel gestoßen. Im 16. Jahrhundert hatte die christliche Welt schon ein ziemlich genaues Bild vom Teufel. Die Hexenverfolgung war in Europa in vollem Gange und so fand es Merian wohl passend, einen heidnischen Gott mit dem Teufel gleichzusetzen. In der Kapelle auf dem Großen Burgberg soll es zu vielerlei Spontanheilungen gekommen sein, wie wir sie auch vom Wallfahrtsort in Lourdes kennen. Ob allerdings unser guter Krodo dafür verantwortlich war, ist eher fraglich. Laut dem Inventarverzeichnis der Kapelle aus dem Jahre 1507 waren auf dem bewussten Saum des Marienbildes ein Krebs und ein Fisch abgebildet. Von Krodo oder dem Teufel ist nicht die Rede.

Eine überaus interessante These zum Thema Krodo und christliche Religion liefert der Heimatforscher Dr. Albert Hansen. Er ist der Ansicht, dass der heidnische Gott Krodo möglicherweise von Anhängern des arianischen Christentums sozusagen „okkupiert" und in deren Glaubenswelt aufgenommen wurde. Dr. Hansen ist der Ansicht, dass der Fisch, auf dem Krodo steht, perfekt in die Symbolik der arianischen Christen passte. Der Fisch war das erste Erkennungszeichen der Urchristen in Jerusalem. Die Verbreitung der arianischen Religion war der Mutterkirche in Rom ein Dorn im Auge. Aus diesem Blickwinkel betrachtet erscheint die Zerstörung des Krodo-Heiligtums in einem ganz anderen Licht.

Auch aus dem Ruhrgebiet ist uns eine mögliche Verehrung Krodos bekannt. Im Rauenthal, heute als Rauendahl bekannt, am Fluss Ruhr nahe der Stadt Hattingen, wurde 1803 eine vermeintliche germanische Grab- bzw. Kultstätte entdeckt. Dieses geschah eher zufällig, als man nach neuen Kohlevorkommen suchte. Der zu den Ausgrabungen hinzugezogene Arzt und Heimatforscher Dr. Carl Arnold Kortum konnte einige sensationelle Entdeckungen machen. Neben verbrannten Pferde- und Menschenknochen, Mauerresten und einer Unmenge von Scherben wurden auch Urnen und ein Stein mit merkwürdigen Schriftzeichen, möglicherweise Runen, gefunden. Auf Grund der gemachten Funde deutete Kortum die Anlage als uralte germanische Grabstätte. Wie es bis heute bei Entdeckungen von Heimatforschern üblich ist, wurde Kortums Deutungsversuch von der Wissenschaft angezweifelt. In jenem speziellen Fall von Dr. Heinrich Eversberg, welcher 1954 zum Doktor der Naturwissenschaften promovierte und später an verschiedenen archäologischen Ausgrabungen im Ruhrgebiet beteiligt war. Laut Eversberg handelte es sich bei Kortums Funden um Reste der Burg Rauendahl, welche im Jahre 1287 bei kriegerischen Auseinandersetzungen um territoriale und politische Machtansprüche zerstört wurde. Die entdeckten Knochenreste würden somit von den getöteten Soldaten sowie deren Pferden stammen. Eine vermutete vorchristliche Kultstätte, welche von der Wissenschaft bestritten wird, ist ja an sich nichts Besonderes. Gäbe es da nicht die örtliche Überlieferung eines Götzenhauptes, welches ein Köhler im Rauendahl unter einer vermoderten

Eiche ausgegraben haben soll. Unheimliche Legenden geisterten schon seit Jahrhunderten durch den Volksaberglauben der hiesigen Bevölkerung. Im ehemaligen Rauhenthal sollte sich in früher Zeit ein heidnischer Opferplatz befunden haben, an dem die Germanen einem Gott namens Krodo Menschenopfer brachten. Einmal wurde sogar ein christlicher Priester geopfert. Seit jener Zeit galt das Tal als verflucht und wurde gemieden. Es hieß, dass die Geister der blutgierigen Vorfahren noch immer durch das Rauendahl zogen und ihre Rituale zelebrierten.
Dr. Carl Arnold Kortum war sich anscheinend ziemlich sicher, dass die von ihm entdeckte germanische Grabstätte mit einer möglichen Kultstätte Krodos im Rauendahl in Verbindung stand. In seinem 1804 erschienen Buch „Beschreibung einer neuentdeckten alten germanischen Grabstätte" äußerte er sich folgendermaßen: „Die alte, sehr wahrscheinliche Sage, daß im gedachten Thale der Götze Crodo verehrt worden sey, gibt gleichfalls die Vermuthung, daß die Grabstätte eine deutsche sey. Ob hier ein allgemeiner Kirchhof oder nur ein einzelner Familien-Begräbnißplatz sey, wird nähere Untersuchung lehren. Ich vermuthe ersteres und glaube, daß die Benennung Ruhenthal ein Thal der Ruhe, oder nach dem westfälisch-märkischen Idiostismus Rauenthal ein Thal des Trauerns bedeutet. Beides eignet sich für ein Thal, wo Todte begraben sind. Man will zwar diese Benennung anderes woher leiten, nämlich von der vorbeifließenden Ruhr, woher es anfangs Ruhrthal geheißen, oder wie oben gesagt ist, gar von Crodo, woher es Crudenthal, Rudenthal, oder wegen der blutigen Opfer Rothental genannt worden; allein meine obige Vermuthung scheint natürlicher. Daß Crodo hieselbst verehrt wurde, hält man indessen für gewiß. Man glaubt, dieser Abgott sey eigentlich der Saturn gewesen, weswegen er auch Santer benannt ist; ich glaube aber vielmehr, daß er ein Fluß- oder Wassergott der Deutschen gewesen sey. Er wurde stehend auf einem Fische, als dem vorzüglichsten Produkte der Flüsse, vorgestellt; in der einen Hand hielte er ein Rad, vielleicht als Symbol der Mühlen oder des schnellen Laufens der Flüsse; in der anderen Hand hatte er einen Korb mit Früchten, als Symbol der Fruchtbarkeit des Wassers. Ein flatternder Gürtel, vielleicht die windige Beschaffenheit der Luft bei Flüssen anzudeuten, war um seine Lenden, und sein Kopf bloß und mit einem Neptunnusbart. Dieser Götze scheint seine Stelle als Wassergott auch bei anderen Flüssen hießiger Gegend gehabt zu haben. Crudenburg an der Lippe hat von ihm den Namen. Man findet im Ruhenthal viele Reste von Mauern; ob solche aus Crodo`s Zeit übrig sind, oder von einem zerstörten Schlosse ist ungewiß. Eine Kapelle ist vormals hieselbst gewesen, welche man vielleicht auf die Stelle gebaut hatte, wo das Crodobild gestanden; denn es war gewöhnlich, daß die Christen an den Orten, wo die zerstörten Götzen verehrt waren, heilige, christliche Gebäude setzten."
Kortums Ausführungen sind für unsere Betrachtungen von höchstem Interesse, erschien sein Buch doch über zwanzig Jahre vor den literarischen „Streitereien" von Leonhard und Delius. Zweifler können natürlich jetzt anführen, dass Kortum Botes Sachsenchronik gelesen hatte und von ihm den vermeintlichen Gott Krodo übernahm, ohne dessen Existenz zu hinterfragen. Bei Bote ist Krodo allerdings ein lokaler sächsischer Gott. Wie kommt es aber dann, dass eine gleichnamige Gottheit im Volks-

glauben des Ruhrgebietes so fest verankert war, dass noch im 19. Jahrhundert von ihr gesprochen wurde. Laut Kortum handelte es sich bei der Anlage im heutigen Rauendahl ursprünglich um einen Tempel des römischen Gottes Saturnus, welcher später von germanischen Stämmen als Krodo verehrt wurde. Wir haben hier eine eindeutige Parallele zum Heiligtum auf dem Bad Harzburger Burgberg. Ein weiterer Hinweis sind die an beiden Orten gefundenen Reste von möglichen Brandopferungen.

Anscheinend hat es also einen Krodo-Kult gegeben, der sich über einen großen Teil des heutigen Deutschlands erstreckte.

Der Name Krodo bzw. Crodo begegnet uns aber nicht nur in Deutschland. In der italienischen Provinz Verbano-Cusio-Ossola liegt die kleine Gemeinde Crodo. Der Ort mit etwa 1500 Einwohnern hat als Attraktion die Terme di Crodo zu bieten, welche für ihr heilkräftiges Wasser berühmt ist. Das aus dem Ort kommende Mineralwasser ist in der Region sehr beliebt und der in ganz Italien gern getrunkene alkoholfreie Aperitif Crodino hat seinen Ursprung ebenfalls in jenem kleinen Dorf. Ob es allerdings eine Verbindung zwischen dem italienischen Ort Crodo und den römischen Soldaten, welche das Heiligtum auf dem Berg bei Bad Harzburg errichtet haben sollen, gibt, lässt sich nur vermuten und erscheint mir nicht sehr realistisch.

Es waren immer wieder Heimatforscher, die dafür sorgten, dass der Krodo-Mythos nicht in Vergessenheit geriet. Im Jahr 1937 erschien in der Zeitschrift des Harz-Vereins für Geschichte und Altertumskunde der Aufsatz „Zur Geschichte des Krodotales und der Siedlung Schulenrode bei Bad Harzburg" von Wilhelm Lüders. Das sogenannte Krodotal erhielt erst mit dem Erblühen des Kurbetriebes Mitte des 19. Jahrhunderts seinen bis heute verwendeten Namen. Vorher trug es die Bezeichnung Schulenroder Tal, benannt nach der gleichnamigen Siedlung. Es waren die findigen Stadtväter, welche dem Tal den Namen des aus alten Legenden bekannten Gottes Krodo gaben. So wollten sie ihre Stadt interessanter für potentielle Kurgäste machen. Das scheint auch gelungen zu sein, denn Bad Harzburg ist bis heute ein beliebter Kurort. Örtlich begrenzt wird das Tal durch den Kleinen und Großen Burgberg sowie durch den Sachsenberg. In früher Vorzeit war das Tal von sumpfiger, schwer durchdringbarer Landschaft umgeben und diente den Bewohnern der umliegenden Gegend als natürlicher Zufluchtsort vor etwaigen Feinden.

Wilhelm Lüders Nachforschungen haben ergeben, dass die Siedlung Schulenrode bereits im 9. oder 10. Jahrhundert entstand, auf jeden Fall vor der Errichtung der Harzburg auf dem Großen Burgberg. König Heinrich IV. ließ jene zwischen 1065 und 1068 erbauen, wobei auch Teile des Schulenroder Tals für herrschaftliche Zwecke verwendet wurden. Ein Großteil der Bewohner musste sich also eine neue Bleibe suchen. So entstand unweit des Tals die Siedlung „Neustadt unter der Harzburg", der Vorläufer des heutigen Bad Harzburg. Lüders ergeht sich des Weiteren auf den Ursprung des Namens Schulenrode und seine verschiedentliche urkundliche Erwähnung. Dies ist für uns jedoch von geringerer Bedeutung. Viel interessanter sind seine Ausführungen darüber, dass sich ein mögliches Krodoheiligtum nicht auf dem Burgberg, sondern vielmehr im Tal befunden hat. Wenn Lüders auch eindeutig betont, dass es sich hierbei nur um Vermutungen handelt, kann er doch einige gewichtige Argu-

mente vorweisen. Er schreibt von mehreren Tumuli und einem Sperrwall sowie einem sogenannten „Gesundbrunnen", der auf Grund seines als besonders heilkräftig bekannten Wassers bis in das 19. Jahrhundert genutzt wurde. Eine „heilige Quelle" in Verbindung mit einem heidnischen Gott ist sicherlich ein spannender Aspekt. Viel wichtiger sind jedoch die bereits 1899 ausgegrabenen Reste einer frühzeitlichen Kirche. Wie schon angesprochen, ließ die christliche Kirche ihre Gotteshäuser mit Vorliebe auf heidnischen Kultplätzen errichten. Die im Krodotal ausgegrabene Kirche wurde von ihren Entdeckern auf das 11. Jahrhundert datiert. Möglicherweise wurden auch nach der Etablierung des Christentums an jener Stelle immer wieder heimlich alte heidnische Rituale vollzogen und der Bau der Kirche sollte dem einen Riegel vorschieben. Von der angeblich durch Karl dem Großen an der Stelle des zerstörten Krodoheiligtums errichteten Kapelle auf dem Großen Burgberg fanden sich keine Reste. Es liegt also durchaus im Bereich des Möglichen, dass die Verehrung des alten sächsischen Gottes unterhalb des Berges und nicht auf ihm stattfand.
Eine für mich interessante Querverbindung zu einem völlig anderen Kulturkreis entdeckte ich eher zufällig bei der Lektüre des Buches „Die Suche nach der Arche Noah" von Charles Berlitz. Der Autor berichtet von einem babylonischen Geschichtsschreiber namens Berossus, welcher im 4. Jahrhundert v. Chr. über die auch in Babylonien bekannte Sintflut-Legende schrieb. Laut Berossus war es ein Gott namens Chronos, der einem gewissen Xisuthorus vor der großen Flut warnte und ihm befahl, ein Schiff zu bauen, um seine Familie, Tiere und Vorräte zu retten. Xisuthorus war also die altorientalische Version des biblischen Noah. Die Namensähnlichkeit von Chronos und Krodo scheint natürlich auf den ersten Blick sehr weit hergeholt. Wenn wir aber bedenken, dass Krodo als Schutzpatron der Natur und der Fruchtbarkeit galt, ist eine mögliche Verbindung zu jenem Gott Chronos zu erkennen, der sich ebenfalls für den Erhalt von Mensch und Tier sorgte. Allerdings handelt es sich hierbei um reine Spekulation meinerseits, welche mir aber erlaubt sein darf.
Um Krodo eine furchteinflößende Komponente zu geben, wurden im Mittelalter auch die unterschiedlichsten Legenden verbreitet. Eine dieser Legenden handelte von zwei jungen Holzfällern, welche im Bad Harzburger Krodotal auf ein furchteinflößendes Untier stießen. Die Männer erkannten sofort, dass es sich um einen Tatzelwurm handelte, von denen die Bewohner der Gegend schon oft berichtet hatten. Anstatt zu flüchten, ergriffen die beherzten Burschen ihre Äxte und es gelang ihnen, das Untier zu töten. Den Kadaver hängten sie an einem Baumstamm auf, wo ihn die staunenden Menschen betrachten und die jungen Helden feiern konnten. Der Tatzelwurm galt als Verwandter des Drachen und war für die Menschen des Mittelalters eines der meist gefürchtetsten Ungeheuer. In Bad Harzburg gilt Krodo heute als Maskottchen der Stadt. Sein Name taucht in vielerlei Verbindung auf. So gibt es den Freizeitpark Krodoland, das Krodobad und in der Wandelhalle des Kurbetriebes wird Wasser aus dem Krodo-Brunnen ausgeschenkt. Außerdem tragen verschiedene Straßen der Stadt den Namen des alten Gottes. Wenn die Existenz eines sächsischen Gottes namens Krodo auch über die Jahrhunderte hinweg immer wieder angezweifelt wurde, ist er heute aus dem Stadtbild von Bad Harzburg nicht mehr wegzudenken.

Teil II - Die Christianisierung der germanischen Stämme

1. Kurzer Abriss der germanischen Geschichte

Einige Worte vorweg.
Wie der Titel des folgenden Kapitels schon andeutet, habe ich versucht, annähernd 800 Jahre germanischer Geschichte in kompakter Form auf einer begrenzten Anzahl von Buchseiten unterzubringen. Es versteht sich von selbst, dass viele der politischen und militärischen Verstrickungen von Germanen, Römern und anderen Völkern daher nur angerissen bzw. gar nicht erwähnt werden können. Für den interessierten Leser finden sich einige wissenswerte Literaturhinweise am Ende des Buches.
Da es in diesem Teil meines Buches um die Christianisierung der germanischen Stämme gehen soll, möchte ich zuerst auf die Entstehung des germanischen Völkerbundes eingehen.
Um eines vorwegzunehmen, ein fest strukturiertes Volk unter der Bezeichnung Germanen hat es nie gegeben. Vielmehr handelte es sich um ein buntes Völkergemisch aus verschiedenen Stämmen, welches nach Ansicht der heutigen Wissenschaft lediglich durch eine Sprachverwandtschaft miteinander verbunden war. Dass die Germanen kein einheitliches Volk waren, wiederholen die meisten Autoren erstaunlicherweise fast gebetsmühlenartig. Natürlich bestand das Volk der Germanen aus unzähligen Stämmen, keine Frage. Das war jedoch nichts Außergewöhnliches. Auch andere Volksgruppen, nehmen wir hier als Beispiel die angrenzenden Kelten, waren kein einheitliches Volk. Das wird aber bei Kelten-Forschern nie ausdrücklich erwähnt. Das Volk der Germanen betont als zersplittertes Volk darzustellen, ist wohl dem heutigen Zeitgeist geschuldet. Grund dafür ist die Überhöhung des Germanischen durch die Nationalsozialisten. Jene versuchten die germanischen Stämme als homogene Gemeinschaft in das Geschichtsbild des Deutschen Reiches zu integrieren. Solch eine Einheit stellten die germanischen Stämme dann aber doch nicht dar. Wir wollen es daher lieber mit Julius Caesar halten. Jener wusste von den Gemeinsamkeiten und Unterschieden der Stämme jenseits des Rheins, verwendete jedoch für alle den gemeinsamen Namen Germanen. An dieser Stelle möchte ich anmerken, dass der größte Teil unseres heutigen Wissens über die frühen Germanen fast ausschließlich aus römischen Quellen stammt. Die Geschichte der germanischen Stämme ist untrennbar mit der des Römischen Reiches verbunden. Es ist daher für mich unerlässlich in meinen Ausführungen immer wieder auf das Verhältnis zwischen Germanen und Römern einzugehen.
Die früheste Erwähnung des Begriffes Germanen findet sich in einem Verzeichnis der erfolgreichen römischen Feldherren, dem „Fasti Triumphales". Dort wird der Sieg des römischen Generals Marcus Claudius Marcellus in der Schlacht bei Clastidium im Jahre 222 v. Chr. als „de Galleis et Germaneis" bezeichnet. Da die römische Armee nachweislich in jener Schlacht gegen keltische Stämme kämpfte, können wir davon

ausgehen, dass die Römer zu jener Zeit alle nördlich der Alpen lebenden Kelten als Germanen bezeichneten. Die Bezeichnung jener Stämme, welche wir heute als Germanen kennen, bürgerte sich im Verlaufe des 1. Jahrhunderts v. Chr. ein. Das römische Weltbild unterschied bis zu jener Zeit im nördlichen Europa nur zwischen Kelten und Skythen. Nachdem Rom durch die Eroberung Galliens seine Grenzen bis an den Rhein ausgedehnt hatte, rückte nun ein weiteres Volk in den Blickwinkel des Weltreiches. Der römische Staatsmann und Feldherr Julius Caesar prägte schließlich den Germanenbegriff 51 v. Chr. mit seinem Buch „Der gallische Krieg“ nachhaltig, in dem er das keltische Gallien am Rhein enden ließ und alle östlich davon beheimateten Völker als Germanen bezeichnete. Die römischen Geschichtsschreiber der folgenden Zeit verwendeten den Begriff Germanen in Caesars Sinne und spätestens seit Tacitus' „Germania“ ist er aus der Geschichtsschreibung nicht mehr wegzudenken. Über den Ursprung des Begriffes streitet die Wissenschaft bis heute. Lange Zeit galt die Definition, dass sich Germane von der Verwendung eines Wurfspießes namens Ger herleitet. Zu den Germanen gehörten folglich alle Stämme, welche jenen Speer verwendeten. Heute wird diese Herleitung jedoch angezweifelt, da sich der Name Ger für einen Wurfspieß erst ab dem 8. Jahrhundert nachweisen lässt. Schon Tacitus, der berühmte römische Chronist, wusste zu berichten, dass die am meisten verwendete Waffe der germanischen Krieger ein Speer namens Frame war.

Ich bin der Ansicht, dass sich die Bezeichnung Germanen vom lateinischen „Germãnus“ herleitet, was Bruder bedeutet. Den Römern war aufgefallen, dass sich die verschiedenen Stämme östlich des Rheins zwar territorial voneinander abtrennten, jedoch eine gemeinsame Sprache benutzten, die nur verschiedene Dialekte beinhaltete. Diese gemeinsame Sprache machte sie in den Augen der Römer zu „Brüdern“.

Der heute verwendete Überbegriff Germanen bezeichnet eine Vielzahl verschiedenster Stämme, welche üblicherweise in Nord-, West- und Ostgermanen unterteilt werden, wobei verschiedene Experten dann noch weitere Unterteilungen vornehmen, wie etwa Elb-Germanen oder Weser-Rhein-Germanen. Um meine Ausführungen hier nicht unnötig zu komplizieren, werde ich nur die Einteilung in Nord-, West- und Ostgermanen vornehmen. Schon Tacitus sprach von drei germanischen Urstämmen, welche er Ingävonen, Hermionen und Istävonen nannte.

Obwohl Caesar heute als der „Entdecker“ der Germanen gilt, war das Römische Reich schon lange vorher in Auseinandersetzungen mit kriegerischen Stämmen geraten, die wir heute zur Völkergemeinschaft der Germanen rechnen. Die Bastarnen waren der erste germanische Stamm, welcher in das Blickfeld des Römischen Reiches geriet. Obwohl wir uns beileibe nicht sicher sein können, zu welcher Volksgruppe die Römer den Stamm der Bastarnen zunächst rechneten. Sogar Tacitus war sich in seiner „Germania“ aus dem Jahre 98 n. Chr. nicht ganz sicher, ob er die Bastarnen zu den Germanen zählen sollte. Etwa um das Jahr 230 v. Chr. bewegten sich die Bastarnen in einer lang andauernden Wanderbewegung bis ans Schwarze Meer. Jener Treck zog sich an die dreißig Jahre hin, denn der antike griechische Historiker Demetrios von Kallatis erwähnte die Bastarnen um das Jahr 200 v. Chr. als „Ankömmlinge“. Unter ihrem König Clondicus verdingten sich die bastarnischen Krieger größtenteils als

Söldner bei verschiedenen makedonischen Herrschern und wurden so zu den ersten Germanen, welche mit dem Römischen Reich in kriegerische Auseinandersetzungen gerieten. Etwa zu Beginn der Zeitrechnung hatten sich die Bastarnen im Gebiet des heutigen Bulgarien als Stamm etabliert und lebten in relativer Eintracht mit ihren Nachbarn. Mit dem Römischen Reich verband die Bastarnen ein beinahe freundschaftliches Verhältnis, wovon noch heute ein Relief an der weltberühmten Trajansäule in Rom kündet. Im Zuge der Markomannenkriege, die an späterer Stelle noch Erwähnung finden sollen, wurde das gute Verhältnis zwischen dem Weltreich und dem kleinen ostgermanischem Stamm jedoch zwischenzeitlich getrübt. Um das Jahr 280 n. Chr. wurden die Goten zur großen Bedrohung für den Stamm der Bastarnen. Der römische Kaiser Probus gewährte ihnen „Asyl" und siedelte die Bastarnen in Thrakien an. Durch diese Umsiedlung verloren die Bastarnen ihre Eigenständigkeit und wurden Teil des Römischen Reiches. Ab dem 4. Jahrhundert tauchte ihr Name nicht mehr in den zeitgenössischen Quellen auf. Obwohl die Bastarnen ein eher unbedeutender Stamm im Völkergemisch des frühen Europa waren, deren Spuren sich in der Weltgeschichte beizeiten verloren, haben sie sich in der archäologischen Welt einen Platz gesichert. Grund dafür waren ihre außergewöhnlichen Bestattungsriten. Die Bastarnen bestatteten die Asche ihrer Verstorbenen in Urnen, welche gesichtsähnliche Verzierungen aufwiesen. Die Wissenschaft hat für diese Bestattungsform den Begriff Gesichtsurnenkultur geprägt.

Weitaus weniger friedlich als die ersten ostgermanischen Nachbarn der Römer verhielten sich die Germanen weiter westlich. Gegen Ende des zweiten vorchristlichen Jahrhunderts, etwa ab 120 v. Chr., begann sich eine germanische Völkerwoge durch Europa zu wälzen. Aus dem Norden kommend zog ein schier endloser Tross an Menschen immer weiter nach Süden bis an die Grenzen des römischen Imperiums. Es waren die vereinigten Stämme der Kimbern, Teutonen und Ambronen, welche sich auf der Suche nach neuem Siedlungsland mit Hab und Gut auf den Weg gemacht hatten. Jene großangelegte Wanderbewegung war für die Antike wohl von entscheidender Bedeutung, denn eine Vielzahl von Chronisten und Gelehrten hat Aufzeichnungen darüber hinterlassen. Allen voran der griechische Geschichtsschreiber und Geograph Strabo, der in seiner „Geographica" vom Zug der Germanenstämme berichtete. Auch in den Schriften der römischen Historiker Florus und Titus Livius sind Hinweise darauf zu finden sowie in Werken des griechischen Philosophen und Biographen Plutarch, um hier nur einige Beispiele zu nennen.

Über den Grund für den Auszug der Kimbern, Teutonen und Ambronen sowie der sich ihnen anschließenden Kleinststämme ist über die Jahrhunderte hinweg viel gerätselt worden. Die heutige Geschichtswissenschaft geht davon aus, dass in erster Linie klimatische Ursachen dafür verantwortlich waren. Die Heimat der drei germanischen Stämme waren Jütland und das heutige Schleswig-Holstein. Schwere Sturmfluten hatten immer wieder die Küsten verwüstet. Zudem waren die Böden durch jahrzehntelangen Raubbau verödet, so dass eine zunehmende Nahrungsmittelknappheit herrschte. Das Leben an der rauen See war für die Menschen schier unerträglich geworden. Schon lange gärte es unter den Stämmen. Es waren vor allem junge Adli-

ge, welche darauf drängten die unwirtliche Heimat zu verlassen, um sich neuen Lebensraum zu suchen oder gegebenenfalls zu erobern. Sie hatten von den reichen Kelten gehört, die angeblich fruchtbare Böden, Gold und Silber in Hülle und Fülle besaßen. Das Land der Kelten schien ungemein verlockend für die armen Küstenbewohner. Jene Verlockungen siegten schließlich über die mahnenden Stimmen, welche vor den Gefahren warnten, die in der Ferne lauerten. Unter ihrem Heerführer Boiorix machten sich schließlich die ersten Familienverbände der Kimbern auf den Weg nach Süden. Teile der Teutonen und Ambronen schlossen sich an. Es begann eine politische und territoriale Umwälzung, welche entscheidenden Einfluss auf die weitere Entwicklung Europas haben sollte. Ein stetiger Tross von Menschen, Planwagen, Viehherden, Pferden und Hunden zog von der nördlichen See nach Süden. So mancher Familienverband oder kleiner Stamm verließ den Treck auch frühzeitig, weil er unterwegs eine neue Heimat fand. Andere dagegen schlossen sich dem Zug an.
Über die genaue Zahl an Personen, welche im Rahmen jener Wanderbewegung ihre Heimat verließen, herrscht bis heute Unklarheit. Die Angaben der antiken Autoren mögen heillos übertrieben sein, aber nach vorsichtigen Schätzungen waren es schon zwischen zweihundert- und dreihunderttausend Menschen, welche auf der Suche nach neuem Siedlungsraum durch Europa zogen.
Im heutigen Böhmen stieß der germanische Tross zum ersten Mal auf energischen Widerstand. Die Ankommenden sahen in der lieblichen Gegend Böhmens mit seinen fruchtbaren Böden einen idealen Platz zum Leben, wurden jedoch mit dem keltischen Stamm der Boier konfrontiert. Jene hatten sich nach ebenfalls langer Wanderung hier niedergelassen. Mehrere Verhandlungen über Siedlungsrechte verliefen ergebnislos und schließlich sprachen die Waffen. Mit zähem Willen verteidigten die Boier ihre neue Heimat, so dass sich die germanischen Stämme dazu entschlossen, weiter zu ziehen. Der Tross gelangte gegen 113 v. Chr. schließlich zu den ersten Ausläufern der Alpen, wo er auf das Volk der keltischen Noriker stieß, welches im Bereich des heutigen Kärnten lebte. Die Noriker waren treue Verbündete des Römischen Reiches und riefen dieses umgehend um Hilfe gegen die „Gefahr aus dem Norden". Der Feldherr und spätere Konsul Gnaeus Papirius Carbo ließ sogleich zwei Legionen in der Gegend von Noricum aufmarschieren. Carbo sah die Ankömmlinge zunächst nicht als Bedrohung für die Grenzen des Römischen Reiches. Er hielt sie für Kelten aus entfernten Provinzen. Erst zu Zeiten Caesars wurde dem römischen Volk bewusst, dass Carbos Legionen bei Noricum zum ersten Mal jenem Feind gegenübergestanden hatten, welcher schließlich entscheidenden Anteil am Zerfall des römischen Imperiums haben sollte.
Es kam zwischen Germanen und Römern zu Verhandlungen, in denen sich die Anführer der Kimbern, Teutonen und Ambronen erstaunlich verständig zeigten. Jene glaubten Carbos Versicherungen, dass die militärische Präsenz der Römer mit dem freundschaftlichen Verhältnis zu den Norikern zu tun hatte, mit welchen man entsprechende Verträge geschlossen hatte. Die Germanen versicherten, die Noriker nicht zu belästigen und auch keine Angriffe auf die römischen Grenzen zu unternehmen. Carbo hatte allerdings kein Vertrauen in die Versprechungen, sondern folgte den Abgesandten in

deren Lager und fiel mit seinen Soldaten über die völlig überrumpelten Germanen her. Der hinterhältige Überfall sollte sich jedoch als fataler Fehler erweisen. Die Römer kannten die germanische Kampfstärke noch nicht und erlitten eine schmachvolle Niederlage. Nur ein gewaltiger Gewittersturm rettete die römischen Legionen vor der völligen Vernichtung, berichten uns die antiken Autoren. Jenes erste militärische Aufeinandertreffen sollte sich auf Dauer auf das Verhältnis zwischen Germanen und Römern auswirken. Die Germanen lernten die hinterhältige Kriegsführung der Römer kennen, jene wiederum hatten mit der Schlagkraft der germanischen Krieger Bekanntschaft gemacht.
Der Tross zog weiter am Alpenrand entlang und ließ sich zunächst im Land der keltischen Helvetier nieder, welche die Gegend der heutigen Schweiz bewohnten. Zwischen den germanischen Ankömmlingen und den keltischen Einheimischen schien ein friedliches Nebeneinander geherrscht zu haben, denn die ersten Teile des Wanderzuges blieben für einige Jahre im Land der Helvetier. Teile dieses Stammes schlossen sich später sogar den weiterziehenden Germanen an.
Durch die immer weiter nachrückenden Kimbern, Teutonen und Ambronen sahen sich deren Anführer genötigt, den Tross weiterzuführen. Man kam nun den Grenzen des römischen Imperiums nahe und nahm auch mit den Römern Verhandlung wegen einer friedlichen Landnahme innerhalb der Grenzen des Römischen Reiches auf. Das Ansinnen der germanischen Stämme wurde im Jahre 109 v. Chr. sogar vorm römischen Senat verhandelt, allerdings vehement abgelehnt. Erneut kam es nun wieder zu militärischen Auseinandersetzungen, aus welchen die vereinigten Germanenstämme als Sieger hervorgingen. Der Tross wandte sich danach zunächst von der direkten Grenze des römischen Imperiums ab und zog auf der Suche nach neuem Land Richtung Gallien. Der germanische Tross bewegte sich nun einige Jahre plündernd durch Gallien, was sich schmerzlich auf die Tributzahlungen aus der gallischen Provinz an Rom bemerkbar machte. Das Imperium beschloss daher die militärische Konfrontation mit den Germanen zu suchen, um das Problem ein für alle Mal zu lösen. Am 6. Oktober 105 v. Chr. kam es zu der für die Römer so verhängnisvollen „Schlacht von Aurisio“, dem heutigen Orange in der französischen Provence. Rom hatte zwei gigantische Heere aufgeboten, um die Kimbern, Teutonen und Ambronen für immer in ihre Schranken zu weisen. Befehligt wurden die römischen Truppen von Konsul Cnaeus Manlius und Prokonsul Quintus Servilius Caepio. Es sollte sich als fataler Fehler erweisen, zwei gleichberechtigte Heerführer einzusetzen. Laut dem römischen Geschichtsschreiber Cassius Dio lehnte der überhebliche Caepio eine gemeinsame Schlachtenplanung ab, was zur erheblichen Schwächung der römischen Schlagkraft führte. Er soll auch germanische Parlamentäre abgewiesen haben, welche nach einer friedlichen Lösung des anstehenden Konfliktes suchten. Es kam wie es kommen musste, die römischen Verteidigungslinien brachen zusammen und die germanischen Krieger richteten ein fürchterliches Gemetzel unter den römischen Truppen an. Die Germanen gerieten in einen regelrechten Kampfesrausch. Sie marterten Gefangene, hängten erschlagene Feinde an Bäumen auf und töteten sogar die Pferde ihrer Gegner. Alles Hab und Gut der römischen Soldaten – auch wertvolle Beute – wurde zerschla-

gen und in die nahe gelegene Rhône geworfen. In jener Schlacht wurde der Ruf der blutgierigen, unerbittlichen Barbaren aus dem Norden begründet. Die römischen Historiker berichten von an die 120.000 Gefallenen auf römischer Seite. Fast die gesamte Streitmacht der Römer wurde vernichtet, nur zehn Männern soll die Flucht gelungen sein. Darunter auch der Prokonsul Caepius, der später in Rom für die Niederlage verantwortlich gemacht wurde und sein militärisches Amt sowie sämtliches Vermögen verlor.

Der Weg ins Römische Reich war für die germanischen Stämme nun frei und die Bürger Roms befürchteten schon ein ähnliches Desaster wie 387 v. Chr., als keltische Stämme unter ihrem Anführer Brennus die „Ewige Stadt" plünderten. Es sollte jedoch ganz anders kommen.

Der vereinigte germanische Tross trennte sich nach der „Schlacht von Aurisio". Die Kimbern zogen auf der Suche nach einer endgültigen neuen Heimat über die Pyrenäen auf die spanische Halbinsel, die Teutonen dagegen suchten im nördlichen Gallien nach geeignetem Siedlungsland.

Die direkte Gefahr für das Römische Reich war anscheinend zunächst vorbei, doch die politische Führung des Imperiums setzte alles daran, die „germanische Gefahr" auf Dauer zu bannen. Mann der Stunde war Gaius Marius, Konsul und erfolgreicher Feldherr. Jener leitete eine umfassende Heeresreform ein, um einem erneuten Ansturm von Kimbern, Teutonen und Ambronen entgegenzutreten. Jene hatten sich nämlich wenige Jahre später wieder vereinigt und bedrohten erneut das römische Imperium. Auf ihrem Marsch in das heutige Italien trennten sich die germanischen Stämme erneut, was sich als fataler Fehler erweisen sollte. Das Ende ist schnell erzählt. In der mehrere Tage andauernden „Schlacht von Aquae Sextia" vernichteten die römischen Truppen die Stämme der Teutonen und Ambronen. Weder Greise, Frauen noch Kinder wurden verschont. Feldherr Marius wollte einen endgültigen Sieg und ließ keine Gnade walten. Seine Truppen sahen das Massaker als Rache für die gefallenen Kameraden von Aurisio.

Inzwischen hatte der Zug der Kimbern den Brennerpass überschritten und näherte sich bedrohlich dem Zentrum des Römischen Reiches. Der ausgesandte Konsul und Feldherr Quintus Lutatius Catulus hatte nicht das Format eines Gaius Marius und musste sich mit seinen Truppen immer wieder vor der heran wälzenden Masse der Kimbern zurückziehen. Marius und seine kampferprobten Männer eilten den zurückweichenden Truppen des Quintus Lutatius Catulus zu Hilfe und am 30. Juli 101 v. Chr. kam es zur entscheidenden „Schlacht auf den Raudischen Feldern". Wiederum waren die Römer siegreich. An die 100.000 Kimbern sollen an diesem Tage getötet worden sein, der Rest des Zuges – etwa 60.000 Menschen – wurden gefangen genommen und später als Sklaven verkauft.

Nach vielen verlustreichen Kämpfen und Jahren der Angst vor den sich durch Europa wälzenden Germanen hatte das römische Imperium letztendlich gesiegt. Der Schrecken vor den „Barbaren" aus nördlichen Gefilden sollte sich aber auf Dauer in das kollektive Gedächtnis des römischen Volkes einprägen.

Anmerken möchte ich an dieser Stelle noch einmal, dass sich wie bereits erwähnt, auch immer wieder Teile des germanischen Wanderzuges vorzeitig von der Masse getrennt hatten, da sie für sich eine neue Heimat fanden. Jene schlossen sich daraufhin anderen Stämmen an oder begründeten selbst welche. Bekanntestes Beispiel sind die Aduatuker, welche Caesar als „Nachkommen der Kimbern und Teutonen" in seinen Schriften bezeichnete.
Da wir gerade von Caesar sprechen, bleiben wir gleich bei jenem bedeutenden Feldherren und Politiker. Im Jahre 58 v. Chr. stand Caesar mit seinen Truppen westlich des Rheins. Wie schon erwähnt, war er es, der den Rhein als Grenze zwischen Germanen und Kelten festlegte. Den römischen Legionen war es gerade gelungen, einen „Aufstand" der Kelten niederzuschlagen. Es hatte Ärger gegeben in der römischen Provinz Gallien. Verschiedene keltische Stämme waren unter Führung der Helvetier zu einem Wanderzug tiefer in römisches Herrschaftsgebiet aufgebrochen. Die Römer hatten das Trauma von der Plünderung Roms durch die Kelten im 4. Jahrhundert v. Chr. noch nicht überwunden und auch den bedrohlichen Zug von Kimbern, Teutonen und Ambronen durch Europa nicht vergessen. Der frisch gebackene Konsul Julius Caesar wurde an der Spitze von fünf Legionen nach Gallien beordert, um das „Keltenproblem" zu lösen. Der gerissene Feldherr erkannte vor Ort, dass der Zug der keltischen Stämme keine Bedrohung Roms war, sondern eher eine Flucht vor germanischen Invasoren. Caesar wollte sich jedoch in seinem neu erworbenen Amt militärische Lorbeeren verdienen und das eigentlich schon lange befriedete Gallien plündern. Seine Truppen stellten sich den friedlich dahinziehenden Helvetiern und deren Verbündeten entgegen und richteten in der „Schlacht von Bibracte" ein fürchterliches Gemetzel unter den Kelten an. Von jenen soll nur ein Drittel die Kämpfe überlebt haben und diese wurden von den Römern gezwungen, in ihre Heimat zurückzukehren.
Was war jedoch der Grund für den Auszug der keltischen Stämme?
Es waren die kriegerischen Sueben, welche plündernd und mordend durch Gallien zogen. Bei den Sueben handelte es sich um einen der ersten germanischen Großstämme, welcher aus der Vereinigung von mehreren kleinen Stämmen und Familienverbänden entstand. Bekannteste Vertreter waren dabei die Quaden, Triboker, Nemeter, Vangionen, Haruden, Hermunduren und Markomannen. Die beiden letztgenannten sollten später in der Entwicklungsgeschichte Europas als eigenständige Großstämme noch eine entscheidende Rolle spielen.
Der Historiker Dr. Hans Wilhelm Hammerbacher sieht in der Zuwanderung skandinavischer Nordgermanen um 600 v. Chr. in das Siedlungsgebiet an der Elbe lebender Stämme die Entstehung des suebischen Völkerbundes. Jene Zuwanderung scheint gegen 300 v. Chr. abgeschlossen gewesen zu sein, so dass wir von da an vom eigentlichen Volk der Sueben sprechen können, welches im Bereich des heutigen Schleswig-Holstein lebte. Bedeutendster Teil der eigentlichen Sueben war zweifellos der Stamm der Semnonen, den schon Tacitus in seiner „Germania" erwähnte. Der römische Historiker berichtete auch von der eigentümlichen Haartracht der Sueben, dem sogenannten Suebenknoten, wobei die Krieger ihr Haar schräg über den Kopf legten

und es am Scheitel zu einem Knoten hochbanden. Jene Haartracht sollte die Krieger größer und furchteinflößender erscheinen lassen.
Zu Beginn des ersten vorchristlichen Jahrhunderts war aus den Sueben ein gewaltiger, abenteuerlich gesinnter Stamm geworden, dessen kriegerische Fähigkeiten auch bei seinen keltischen Nachbarn berühmt waren. Bei jenen hatte sich nach Jahrzehnten schwelender Stammesfehden ein massiver Interessenkonflikt zwischen den Stämmen der Sequaner und Haeduern entwickelt. Da die Haeduer in guter Verbindung zum römischen Imperium standen, sogar den offiziellen Titel „Brüder und Verbündete des römischen Volkes“ trugen, sahen sich die Sequaner strategisch im Nachteil. Deren Stammesführer kamen auf die Idee, suebische Söldner anzuheuern, um das militärische Gleichgewicht im Kampf um die Vorherrschaft in Gallien wieder herzustellen. Zu jener Zeit rückte der Suebenführer Ariovist in den Blickpunkt der Geschichte, welcher bis heute als der erste „König der Germanen“ bezeichnet wird.
Ariovist gilt auf Grund seiner militärischen Erfolge und politischen Karriere berechtigterweise als einer der bedeutendsten germanischen Stammesführer. Nach Ansicht des bereits erwähnten Dr. Hammerbacher wurde Ariovist etwa um 85 v. Chr. zunächst zum Heerführer gewählt, der die vereinigten Sueben-Stämme zur Landeroberung ins benachbarte Keltenreich führen sollte. Diesen Eroberungsplänen kam der Ruf der keltischen Sequaner nach Söldnern gerade recht. Die Sequaner versprachen den Sueben Siedlungsraum in Gallien und 71 v. Chr. überschritt Ariovist mit etwa fünfzehntausend Kriegern den Rhein. Die folgenden militärischen Auseinandersetzungen der keltischen Stämme gingen durch die Hilfe der germanischen Söldner nun fast immer siegreich für die Sequaner aus. Der Stamm der Haedurer wurde zunehmend geschwächt und sein Land von den Sueben besetzt, welche ihre Familien in die neue Heimat holten. Nach zehn Jahren des Kämpfens sollen 120.000 Germanen keltisches Land bewohnt haben.
Während sich die keltischen Stämme in immer neuen Kämpfen „zerfleischten“, war Ariovist der lachende Dritte, denn die Sueben bauten ihren Landgewinn in Gallien kontinuierlich aus. Speziell die Situation für die Haedurer wurde so prekär, dass sie 61 v. Chr. eine Abordnung unter dem Druiden Diviciacus nach Rom schickten, um das Imperium um Hilfe zu bitten. Wider Erwarten hatten sich die Römer bisher aus den Angelegenheiten der Kelten herausgehalten. Rom war in jenen Jahren mit vermehrten innerpolitischen Problemen und Kriegen in anderen Provinzen beschäftigt, so dass man die flehenden Rufe der keltischen Verbündeten geflissentlich überhört hatte. Auch das Bittgesuch des Druiden Diviciacus wurde abgelehnt. Stattdessen nahmen römische Unterhändler Verbindung zu Ariovist auf und zwei Jahre später wurde dem germanischen Heerführer der Titel „König und Freund des römischen Volkes“ verliehen.
So stellte sich die Situation für Caesar dar, als er 58 v. Chr. mit seinen Truppen vor Ort erschien. Aus dem Söldnerführer Ariovist war inzwischen der „heimliche“ König von Gallien geworden und die Sueben herrschten nun über ein Drittel des vormals keltischen Siedlungsgebietes. Caesar sah sich einer schwierigen Aufgabe gegenüber. Hatten sich die keltischen Helvetier noch der militärischen Macht des römischen

Imperiums beugen müssen, stand Caesar nun vor dem Problem Ariovist, der so gar keinen Respekt vor der Macht des Römischen Reiches zeigte. Die Sueben schienen in ihrer Gier nach immer mehr Land und Macht unaufhaltsam, so dass eine drohende Gefahr für die „Ewige Stadt“ nicht auszuschließen war. Caesar schickte zunächst Gesandte zu Ariovist, um über einen Frieden zwischen Römern und Sueben zu verhandeln. Die Gesandten wiesen Ariovist auf den ihm erst kürzlich verliehenen römischen Titel hin und unterbreiteten dem König den Vorschlag des Senats, die Sueben in das politische System des Imperiums einzubinden. Ariovist wies dieses Ansinnen hochmütig ab. Sein Volk habe jenen Teil Galliens erobert, könne dort also schalten und walten wie es wolle. Er respektiere das Römische Reich, würde aber um keinen Preis ein Teil davon werden. Ein von Caesar erbetenes Gespräch lehnte Ariovist kategorisch ab und so mussten die römischen Unterhändler unverrichteter Dinge abziehen. Caesar, welcher auf eine politische Lösung gehofft hatte, rüstete nun zum Krieg gegen die Sueben. Die Einzelheiten des militärischen Taktierens beider Parteien aufzuzählen, würde an dieser Stelle zu weit führen. Kommen wir daher gleich zur alles entscheidenden Schlacht in der Gegend des heutigen Mulhouse an der deutsch-französischen Grenze. Die in sicherer Entfernung voneinander lagernden Heere belauerten sich zunächst nur. Speziell Ariovist agierte mit seinen Truppen im Vorfeld der Schlacht sehr vorsichtig. Die teilweise hinterhältige Kampfesweise der römischen Legionen war im Volk der Germanen wohlbekannt und der Anführer der Sueben wollte kein Risiko eingehen. Diesmal war er es, der Caesar um eine Unterredung bat, welche auch tatsächlich stattfand. Mit jeweils nur kleiner Eskorte trafen sich die beiden Heerführer auf einer Anhöhe zwischen den feindlichen Lagern. Caesar forderte die Sueben auf, Gallien zu verlassen, was Ariovist natürlich ablehnte. Jener tat Caesars Versicherung, er wolle nur seinen keltischen Verbündeten helfen, mit der Bemerkung ab, dass die Römer wohl eher darauf aus waren, sich weiterhin die reiche Provinz Gallien zu sichern. Ariovist bot den Römern im Gegenzug einen Friedensvertrag und militärische Unterstützung gegen andere Feinde Roms an. Bedingung war allerdings, dass die Sueben die von ihnen besetzten gallischen Gebiete behalten würden. Caesar lehnte dieses Ansinnen ab, da er die drohende germanische Gefahr für Rom sah und die Einnahmen aus der Provinz Gallien nicht mit einem „Barbaren“ teilen wollte. Ein kleiner militärischer Zwischenfall unterbrach die Verhandlungen, eine weitere Unterredung lehnte Caesar danach ab. Der römische Feldherr suchte nun die Schlacht, doch die suebischen Verbände ließen sich mehrere Tage lang nur auf kleinere Geplänkel ein.

Über Ariovists Zurückhaltung ist viel diskutiert worden. Wollte er unnötiges Blutvergießen vermeiden oder war er sich seiner militärischen Überlegenheit nicht gewiss und wartete auf weitere Truppen? Wahrscheinlich Letzteres, denn nach Hochrechnungen verschiedener Experten verfügte Caesar zu Beginn der eigentlichen Schlacht etwa über ein Viertel mehr Männer als Ariovist.

Caesar beschloss, sich nicht länger hinhalten zu lassen und griff das germanische Lager an. Über den Verlauf der Schlacht wissen wir aus Caesars „Gallischem Krieg“ sowie den Schriften des römischen Chronisten Cassius Dio. Caesars Bericht über die

Übermacht seiner Truppen war sicherlich übertrieben. Aber wenn Ariovist bei Cassius Dio auch besser wegkommt, scheinen die suebischen Krieger für das römische Heer keine wirklichen Gegner gewesen zu sein. Der Rückzug der Sueben begann für germanische Verhältnisse recht schnell. Die Legionen verfolgten die fliehenden Sueben auf Caesars Befehl nicht, der römische Heerführer schien mit dem Ergebnis der Schlacht zufrieden zu sein. Über Ariovists Verbleib herrscht bis heute Unklarheit. Er soll zwar den rettenden Rhein mit einem Boot überquert haben, sein Name taucht jedoch in den Geschichtsbüchern nicht wieder auf.

Nach der Niederlage gegen die Römer war der suebische Stammesbund zwar zerschlagen, jedoch nicht vernichtet. Die sich einstmals vereinten Stämme lösten sich nun wieder voneinander und suchten sich neue Lebensräume. In den Schriften der römischen Chronisten tauchten die Stämme nun wieder unter ihren ursprünglichen Namen auf.

Die Markomannen zog es in die Wetterau, einer Landschaft im heutigen Hessen. Der Stamm der Hermunduren ließ sich zunächst in Mitteldeutschland nieder, wurde später jedoch von den Römern an den Main umgesiedelt. Die Semnonen suchten sich Land zwischen Elbe und Havel, in der Nachbarschaft der Quaden. Nemeter, Vangionen und Triboker siedelten linksseitig des Rheins, nach Caesars „Grenzmarkierung" also auf gallischem Gebiet. Was aus den Haruden wurde, ist ungewiss, möglicherweise kehrten sie in ihre alte Heimat in Jütland zurück oder schlossen sich anderen Stämmen an. Aus anderen Teilen des geschlagenen Heeres wurden die sogenannten Neckar-Sueben, die von nun an unter römischer Herrschaft lebten. Zu jener Zeit entstand auch das Volk der Langobarden, ursprünglich eine Gruppe von Kleinstämmen und Familienverbänden, welche eng mit den Semnonen verwandt und somit „Ur-Sueben" waren.

Caesar blieb als Statthalter in Gallien, ein prestigeträchtiger, dank der reichen Provinz auch lohnenswerter Posten. Wie bereits erwähnt, zog Caesar zu jener Zeit mit dem Rhein die Grenze zwischen Gallien und Germanien. Nach Ansicht der heutigen Geschichtswissenschaft eine ziemlich willkürliche Grenzmarkierung. Vor allem da gerade in Ufernähe auf beiden Seiten des Flusses die Siedlungsgebiete beider Volksgruppen stark vermischt waren.

Caesars Germanenpolitik unterschied sich grundlegend von seinem Verhalten gegenüber der keltischen Bevölkerung. Jeglichen Widerstand gegen seine Ausbeutung Galliens ließ er im Keime ersticken, mit den germanischen Nachbarn kam es während seiner Statthalterzeit nur zu zwei bedeutsamen Vorfällen. Jene sind heute als „Caesars zwei Rheinüberquerungen" bekannt.

Zum ersten Zwischenfall kam es 55 v. Chr. als die beiden germanischen Stämme der Usipeter und Tenkterer, von den Sueben vertrieben, über den Rhein setzten, die keltischen Menapier aus ihren Dörfern vertrieben und sich ohne Zustimmung des Statthalters auf gallischem Boden niederließen. Caesar rüstete unverzüglich zum Feldzug gegen die Eindringlinge. Diese Unternehmung sollte jedoch nicht zur ruhmreichsten Tat des römischen Staatsmannes werden, sondern gilt bis heute als „schwarzer Fleck auf seiner weißen Weste". Während die führenden Vertreter der Usipeter

und Tenkterer zu Verhandlungen im römischen Lager weilten, ließ Caesar jene gefangen setzen und die fast wehrlosen Dörfer überfallen. Da die Germanen sich in Friedensverhandlungen wähnten, war ein Großteil der Krieger auf Jagd- bzw. Beutezügen unterwegs. Die römischen Legionen richteten unter den Zurückgebliebenen ein wahres Blutbad an. Bis heute gilt das Massaker an den Usipetern und Tenkterern als frühes Beispiel für einen Genozid. Auch in Rom war man entsetzt über das Verhalten der Legionäre, der römische Senator Cato d. J. forderte sogar die Auslieferung Caesars an die Germanen. Die Überlebenden des Gemetzels retteten sich über den Rhein und suchten Zuflucht beim Stamm der Sugambrer. Da fast die gesamte Kriegerschaft der Usipeter und Tenkterer überlebt hatte und ebenfalls zu den Sugambrern gestoßen war, bereitete Caesar eine Strafexpedition vor – seine erste Rheinüberquerung. Der Statthalter wollte militärische Stärke demonstrieren und weiteren Germaneneinfällen in Gallien vorbeugen. Allerdings sollte sich jene Strafexpedition als ziemlich nutzloses Unterfangen erweisen. Die Sugambrer hatten sich mit den Flüchtlingen beizeiten weit ins Landesinnere zurückgezogen. Die römischen Truppen zerstörten nur einige leere Dörfer und verbrannten die Ernte. Ein tieferes Vorrücken in unbekanntes Territorium erschien Caesar zu gefährlich und so kehrte er mit seinen Männern nach wenigen Tagen auf das linke Rheinufer zurück.
In den folgenden Jahren hatte Caesar immer wieder mit dem aufflammenden Widerstand verschiedener keltischer Stämme zu tun. Vor allem der Stamm der Treverer erhob sich immer wieder gegen die römischen Besatzer und holte sich Hilfe von germanischer Seite. Jenen Umstand nutzte Caesar als Vorwand für eine zweite Expedition über den Rhein. Die römischen Pioniere errichteten in kürzester Zeit im Bereich des heutigen Neuwied eine Brücke über den Fluss und Caesars Soldaten rückten auf germanisches Territorium vor. Von den treu ergebenen germanischen Ubiern erfuhr Caesar, dass es Sueben waren, welche die aufständischen Treverer unterstützten. Die Sueben wären allerdings über die römische Expedition bereits informiert und warteten in den Wäldern auf den Feind. Auch diesmal ließ sich Caesar nicht auf ein militärisches Abenteuer ein, setzte aber ein sichtbares Zeichen für die germanischen Nachbarn. Er ließ die neu errichtete Brücke nur auf der rechtsrheinischen Seite abreißen. Den Teil auf der gallischen Seite des Flusses ließ er stehen und zudem den Uferbereich stark befestigen. Der Statthalter wollte damit ein deutliches Signal für die germanischen Stämme setzen, die Grenze nicht mehr zu verletzen.
Nach dieser wiederum erfolglosen Expedition unterließ Caesar alle weiteren Unternehmungen Richtung Germanien. Er hatte gemerkt, dass die Eroberung Germaniens ungleich schwerer sein würde als die der gallischen Provinz. Kurzerhand erklärte er in verschiedenen Schriften, dass die Eroberung Germaniens nicht lohnenswert für das Römische Reich wäre. Er schrieb von undurchdringlichen Wäldern, in denen unheimliche Tiere und „Barbaren" hausten, welche kaum die Bezeichnung Menschen verdienten. Solch ein Land sei auf die Dauer nicht zu befrieden und wäre auch finanziell kein lohnenswertes Ziel für das Imperium. Damit war für Caesar das Thema Germanien abgehakt und er konzentrierte sich auf das unterworfene Gallien. Dort ließ er

noch mehrere Aufstände blutig niederschlagen und kehrte 49 v. Chr. nach Rom zurück.
Caesars Nachfolger in Gallien schlossen verschiedene Verträge mit den germanischen Stämmen, so dass zwischen 49 v. Chr. und 17 v. Chr. an der Rheingrenze Frieden zwischen Römern und Germanen herrschte. Das Verhältnis normalisierte sich soweit, dass besonders romfreundliche Stämme auf gallischem Gebiet angesiedelt wurden. Für viele Germanen war das zivilisiertere Leben in Gallien durchaus anziehend. Römische Kultur und keltischer Wohlstand stellten eine unwiderstehliche Mischung dar, der sich speziell die am Rande des Rheins lebenden Stämme nicht entziehen konnten. Die bereits erwähnten Ubier waren der erste Germanenstamm, der vollständig romanisiert wurde.
Inzwischen hatte es starke Umwälzungen im römischen Imperium gegeben. Aus der einstigen Republik war ein Kaiserreich geworden. Die innerstaatlichen Probleme – auch bekannt als der „Römische Bürgerkrieg" – waren beigelegt, in den Provinzen des Reiches herrschte Ruhe. Kaiser Augustus ließ im Jahre 17 v. Chr. in Rom pompöse Feierlichkeiten ausrichten und den „Pax Romana" ausrufen, den Römischen Frieden. Die germanischen Stämme rechts des Rheins sollte diese Verkündung jedoch wenig kümmern. In Gallien war mit Marcus Lollius ein neuer Statthalter eingesetzt worden, der ganz eigene Ziele verfolgte. Sein Vorstoß auf germanisches Gebiet sollte sich als fataler Fehler erweisen. Die wiedererstarkten Usipeter und Tenkterer hatten sich mit den Sugambrern zu einer schlagkräftigen Verbindung zusammengetan und nahmen Lollius Landung auf dem rechten Rheinufer als Anlass, Rache für Caesars Massaker von 55 v. Chr. zu üben. Die gefangenen Römer wurden hingerichtet und die vereinigten Germanenstämme fielen mordend und plündernd in Gallien ein. Die am Rheinufer stationierten römischen Truppen waren auf so einen gewaltigen Ansturm nicht vorbereitet. Der trügerische Frieden mit den Germanen hatte Rom unvorsichtig werden lassen und so befanden sich zu jener Zeit nur wenige Truppen am Rhein. Marcus Lollius und seinen Männern blieb nur die Flucht. Besonders schmachvoll war der Verlust des Legionsadlers der 5. Legion. Erst das persönliche Eingreifen des Kaisers mit mehreren Legionen ließ die Germanen sich zurückziehen und einen neuen Friedensvertrag akzeptieren.
Kaiser Augustus verfolgte in seiner „Germanenpolitik" ganz konkrete Vorstellungen. Er hatte nicht nur die Absicht, die Grenzen Galliens zu sichern, er wollte vielmehr Germanien erobern und dem römischen Imperium einverleiben. In den folgenden Jahren begann der Kaiser sein ehrgeiziges Ziel mit Bedacht vorzubereiten. Das Römische Reich hatte schon oft erfahren müssen, dass die Germanen keine leichten Gegner waren. Römische Lager und alte keltische Siedlungen wurden ausgebaut und befestigt. Neue Legionen wurden aufgestellt und am Rhein stationiert. Auch der neue Statthalter Galliens und zukünftige Eroberer Germaniens war vom Kaiser sorgfältig ausgesucht worden. Es handelte sich um seinen Stiefsohn Nero Claudius Drusus, der trotz seiner jungen Jahre schon eine bemerkenswerte militärische Karriere vorweisen konnte. Seine 12 v. Chr. begonnenen Eroberungen sollten als die „Drusus-Feldzüge" in die Geschichte eingehen.

Natürlich können an dieser Stelle nicht alle militärischen Aktionen der Feldzüge besprochen werden, daher nur einige wichtige Stichpunkte:
Drusus' Eindringen in Germanien war eine taktische Meisterleistung. Anstatt mit seiner gewaltigen Streitmacht durch die Wälder Germaniens zu marschieren, nutzte er mit seiner Flotte die Wasserstraßen, um immer wieder überraschend ins Landesinnere vorzustoßen. Mitunter ließ er sogar Kanäle errichten, wenn die vorhandenen Flüsse für seine Pläne nicht ausreichten. Zunächst verwüsteten die römischen Truppen das Land der Usipeter und Sugambrer. Anschließend fuhr das Heer den Rhein abwärts zur Nordsee, wo sich Drusus mit den germanischen Friesen verbündete, um gemeinsam mit diesen gegen die Chauken vorzugehen. Jene siedelten an der Nordseeküste und beidseitig der Weser. Die Chauken waren ein sehr einfaches Volk, das in der Mehrzahl aus Bauern und Fischern bestand und nur eine geringe Kriegerschaft besaß. Es war daher für die Römer und ihre friesischen Verbündeten ein Leichtes, die Chauken zu unterjochen. Im Frühjahr 11 v. Chr. rückten die Legionen wieder verwüstend in das germanische Inland vor. Ziel war das Siedlungsgebiet der Chatten und Cherusker, welche zu den mächtigsten Stämmen der Germanen zählten. Drusus war inzwischen völlig von der Idee besessen, ganz Germanien zu erobern. Sein Weg führte ihn zunächst wieder durch das Land der Usipeter und Sugambrer, wo er allerdings auf erstaunlich wenig Widerstand stieß. Stammesstreitigkeiten unter den Germanen, machte es den Römern leicht, schnell ins Landesinnere vorzudringen. Die tagelangen Märsche durch die endlosen germanischen Wälder und der stärker werdende Widerstand der Chatten ließen jedoch die Schlagkraft der Legionen erlahmen und Drusus zum Rückzug bewegen. Allerdings wurden auf dem Rückmarsch verschiedene Kastelle und befestigte Siedlungen errichtet, von wo aus das Römische Reich beabsichtigte, in Zukunft Germanien zu beherrschen.
Ein erneuter Vorstoß im nächsten Jahr sollte die römischen Truppen nicht viel weiter führen, obwohl man den Chatten einige Niederlagen beibringen konnte. Es gab jedoch keine Zusammenstöße mit den Cheruskern, welche vermutlich das Ende von Drusus' Eroberungszügen bedeutet hätte. Die Römer errichteten weitere Befestigungsanlagen, um ihre zukünftige Vormachtstellung in Germanien zu sichern.
Zwischenzeitlich kehrte Drusus nach Rom zurück, um die Würde eines Konsuls zu empfangen. Das Jahr 9 v. Chr. sah ihn jedoch wieder in Germanien, wo ihn schließlich sein Schicksal ereilen sollte. Ein erneuter Feldzug in das Land der Cherusker endete in der Gegend des heutigen Magdeburg. Laut einer Legende begegnete Drusus dort einer unheimlichen, übermenschlich großen Frau, welche ihn durch mahnende Worte zum Umkehren bewegt haben soll. Tatsächlich war der Übergang über die Elbe zu beschwerlich für die römischen Truppen. Die Legende von der Riesin beruhte womöglich auf der Tatsache, dass die Elbe den Römern „riesig“ erschien und die Legionen zum Umkehren zwang. Auf dem Rückweg brach sich der Feldherr bei einem unglücklichen Sturz vom Pferd das Bein und verstarb an den Folgen des Unfalls. Sein herbeieilender Bruder Tiberius ließ den Leichnam nach Rom überführen, wo Drusus ein gigantisches Staatsbegräbnis zuteilwurde.

Tiberius übernahm die Statthalterschaft von Gallien. Auf Anweisung des Kaisers wurden mit den germanischen Stämmen umfangreiche Friedensverhandlungen geführt und entsprechende Verträge geschlossen. In der folgenden Zeit der relativen Ruhe schickte sich ein germanischer Stammesführer an, ein Königreich aufzubauen, wie es in dieser Form bis dahin bei den Germanen nicht gegeben hatte. Eine Zentralgewalt, wie sie der Markomanne Marbod innehatte, war den germanischen Völkern völlig neu. Die Stämme waren üblicherweise in Gaue aufgeteilt, die aus miteinander verwandten Familien bestanden, welche ein gemeinsames Gebiet bewohnten. Die jeweiligen Gau-Führer wählten aus ihrer Mitte den Stammesherzog. Ansonsten waren alle freien Männer der Germanen gleichgestellt und konnten ihre Anführer auch abwählen, wenn deren Handeln nicht im Sinne des Stammes war. Neben den sogenannten Freien gab es in der Stammesordnung noch die Stände der Halbfreien und Sklaven, welche bei Stammesentscheidungen allerdings kein Mitspracherecht hatten. Alle wichtigen Entscheidungen wurden auf dem Thing entschieden, einer Art Massenversammlung von Vertretern aller Gaue.
Marbod, der König der Markomannen, errichtete jedoch ein Staatsgebilde nach Vorbild des Römischen Reiches. Laut dem griechischen Geschichtsschreiber Strabo hatte Marbod einige Jahre in Rom gelebt und die dortige Staatsform genauestens studiert. Unter dem Druck der „Drusus-Feldzüge" hatte Marbod sein Volk weit weg von den Römern in das heutige Böhmen geführt. In jener dünn besiedelten Gegend begann er, seine Vorstellung von einem markomanischen Königreich zu verwirklichen. Er unterwarf die keltischen Boier und schloss Bündnisse mit mehreren kleineren Germanenstämmen. Mit der Zeit konnte Marbod auch größere Stammesverbände wie die Semnonen, Langobarden und Hermunduren für sein Königreich gewinnen. Die zentrale Macht und die damit verbundene Sicherheit in so einem Königreich erschienen vielen Germanen verlockend. Anders als bei den Stämmen üblich, unterhielt Marbod auch ein ständiges Heer, ähnlich den römischen Legionen. Ausbildung und Drill lehnten sich ebenfalls an römische Verhältnisse an. Böhmen als Zentrum des Markomannischen Königreiches war ebenfalls wohlgewählt. Hier kreuzten sich mehrere europäische Handelsstraßen, so dass der wirtschaftliche Faktor in Marbods Reich eine entscheidende Rolle spielte.
Währenddessen hatte Tiberius weiterhin Frieden mit den germanischen Stämmen gehalten. Er unternahm mit seinen Truppen keine Expeditionen auf germanisches Gebiet, wie es seine Vorgänger getan hatten. Unter seiner Statthalterschaft entwickelten sich die von seinem Bruder im Germanenland gegründeten römischen Stützpunkte zu Handelszentren, was auch für die Germanen ein Gewinn war. So mancher „Barbar" fand Gefallen an der römischen Lebensart. Das Verhältnis zwischen Römern und Germanen hatte eine bis dahin nicht gekannte Qualität erreicht. Es setzte ein Prozess ein, den wir heute als „schleichende Romanisierung" bezeichnen.
Der Beginn unserer Zeitrechnung sah ein friedliches Germanien. Im Jahre 5 packte Tiberius jedoch der Ehrgeiz des Eroberers. Er drang mit seinen Truppen auf germanisches Gebiet vor und unterjochte zunächst die Chauken. Es kam zu weiteren Zusammenstößen, aber auch friedlichen Verhandlungen mit anderen Stämmen. Anscheinend

war Tiberius Expedition nur eine Art „Training“, denn im folgenden Jahr wurde ein großangelegter Feldzug gegen das Königreich der Markomannen in Angriff genommen. Marbod hatte zwar noch keine feindlichen Absichten gegenüber dem Imperium gezeigt, doch wurde sein immer weiter anwachsender Machtbereich den Römern zu groß. Marbods Reich war den Plänen im Wege, Germanien in eine römische Provinz zu verwandeln. Aus zwei verschiedenen Richtungen rückten Tiberius Truppen gen Böhmen, um Marbods Macht zu brechen. Fünf Tagesmärsche vor der Hauptstadt der Markomannen kam das römische Heer jedoch zum Stehen. In Pannonien, dem heutigen Ungarn, und angrenzenden Gebieten war es zu einem gewaltigem Volksaufstand gekommen, welcher für das Zentrum des Römischen Reiches derart gefährlich schien, dass alle verfügbaren Truppen Richtung Donau abkommandiert wurden. Tiberius vereinbarte mit Marbod notgedrungen einen hastigen Friedensvertrag und rückte mit seinen Legionen weiter nach Pannonien. Marbod wird seinen Göttern sicherlich ein gewaltiges Dankesopfer gebracht haben, denn es ist mehr als fraglich, ob seine Männer der gewaltigen römischen Streitmacht hätten trotzen können.
Die bereits angesprochene „schleichende Romanisierung“ Germaniens setzte sich nun unvermindert fort. Die römischen Stützpunkte nahmen immer mehr städtische Formen an und beherbergten inzwischen auch Zivilisten. Der Handel blühte und immer neue Verträge wurden geschlossen. Zur Absicherung jener Verträge schickten die germanischen Stammesfürsten ihre Söhne in die „Ewige Stadt“, wo diese eine römische Erziehung genossen. Viele junge Germanen traten auch in den militärischen Dienst des Imperiums und erreichten teilweise hohe Dienstgrade. Paradebeispiel ist sicherlich der allseits bekannte Cherusker Arminius, welcher später dem Römischen Reich seine größte Niederlage auf germanischem Boden beibringen sollte. Um stammesinterne Streitigkeiten beizulegen, hatte sich sein Vater, der Cheruskerherzog Segimer, an die Römer gewandt und entsprechende Verträge geschlossen. Eine der Bedingungen war, dass sein Sohn Arminius in das römische Heer eintreten musste, wo er eine beispielhafte Karriere absolvierte. Er wurde sogar in den Stand eines „Römischen Ritters“ erhoben. Vor allem im Kampf gegen die aufständischen Pannonier verdiente sich Arminius seine militärischen Meriten.
Zu jener Zeit befand sich das römische Imperium in einer finanziell misslichen Lage. Nicht zuletzt die Germanien-Feldzüge hatten große Mengen an Geld verschlungen. Kaiser Augustus fand es an der Zeit, dass jenes Land etwas „zurückgeben“ sollte. Er sah in Publius Quinctilius Varus den idealen Mann für die Durchsetzung seiner Pläne. Varus hatte sich schon als Statthalter verschiedener Provinzen bewährt und wurde in dieser Funktion nach Germanien entsandt, obwohl jener Landstrich politisch gesehen gar keine römische Provinz war. Seine Hauptaufgabe bestand darin, bei den Stämmen, welche mit Rom Friedens- und Handelsabkommen geschlossen hatten, ein Tributsystem einzuführen. Varus ging die „schleichende Romanisierung“ eindeutig zu langsam. Er versuchte seit seinem Amtsantritt mit aller Macht, aus Germanien einen Teil des Römischen Reiches zu machen. Er erließ ständig neue Befehle an seine germanischen Verbündeten, was jenen außerordentlich missfiel. Die Germanen waren es als freie Männer gewohnt, ihre eigenen Entscheidungen zu treffen und Stammes-

entscheidungen auf den Thing-Versammlungen zu entscheiden. Varus dagegen führte die römische Rechtsprechung und zudem ein ausgeklügeltes Abgabensystem ein, was bei den verbündeten Stämmen zu einer vermehrten Verarmung führte. Traditionell wurde von den Germanen nur so viel erzeugt, wie zum Leben notwendig war und so war die neue Abgabenlast einen bitterer Teil des römisch-germanischen Bündnisses. Varus Versuche, Germanien mit allen Mittel zu romanisieren, stießen auf vermehrten Unmut bei den Stämmen. Er selbst glaubte, dass die germanischen Untertanen froh seien, dass er ihr Land „zivilisierte". Das Gegenteil war der Fall. Innerhalb der Stämme wuchs der Unmut gegen die römischen Besatzer und unter den befriedet geglaubten Untertanen entwickelte sich eine Widerstandsbewegung gegen das römische Joch. Initiator jener Bewegung war der bereits erwähnte Arminius, nach dem Tode seines Vaters nun selbst Herzog der Cherusker. Von Cassius Dio wissen wir, dass Arminius das Vertrauen von Varus genoss und oft bei ihm zu Gast war. Bei der Suche nach den Gründen, warum sich Arminius gegen Rom wandte, gehen die Expertenmeinungen schon immer weit auseinander. Für die einen ist er ein früher deutscher Nationalheld, andere sehen in ihm einen Karrieremenschen, der nach einem eigenen Königreich im Stile Marbods strebte. Arminius stand anscheinend wie kein zweiter Germane in der Gunst der Römer und ein Kampf gegen das römische Imperium versprach keinen großen Erfolg. Wir können das Thema drehen und wenden wie wir wollen, am Ende kommt immer das Gleiche heraus. Wir wissen nicht wirklich, was Arminius tatsächlich zu seinem Handeln bewegte, sondern können nur Vermutungen anstellen. Ich persönlich bin der Ansicht, dass es die Verantwortung für seinen Stamm war, die den jungen Herzog dazu bewegte, die Revolte gegen das römische Imperium anzuzetteln.

Die verschiedenen Stämme für ein gemeinsames Handeln gegen die römischen Unterdrücker zu gewinnen, war schon eine schwierige Aufgabe. Die Stammesfürsten jedoch dazu zu bewegen, sich dem Oberbefehl von Arminius unterzuordnen, schien ob der germanischen Mentalität schier unmöglich. Arminius muss also ein Meister der Diplomatie gewesen sein. Ihm gelang es schließlich, mit den Marsen, Chatten, Angrivariern und Brukterern ein Bündnis zu schließen. Mit dieser gewaltigen Streitmacht hinter sich, schmiedete Arminius nun detaillierte Pläne, Varus und seine Truppen aus Germanien zu vertreiben. Das Ergebnis seiner Planungen kennen wir heute als die „Schlacht im Teutoburger Wald" oder auch als Varusschlacht. Die letztere Bezeichnung scheint treffender, denn laut dem aktuellen Forschungsstand hat die Schlacht gar nicht in jener Gegend stattgefunden, welche wir heute als Teutoburger Wald bezeichnen. Grund für diese Verwechslung sind die „Annalen" von Tacitus, in denen er schreibt, dass der Ort der Varusschlacht „nicht weit entfernt" vom „Teutoburgiensi saltu" lag. Es ist jedoch unklar, welche Gegend Tacitus als Teutoburger Wald bezeichnet, denn der heute unter diesem Namen bekannte Gebirgszug trug bis zum Anfang des 17. Jahrhunderts den Namen Osning. Außerdem ist der Ausdruck „nicht weit entfernt" für einen Römer vergleichsweise vage, wenn man die territorialen Ausmaße des römischen Imperiums zu seiner Blütezeit bedenkt. Der aktuelle Forschungsstand geht davon aus, dass die Entscheidung der Varusschlacht am Kal-

krieser Berg fiel, wobei jener mehrere kleinere militärische Aktionen, sprich Angriffe auf den römischen Tross vorangegangen waren. Umfangreiche Ausgrabungen am Fuße des Kalkrieser Berges brachten unzählige Fundstücke zutage, die auf eine gewaltige Schlacht mit tragischem Ausgang für die Römer schließen lassen. Die ausgegrabenen Knochen weisen Trockenrisse sowie Bissspuren von Nagetieren auf, was den Ort für die Varusschlacht prädestiniert. Laut antiker Überlieferungen lagen die Gebeine der Gefallenen sechs Jahre unbestattet auf dem Schlachtfeld, bis sie von den Männern des Germanicus im Zuge des Feldzuges im Jahre 15 beerdigt wurden. Auch die gefundenen Geldmünzen, von denen keine nach dem Jahre 9 geprägt wurde, sind ein Indiz für Kalkriese als Austragungsort der Varusschlacht. Da die antiken Quellen in Bezug auf Ort, Dauer und Ablauf der Schlacht weit auseinandergehen, ist es bei der Lokalisierung und Rekonstruktion der Varusschlacht unerlässlich, die aktuellen archäologischen Ergebnisse mit einzubeziehen.
Im September des Jahres 9 befand sich Varus mit der 17., 18. und 19. Legion an der Weser, tief im cheruskischen Siedlungsland, als ihn die Kunde von einem germanischen Aufstand erreichte. Praktischerweise befand sich das vermeintliche Zentrum des Aufstandes fast auf der Route zum Winterlager am Rhein. Was Varus nicht wusste, der Aufstand war nur eine Finte von Arminius, der für die römischen Legionen eine ausgeklügelte Falle vorbereitet hatte. Der Statthalter beschloss unverzüglich, früher ins Winterlager zurückzukehren und dabei den Aufstand niederzuschlagen. Kurzfristig schien Arminius' Plan jedoch aufzufliegen, denn der Cheruskerfürst Segestes erschien bei Varus und warnte ihn vor den Plänen seines verhassten Schwiegersohnes. Verschiedene Autoren gehen davon aus, dass sich Arminius am Vorabend des Abmarsches im Lager der Römer befand und den Tross anfänglich sogar begleitete. Es wäre also für den Statthalter ein Leichtes gewesen, Arminius vorsichtshalber festzunehmen und Segestes Anschuldigungen zu prüfen. Varus hegte jedoch keinerlei Zweifel an Arminius' Loyalität. Stattdessen ließ er seine annähernd 20.000 Soldaten das Lager abbrechen und Richtung Rhein marschieren. Zusätzlich setzte sich eine gewaltige Masse an Zivilisten in Bewegung, welche üblicherweise ein römisches Heer begleiteten, darunter Händler, Handwerker, „leichte" Mädchen, inoffizielle Soldatenfrauen und deren Kinder. Da sich Varus in befriedetem Land glaubte, ordnete er eine lockere Marschordnung an, so dass sich ein schier endloser Tross zurück zum Rhein wälzte. Der eingeschlagene Hellweg führte die Legionen geradewegs ins Verderben. Auf der einen Seite die Bergzüge des Wiehengebirges, auf der anderen schier undurchdringliche Sümpfe und Moore, so dass ein seitliches Ausweichen nicht möglich war. Spätestens ab dem zweiten Marschtag kam es immer wieder zu guerillaartigen Angriffen der Germanen auf den Tross. Die Legionen befanden sich nun in einer misslichen Lage. Auf Grund der angesprochenen örtlichen Begebenheiten gab es nur die Möglichkeit, weiter zu marschieren oder umzukehren. Varus entschied sich für ersteres, da er nicht ahnen konnte, was seine Truppen am Fuße des Kalkrieser Berges erwarten sollte. Dort hatte Arminius seine Männer einen etwa 400 Meter langen Wall errichten lassen, hinter dem die Masse der germanischen Krieger die Römer erwartete. Zudem bildete die Landschaft dort eine Art natürlichen Trichter mit

einem nur engen Durchgang. Darum hatte Arminius jene Stelle für seine Falle ausgewählt. Am vierten Marschtag erreichte der von den ständigen Angriffen schon stark dezimierte römische Tross den Kalkrieser Berg. Über die dort stattfindende Schlacht sind speziell im Jubiläumsjahr 2009 derart viele Bücher veröffentlicht worden, dass ich an dieser Stelle nicht näher darauf eingehen möchte.[3] Es sei nur gesagt, dass die vereinten germanischen Stämme einen vollständigen Sieg über die Legionen des Varus errangen. Nur wenige Überlebende erreichten den rettenden Rhein, wo sie den stationierten Truppen von dem fürchterlichen Gemetzel berichteten, welches die Germanen angerichtet hatten. Varus selbst wählte den Freitod, als er die Ausweglosigkeit der Lage erkannte. Die siegestrunkenen Germanen schändeten seine Leiche und Arminius ließ den Kopf des Varus abtrennen, um ihn dem Markomannenkönig Marbod zu schicken. So wollte er jenen von der Schlagkraft der vereinten Stämme überzeugen und für ein Bündnis gegen Rom gewinnen. Marbod ließ sich jedoch nicht dazu bewegen, seine Neutralität aufzugeben und sandte stattdessen den Kopf des Varus zum römischen Kaiser. Dieser soll beim Anblick des abgetrennten Kopfes verzweifelt „Quinctilius Varus gib die Legionen zurück!" gerufen haben.
Die vereinten Germanenstämme griffen nun die verbliebenen römischen Stützpunkte im ganzen Land an. Nach einigen schwierigen Kämpfen gelang es, so gut wie alle Römer vom germanischen Territorium zu vertreiben. Die zwei am Rhein verbliebenen Legionen unter Varus' Neffen Asprenas waren inzwischen in Alarmbereitschaft versetzt worden. Man befürchtete einen Angriff der Germanen auf Gallien, der jedoch ausblieb. Trotzdem gaben viele römische Zivilisten, welche sich an der Rheingrenze angesiedelt hatten, aus Furcht ihre neue Heimat auf und kehrten ins Reich zurück.
Fast schien es, als hätten die Germanen ihre Freiheit zurückerobert, doch Rom rüstete bereits zum Gegenschlag. Kaiser Augustus' erste Maßnahme war es, seinen Stiefsohn Tiberius, der gerade den Aufstand in Pannonien niedergeschlagen hatte, erneut als Statthalter an den Rhein zu schicken. Jener wird wenig begeistert gewesen sein. Statt sich mit einem Triumphzug für seine Erfolge feiern zu lassen, wurde er sofort mit einem neuen, gefährlichen Auftrag betraut. Tiberius' Truppen wurden eiligst ausgehobene Legionen beigestellt, so dass der neue, alte Statthalter die Rheingrenze umfassend absichern konnte. Als erfahrener Feldherr sondierte Tiberius die Lage an der Grenze ausführlich und entschloss sich erst im Jahr 11 zu einer Expedition ins Feindesland. Dort agierte er allerdings äußerst vorsichtig. Einige zerstörte Siedlungen und gefangene Bauern waren das Ergebnis seines Vorstoßes über den Rhein. Das Ganze war eher ein Signal an die germanischen Stämme, dass Rom wachsam war. Tiberius begnügte sich in der Folgezeit damit, die Grenze zu sichern, da er wusste, dass ihm noch Großes bevorstand. So sollte es auch kommen. Sein am 19. August 14 verstorbener Stiefvater erklärte Tiberius kurz vor seinem Tod zum neuen Kaiser. Der neue Kaiser begann sofort mit umfassenden Vorbereitungen, die Schlappe des Varus auszumerzen und die Germanen endgültig zu unterwerfen. Er plante einen großangeleg-

---

[3] Für genauere Informationen zur Varusschlacht verweise ich erneut auf das Literaturverzeichnis am Ende meines Buches.

ten Vernichtungskrieg, mit dessen Ausführung er seinen Neffen und Adoptivsohn Nero Claudius Germanicus, den leiblichen Sohn des legendären Drusus, betraute. Dessen erste Amtshandlung als neuer Statthalter am Rhein war es, mit einer gewaltigen Streitmacht von annähernd 30.000 Soldaten ins Land der Marser im heutigen Ruhrgebiet einzufallen und dort ein beispielloses Blutbad anzurichten. Der Überfall geschah während der Feierlichkeiten zu Ehren der Göttin Tanfana, der höchsten Gottheit der Marser. Traditionell hielten die anderen Stämme in der Zeit der Festlichkeiten Frieden, so dass die Marser auf militärische Aktionen nicht vorbereitet waren. Germanicus nutzte dies schamlos aus und ließ den versammelten Stamm des Nachts überfallen. Ohne Rücksicht auf Geschlecht und Alter wurden die schlafenden Menschen niedergemetzelt. Die Römer zerstörten auch das Heiligtum der Tanfana, ein ungeheuerlicher Frevel! Das Massaker an den Marsern schreckte die seit fünf Jahren friedlich lebenden Stämme auf und versetzte sie in Alarmbereitschaft. Die Germanen erkannten die Entschlossenheit der Römer, keine Gnade walten zu lassen. Friedliche Verhandlungen schienen diesmal aussichtslos. Brukterer, Tubanten und Usipeter stellten den Legionen auf deren Rückweg eine Falle, welche jedoch vorzeitig entdeckt wurde. Die germanischen Krieger wurden buchstäblich überrannt und Germanicus kehrte mit seinen Männern zunächst an den Rhein zurück.
Nach heutigem Stand der Geschichtswissenschaft können wir davon ausgehen, dass Germanicus ohne direkte Anweisung des Kaisers handelte. Tiberius, selbst erfahrener Germanienkämpfer, ahnte, dass das Massaker an den Marsern zu einer neuen Koalition der germanischen Stämme führen würde. Um seinen Neffen und Adoptivsohn von weiteren unüberlegten Aktionen abzuhalten, griff der Kaiser zu einem Trick. Er gewährte Germanicus einen Triumphzug in Rom, den jener jedoch ablehnte. Stattdessen ließ er im kommenden Frühjahr seine Legionen gegen die Chatten ziehen und ein ähnliches Gemetzel wie unter den Marsern anrichten.
Inzwischen hatte Arminius das Bündnis der germanischen Stämme reorganisiert, jedoch kam ihm erneut sein Schwiegervater Segestes in die Quere, der sich auf die Seite der Römer stellte. Auf Grund von stammesinternen Streitigkeiten rief Segestes Germanicus um Hilfe. Jener hatte nur auf einen Grund gewartet, endlich gegen Arminius loszuschlagen, um die Schmach der Varusschlacht zu tilgen. In einer großangelegten Zangenoperation drang Germanicus im Sommer 15 mit annähernd 80.000 Mann in Germanien ein. Mit den Chauken und Friesen hatten die Römer außerdem treue germanische Verbündete gewonnen, so dass die Ausgangslage für den Feldzug äußerst günstig war. Um seine Soldaten auf den geplanten Vernichtungskrieg einzustimmen, führte Germanicus seine Männer zunächst zum Schauplatz der Varusschlacht, wo die Gebeine der Gefallenen noch immer unbestattet den Unbilden der Natur ausgesetzt waren. Die Römer begruben ihre Kameraden und zogen grimmig gestimmt weiter, begierig darauf, Rache zu üben. Ein erstes militärisches Aufeinandertreffen von Germanicus' Legionen und Arminius' vereinten Stämmen endete „unentschieden“ mit leichten Vorteilen für die Germanen. Die römischen Truppen traten zunächst in drei Abteilungen getrennt den Rückzug zum Rhein an. Der erfahrene Heerführer Caecina wurde mit seiner Abteilung auf dem kürzesten, jedoch gefähr-

lichsten Weg durch einen schier undurchdringlichen Sumpf geschickt. Durch diesen Sumpf hatten römische Pioniere vor fünfzehn Jahren einen Bohlenweg angelegt. Arminius verfolgte mit seinen Männern jenen Teil der römischen Armee und es kam zur berüchtigten „Schlacht bei den Langen Brücken". Die Römer befanden sich in einer äußerst misslichen Lage. Der Bohlenweg war mittlerweile so verrottet, dass Caecinas Pioniere ihn an vielen Stellen mühevoll reparieren mussten, während die Germanen Angriffswelle um Angriffswelle gegen die Legionen starteten. Nur Streitigkeiten unter den Cheruskern retteten die Römer vor der völligen Vernichtung. Diesmal war es Arminius' Onkel Inguiomer, welcher eine andere Taktik in den Angriffen wollte. So konnten sich Caecinas Männer schließlich retten, wobei sie jedoch schwere Verluste verbuchen mussten und ihren gesamten Tross verloren.
Der Feldzug des Jahres 15 hatte nicht das von den Römern gewünschte Ergebnis gebracht, so dass Germanicus mit Feuereifer für eine erneute Operation im nächsten Jahr rüstete. Diesmal setzte Germanicus auf einen Überraschungsangriff per Wasserweg und ließ über den Winter eine gigantische Schiffsflotte bauen. Tacitus sprach von tausend Schiffen, mit denen Germanicus' komplettes Heer in Germanien eindrang. An der Weser kam es zur ersten Auseinandersetzung, welche Arminius' Truppen dank einer Kriegslist für sich entscheiden konnten. Warum sich Arminius anschließend den römischen Legionen auf der Ebene von Idistaviso zur offenen Feldschlacht stellte, ist bis heute ein Rätsel der Geschichte. Bisher waren es immer guerillaartige Überfälle, welche den Germanen Siege bescherten. In der offenen Schlacht waren die bestens ausgebildeten römischen Berufssoldaten bei weitem überlegen. „Die Schlacht auf den Idistavisischen Feldern" sollte die erste große Niederlage der germanischen Stammeskoalition unter Arminius' Führung werden.
Die Truppenverluste scheinen sich jedoch in Grenzen gehalten zu haben, denn nur wenige Tage nach der Niederlage stellten sich die Germanen den römischen Legionen am sogenannten Angrivarierwall erneut zur Schlacht. Es hat den Anschein, als wollte Arminius ebenso wie Germanicus die Vorherrschaft über Germanien ein für alle Mal klären. Laut Tacitus war der Wall eine von den Angrivariern aufgeschüttete Grenzbefestigung zum Land der Cherusker. Ob es sich beim Angrivarierwall tatsächlich um einen Grenzwall handelte, ist fraglich. Jene Art von Grenzsicherung war für die Germanen jener Zeit untypisch. Auch die Annahme mancher Historiker, dass Arminius' Truppen den Wall in kürzester Zeit selbst errichtet hatten, scheint mir eher unglaubwürdig. Letztendlich ist es für den Verlauf der Ereignisse jedoch zweitrangig, aus welchem Grund der Angrivarierwall entstand. Wichtig ist für uns, dass Arminius seine Fußtruppen am Wall postierte, während sich die Reiterei in einem angrenzenden Wald versteckte. Arminius plante anscheinend eine Zangenoperation, doch Germanicus' Späher warnten den Feldherrn. Dieser teilte sein Heer, um die gefährliche germanische Reiterei in Schach zu halten. Ausschlaggebend in der Schlacht am Angrivarierwall war jedoch die perfekt funktionierende Artillerie der Römer. Den treffsicheren Katapulten der Römer waren die Germanen nicht gewachsen. Trotz heldenhafter Gegenwehr kamen die germanischen Stammeskrieger in arge Bedrängnis. Germanicus witterte endlich einen entscheidenden Sieg über Arminius und spornte seine

Soldaten an, kein Mitleid zu zeigen. Man brauchte keine Gefangenen. Tacitus berichtet, dass der Feldherr seinen Männern sagte, nur die Vernichtung des germanischen Volkes würde endlich den Krieg beenden. Arminius erkannte schließlich die Ausweglosigkeit der Lage und zog sich mit seinen Männern zurück. Die letzte, entscheidende Schlacht gegen die Römer hatte er verloren. Trotz der Niederlage konnte sich ein Großteil der germanischen Kämpfer retten. Diese Tatsache ist der Grund für den bis heute andauernden Gelehrtenstreit, dass die Schlacht am Angrivarierwall gar nicht mit einer Niederlage der germanischen Stämme endete, sondern Arminius vielmehr einen taktisch klugen Rückzug befahl. Fakt ist, dass es nach jener Schlacht zu keiner militärischen Auseinandersetzung mehr zwischen Arminius' Stammeskoalition und den Römern kam.

Nach der Schlacht kehrten die Legionen in ihr Hauptlager am Rhein zurück. Germanicus gönnte seinen Männern jedoch keine Ruhe. Er rüstete die Legionen auf und ging erneut gegen die Chatten und Marser vor. Damit hatte er jedoch den Bogen endgültig überspannt. Kaiser Tiberius beorderte seinen Stiefsohn persönlich nach Rom zurück. Germanicus' Feldzüge verschlangen Unmengen von Geld, Germanien ließ sich jedoch nicht unterwerfen. Offiziell erklärte der Kaiser, dass die Schmach der Varusschlacht gerächt sei und man nun die germanischen Stämme ihren internen Streitigkeiten überlassen könne. Er war wohl der Ansicht, dass es sinnvoller sei, mit den Germanen zu verhandeln, als weiter Unsummen für Feldzüge auszugeben.

Tiberius sollte mit seinem offiziellen Statement recht behalten. Nachdem das römische Imperium keine Feldzüge auf germanischem Gebiet mehr durchführte, kam es zwischen Arminius' Stammeskoalition und dem Markomannenkönig Marbod zum Krieg. Wer der Auslöser für die Auseinandersetzungen war, ist bis heute fraglich, da die antiken Autoren dazu keine befriedigende Antwort liefern. Das Ergebnis dagegen ist wohlbekannt. Die beiden gegnerischen Heere stellten sich an einem heute nicht mehr genau lokalisierbaren Ort zur offenen Feldschlacht. Es ist ein Treppenwitz der Geschichte, dass sich zwei germanische Heere eine Schlacht nach römischem Vorbild lieferten. Grund war die Tatsache, dass beide Schlachtenführer lange bei den Römern gelebt hatten und dort militärische Erfahrungen sammeln konnten. Obwohl die Schlacht unentschieden ausging, zog sich Marbod mit seinen Truppen beizeiten zurück und stellte sich keinem weiteren Gefecht, was praktisch das Eingeständnis einer Niederlage war. Der überstürzte Rückzug ließ Marbod gewaltig an Einfluss in seinem Reich verlieren. Viele seiner Verbündeten liefen zu Arminius über, worauf Marbod die Römer um Hilfe rief, welche jedoch verweigert wurde. Ein junger markomannischer Adliger namens Catualda hatte inzwischen einen großen Teil von Marbods Gefolgschaft für sich gewonnen und stellte sich offen gegen den König. Jener sah sein Lebenswerk zerstört und somit keinen anderen Ausweg, als nach Rom zu fliehen. Dort lebte Marbod noch 18 Jahre und starb weitestgehend vergessen im Alter von etwa 70 Jahren.

Mit der Zerschlagung von Marbods Königsmacht hatte Arminius einen weiteren bedeutenden Sieg errungen. Er war jetzt der mächtigste Mann in Germanien. Dem „Befreier Germaniens“ scheint der Erfolg jedoch zu Kopf gestiegen zu sein, denn er versuchte ein ähnlich geartetes Königreich wie Marbod zu errichten. Die Stammeskoalition hatte ihn zwar als Anführer im Krieg akzeptiert, einen König in Friedenszeiten wollten die freiheitsliebenden Stämme jedoch keinesfalls dulden. Es kam zu einer Verschwörung gegen Arminius und der Cheruskerherzog wurde laut Tacitus von seinen eigenen Verwandten ermordet. Wenn der römische Chronist auch keine Namen nennt, wird wohl Arminius' eifersüchtiger Onkel Inguiomer bei jenem mörderischem Komplott eine entscheidende Rolle gespielt haben.

Doch nicht nur Cherusker und Markomannen sollten Tiberius „Weissagung" erfüllen. Im Jahr 59 überfielen die Chauken den an der Ems siedelnden Stamm der Amsivarier. Die Überlebenden versuchten Schutz bei den Römern zu finden, wurden jedoch abgewiesen. Wie Ausgestoßene irrten die Amsivarier danach von Stamm zu Stamm, ohne eine neue Heimat zu finden. Ihre Nachkommen gingen später im germanischen Völkerbund der Franken auf. Etwa zur gleichen Zeit, als die Chauken die Amsivarier überfielen, kam es zu kriegerischen Auseinandersetzungen zwischen Chatten und Hermunduren. Laut Tacitus ging es dabei um die Vorherrschaft an Salzlagerstätten, vermutlich im Bereich der heutigen Stadt Halle. Die Hermunduren gingen schließlich siegreich aus dem Streit um das „weiße Gold" hervor.

Machen wir nun einen Sprung in das Jahr 83. Zu jener Zeit begannen die Römer unter Kaiser Domitian an der Grenze zu Germanien mit der Errichtung einer Grenzanlage, dem sogenannten Limes. Seit Ende der „Germanenkriege" im Jahre 16, war es bis auf einige kleinere Zwischenfälle ruhig an Rhein und Donau geblieben, welche immer noch als Grenze zwischen römischem Imperium und freien germanischen Stämmen galt. Da die regulären römischen Truppen in anderen Provinzen dringender benötigt wurden, sicherten Hilfstruppen die germanische Grenze, deren Arbeit durch den Limes erleichtert werden sollte. Anfangs nur aus gerodeten Schneisen mit in Sichtweite errichteten hölzernen Wachtürmen bestehend, entwickelte sich der Limes in mehreren Ausbaustufen zu einer richtigen Grenzanlage mit etwa 150 Kastellen, 900 Wachtürmen aus Stein und bewachten Durchgängen. Da Rom eingesehen hatte, dass es nicht möglich war, Germanien in das Reich zu integrieren, wollte Kaiser Domitian ein Zeichen setzen und die Germanen sozusagen ausgrenzen. In seiner Blütezeit reichte der Limes an die 550 km vom heutigen Koblenz bis nahe Regensburg, wobei er in den obergermanischen Teil am Rhein und den raetischen Teil an der Donau unterteilt wurde, welche sich auch in ihrer Bauart unterschieden. Beim Limes handelte es sich allerdings um keine unüberwindliche Grenzanlage, sondern eine Art Frühwarnsystem vor germanischen Überfällen auf das römische Reichsgebiet. In Kriegszeiten sollte er das Überwinden der Grenze erschweren, in Friedenszeiten das Überschreiten und den Handel kontrollieren. Ursprünglich bezeichnete der lateinische Begriff Limes im herkömmlichen Sinne keine Grenzanlage, sondern bedeutete schlicht „Weg". Der Limes wurde jenseits von Rhein und Donau, sprich auf germanischem Boden errichtet. Das Imperium hatte bereits seit einigen Jahren die von romtreuen Germanen nur schwach besiedelten Randstreifen entlang der Flüsse dazu genutzt, seine Grenzen auszudehnen. Diese „schleichende" Landnahme veranlasste einige germanische Stämme, speziell die Chatten, zur Mobilisierung ihrer Streitmacht, welcher Kaiser Domitian mit einem Präventivkrieg, den „Chattenkriegen“ in den Jahren 83 bis 85, zuvorkam. Da weitere militärische Auseinandersetzungen mit anderen Stämmen zu erwarten waren, begannen die Römer mit der Errichtung des Limes. Insgesamt erfuhr die Anlage vier Ausbaustufen, welche von einem Postenweg bis hin zu einer Grenzbefestigung mit Palisade, Graben, Erdwall und steinernen Wachtürmen reichte. Der raetische Limes, benannt nach der römischen Provinz Raetien, bestand statt der Palisade aus einer Steinmauer, in welche die Wachtürme baulich integriert waren.

Neben der Errichtung des Limes ist uns Domitian noch als der Gründer der Provinz „Germania Superior“ (Obergermanien) bekannt. Wobei es sich hier namentlich um eine Art Selbstbetrug der Römer handelte, da der germanische Teil der Provinz Obergermanien nur aus dem rechtsrheinischem Landstrich bis hin zum Limes bestand, welcher von romtreuen Germanen bewohnt war. Womöglich wollte Domitian als „Eroberer Germaniens“ in die Geschichte eingehen.

Die römische Besiedlung des Landes zwischen rechtem Rheinufer und dem Limes schritt zügig voran, wobei der Landstrich zu einem gewissen Wohlstand kam, welcher auf so manchen germanischen Stamm anziehend wirkte. Es waren wiederum die kriegerischen Chatten, welche zwischen 162 und 170 immer wieder Angriffe auf den Limes ausübten. Schließlich wurde, bedingt durch die massiven Angriffe des neuentstandenen Großstammes der Alamannen, der Limes schließlich um 260 aufgegeben und die römischen Truppen auf die linken Ufer von Rhein und Donau zurückgezogen.

Etwa zur gleichen Zeit, um das Jahr 166, als die Chatten die römische Rheingrenze bedrohten, formierte sich weiter südlich an der Donau eine Gefahr, welche weitaus bedrohlicher für das Römische Reich sein sollte. Allen voran drangen die Stämme der Markomannen und Quaden auf der Suche nach neuem Siedlungsland über die Donau in römisches Herrschaftsgebiet vor. Die von 166 bis 182 andauernden Auseinandersetzungen zwischen Germanen und Römern sind heute als die „Markomannenkriege“ bekannt. Die germanischen Angreifer sollen aus einer lockeren Koalition von bis zu 25(!) Stämmen bestanden haben, darunter auch Langobarden, Bastarnen, Vandalen, Hermunduren und sogar sarmatische Jazygen. Auslöser für das kriegerische Verhalten der Germanen war die ablehnende Haltung des römischen Kaisers Antonius Pius, friedlich gesinnte germanische Familienverbände auf römischem Territorium anzusiedeln.

Zu Beginn der Regierungszeit des neuen Kaisers Marc Aurel war das Römische Reich in seinen östlichen Provinzen starken Angriffen ausgesetzt. Speziell die Parther setzten den Legionen in der Provinz Armenien so zu, dass der Kaiser immer neue Truppen in jene Region schicken musste, um der Lage Herr zu werden. Zusätzlich hatten die römischen Truppen noch mit einer Pestepidemie zu kämpfen. Es war also für die anstürmenden Markomannen und ihre Verbündeten ein Leichtes, die nur schwach besetzten Grenzen des Römischen Reiches zu überrennen. Entlang der gesamten Donau fielen germanische Stämme ab dem Jahr 166 unter Führung des Markomannenkönigs Ballomar und des Quadenfürsten Ariogais in das Imperium ein. Die römischen Grenzregionen waren von jenem Ansturm völlig überrascht, galten die

Nachbarn doch als befriedet, wenn nicht sogar romanisiert. Rom hatte sich jedoch getäuscht und die Eindringlinge setzten ihren Eroberungszug bis nach Aquileja an der Adria fort, womit das Zentrum der römischen Macht akut bedroht war. Da es an Truppen fehlte, wurden aus Gladiatoren, Sklaven und Freiwilligen eiligst neue Legionen aufgestellt, an deren Spitze sich der Kaiser persönlich den Germanen entgegenstellte. Die neu aufgestellten Armeen schlugen sich erstaunlich gut, so dass es den Römern in drei groß angelegten Feldzügen letztendlich gelang, die germanischen Eroberer jenseits der Donau zurückzudrängen. Marc Aurels Sohn und Nachfolger Commodus gelang es 182 schließlich, die „Markomannenkriege" zu Gunsten des Imperiums zu beenden und mit den streitbaren Nachbarn einen Friedensvertrag zu schließen. Rom konnte seine Vorherrschaft an der Donau somit zurück gewinnen, die Idee einer „Provinz Marcomannia" wurde jedoch verworfen.

Ab dem 3. nachchristlichen Jahrhundert kam es zu einem grundlegenden Wandel in der Stammesstruktur der Germanen. Die vielen einzelnen Stämme schlossen sich zu großen Stammesverbänden zusammen. Aus Brukterern, Tenkteren, Usipetern und Sugambrern wurden Franken. Semnonen, Sueben, Hermunduren und Juthungen waren fortan als Alamannen bekannt. Zu jener Zeit entstand auch das Volk der Sachsen, welches neben dem namensgebenden Stamm noch die Reudiger, Avionen und Chauken in sich vereinte. Über die Zugehörigkeit der Chauken herrscht allerdings ein bis heute andauernder Gelehrtenstreit. Verschiedene Forscher sehen die Chauken als Teil des Frankenstammes. Nach umfangreichen Recherchen bin ich persönlich der Meinung, dass wir die Chauken durchaus den Sachsen zurechnen können. Die Gründung der Großstämme war im Grunde genommen eine Rückkehr der Germanen zu ihrer alten Lebensform, da laut Tacitus jenes Volk in der Frühzeit aus drei großen Gruppen bestand, den bereits erwähnten Ingävonen, Hermionen und Istävonen. Räumliche Nähe, aber auch alte Bündnisse, wie die Stammeskoalition des Arminius, Marbods Königreich oder auch das schon länger zurückliegende Suebenbündnis unter Ariovist, waren Grundlage für die neuen germanischen Großstämme. Die immer wieder aufflammenden Kämpfe mit den schier übermächtigen römischen Nachbarn waren wohl die entscheidende Ursache für die Entstehung der Stammesbünde. Die freiheitsliebenden, aber auf Eigenständigkeit bedachten Germanen hatten eingesehen, dass die so geliebte Freiheit auf Dauer nur durch Einigkeit unter den Stämmen zu verteidigen war.

Über die Franken und ihr legendäres Herrschergeschlecht der Merowinger ist schon viel geschrieben worden, dem Volk der Sachsen werde ich mich in einem der folgenden Kapitel widmen, so dass ich hier etwas näher auf den Stammesbund der Alamannen eingehen möchte. Zeitlich gesehen können wir die Entstehung des Stammesverbandes der Alamannen um das Jahr 200 einordnen. Der Stammesname wird allgemein mit „Alle Männer" übersetzt. Der Historiker Dr. Hans Willhelm Hammerbacher dagegen deutet die Silbe „Ala" als aus dem Germanischem kommend, mit „heilig", „vom Heil besessen" oder „geweiht". Alamannen könnte somit auch „Heilige Männer" oder „Geweihte Männer" bedeuten. Allerdings ist es nicht ganz sicher, ob sich die Mitglieder jenes Stammesbundes wirklich Alamannen nannten oder die Bezeichnung aus der Feder eines römischen Chronisten stammte. Kern des neuentstandenen Großstammes waren zweifellos die Semnonen. Außerdem gehörten noch verschiedene suebische Stämme sowie Teile der Hermunduren und das Volk der Juthungen aus der Gegend des heutigen Bayerns zu den Alamannen. Insgesamt handelte es sich um einen Zusammenschluss von recht kriegerisch gesinnten Stämmen, erinnern wir uns nur an Ariovist und seine Sueben, welche ca. 250 Jahre früher in Gallien Angst und Schrecken verbreiteten. Die Alamannen setzten diese „Tradition“ fort. Wie bereits erwähnt, waren es ihre andauernden Kriegszüge gegen das Römische Reich, welche schließlich zur Aufgabe des Limes führten. Allerdings mussten die Alamannen auch Niederlagen hinnehmen, wie etwa 213 gegen die Truppen des Kaisers Caracallas im Maingau. Jener römische Sieg soll jedoch einen faden Beigeschmack gehabt haben und eher mit List als militärischer Stärke erreicht worden sein. Nachdem die Römer um 260 den Limes aufgegeben und sich auf die linken Ufer von Rhein und Donau zurückgezogen hatten, begannen sich die Alamannen flächendeckend auszubreiten. Es entstanden erste Siedlungen mit dörflichem Charakter, ebenfalls eine Neuerung im germanischen Leben, da die Siedlungsweise bis dahin aus einzelnen, relativ weit voneinander entfernten Gehöften bestand. Das Militärwesen wurde ebenfalls neu geordnet, so dass immer eine gewisse Anzahl an Männern unter Waffen stand. Der römische Kaiser versuchte in der Zwischenzeit mit der „Zuckerbrot und Peitsche-Methode“ der Alamannen Herr zu werden. Es gelang ihm jedoch nicht, Unfrieden unter den alamannischen Fürsten zu stiften. Obwohl der Stamm inzwischen sesshaft geworden war, kam es immer wieder zu Angriffen auf die römischen Nachbarn, so der Einfall in Oberitalien im Jahre 269, welcher jedoch von den Truppen des Kaisers Aurelian abgewehrt wurde. Gegen Mitte des 4. Jahrhunderts tat sich vor allem der alamannische Teilstamm der Lentienser mit seinen kriegerischen Aktivitäten gegen das Imperium hervor, welche die Römer 354 mit einem Friedensvertrag zu beenden suchten. Um das Jahr 357 kam es zu schweren Kämpfen zwischen Alamannen und Römern am Rhein. Die germanischen Angreifer setzten in jener Gegend über den Fluss, in der die suebischen Triboker noch unter römischem Joch lebten. Man wollte wohl die früheren Stammesbrüder mit in den alamannischen Stammesbund aufnehmen. In aller Eile rückte der Feldherr und spätere Kaiser Julian mit seinen Truppen den einfallenden Alamannen entgegen und brachte ihnen bei Brumath im heutigen Frankreich eine empfindliche Niederlage bei. Die siegreichen Römer verfolgten die fliehenden Germanen und richteten auf Julians Befehl ein fürchterliches Gemetzel an, ganz in der „Tradition“ bereits begangener römischer Völkermorde. Die Alamannen brauchten einige Jahrzehnte, um sich zu erholen, 407 kam es zu einem erneuten Übergriff an der Rheingrenze, welcher wiederum von den römischen Truppen abgewehrt wurde. Soweit zu unserem kurzen Exkurs über den Stamm der Alamannen.

Seit Ende des 2. vorchristlichen Jahrhunderts lag das Römische Reich mit seinen germanischen Nachbarn jenseits des Rheins im „Clinch“. Obwohl von beiden Seiten immer wieder militärische Auseinandersetzungen ausgingen, war und blieb die vom „Germanen-Entdecker“ Gaius Julius Caesar festgelegte Rheingrenze bestehen. Wir können also durchaus sagen, dass über hunderte von Jahren immer eine Art „Pattsituation“ zwischen Nord- bzw. Westgermanen und Rom bestand. Die eigentliche Bedrohung für das Imperium sollte aus Ostgermanien kommen, in Gestalt des gewaltigen Volkes der Goten.

Ursprüngliche Heimat der ersten Goten soll Skandinavien gewesen sein. In der vom römischen Chronisten Jordanes niedergeschriebenen Stammessage der Goten heißt es, dass jene mit drei Schiffen an der Ostseeküste landeten und sich gewaltsam Land aneigneten. Über die skandinavische Herkunft der Goten ist sich die Geschichtswissenschaft bis heute uneins. Als gesichert gilt jedoch, dass der Stamm zum Beginn unserer Zeitrechnung an der Ostsee, im Bereich des Flusses Weichsel, angesiedelt war. In einer großangelegten Wanderbewegung, welche etwa Mitte des 2. Jahrhunderts begann, erreichten die Goten schließlich um das Jahr 200 das Schwarze Meer. Von den ins östliche Europa eingewanderten Goten scheint eine große Anziehungskraft ausgegangen zu sein, da sich ihnen viele kleinere Stämme jener Gegend anstandslos anschlossen, worauf ein Volksstamm mit gewaltigen Ausmaßen entstand. Auch weiter nördlich beheimatete Stämme, wie die Rugier und Heruler, traten dem Machtgefüge der mächtigen Goten bei. Jene genossen sozusagen einen „guten Ruf“, welchem auch schon auf der Wanderung gen Osten viele Stämme gefolgt waren. Anscheinend hatten auch die römischen Nachbarn großen Respekt vor dem gewaltigen Gotenreich am Schwarzen Meer. Aus der Regierungszeit des römischen Kaisers Severus Alexander (222 bis 235) wissen wir von Zahlungen an die Goten, welche sich dadurch vertraglich verpflichteten, die Grenzen des Römischen Reiches nicht zu verletzen. Ab dem Jahre 238 kam es jedoch zu massiven Einfällen der Goten in römisches Territorium. Speziell die Provinzen Mösien und Thrakien waren Ziel von Plünderungen. Kaiser Trebonianus Gallus versuchte Mitte des 3. Jahrhunderts vergeblich, einen Friedensschluss mit den Goten auszuhandeln. Schon zu jener Zeit zeichnete es sich ab, dass der ostgermanische Stammesverband bedeutend gefährlicher für das Imperium war, als seine westgermanischen „Brüder“. Ein Grund dafür waren auch die Bündnisse mit nichtgermanischen Stämmen, wie den Boranen und Karpen, welche die militärische Schlagkraft der Goten weiter erhöhten.

Der bis dahin gewaltigste gotische Angriff auf römisches Territorium ereignete sich 268, als die Goten mit den verbündeten Herulern und Peukinen über das Gebiet des heutigen Griechenland herfielen und plündernd Richtung Balkan zogen. Erst bei Naissus gelang es Kaiser Claudius, den Vormarsch der ostgermanischen Eroberer zu stoppen. Seinem Nachfolger Aurelian gelang es auf diplomatischem Weg, mit den Goten einen an die fünfzig Jahre dauernden Frieden auszuhandeln. Über Tributzahlungen an die mächtigen ostgermanischen Nachbarn ist zwar nichts überliefert, diese waren aber höchstwahrscheinlich der Grund für die Goten, die Grenzen des römischen Imperiums vorerst nicht zu überschreiten. Ab 321 kam es zu erneuten Goten-Einfällen in das Römische Reich, welche diesmal die Landnahme als Ziel hatten, da der angestammte Lebensraum für das ständig wachsende Volk der Goten schlichtweg zu klein wurde.

Reichlich fünfzig Jahre später sollte es jedoch mit der übermächtigen Macht der Goten vorbei sein. Ab 375 wurde ihr Siedlungsgebiet von zentralasiatischen Reitervölkern heimgesucht, welche wir heute unter dem Sammelbegriff Hunnen kennen. In jene Zeit fällt auch die Spaltung in Ost- und Westgoten. Da Grund und Zeitpunkt der Stammestrennung von jeher ein Streitthema der Geschichtswissenschaft waren, hier einige Anmerkungen meinerseits.

Eine konkrete zeitliche Einordnung der Aufspaltung in Ost- und Westgoten ist ziemlich schwierig. Es war ja nicht so, dass sich die verschiedenen Teilstämme zu einem festen Termin und für immer trennten. Auf Grund unterschiedlicher Lebensvorstellungen und politischer Ziele hatten sich die gotischen Stämme bereits vor dem Einfall der Hunnen in zwei Gruppen gespalten. Verschiedene Historiker sehen den Beginn jener Spaltung bereits Mitte des 3. Jahrhunderts. Als „Beweis" wird der Gotenkönig Ostrogota herangezogen, der seinen Namen vom Stamme der Ostgoten erhalten haben soll. Diese doch eher „dünne" Beweisführung wird allerdings schon von der Tatsache widerlegt, dass die Goten immer ein Vielvölkerstamm waren, welcher zu jeder Zeit aus weit mehr als zwei Teilen bestand. Ich persönlich sehe die Teilung der Goten erst mit dem Einfall der Hunnen in Osteuropa.

Eine grobe zeitliche Einteilung sieht die Entstehung des Verbandes der Westgoten zwischen dem Hunneneinfall und der Übersiedlung von Teilen der Goten in das Römische Reich bis zur Übernahme der westgotischen Königswürde durch Alarich I. um 395. Von einem fest strukturierten Volk der Ostgoten kann man erst nach deren Sieg über die Hunnen im Jahre 454 sprechen. In diesem Jahr war es einer Koalition von Goten, Rugiern, Herulern, Skiren und anderen kleineren Stämmen endlich gelungen, dass hunnische Joch abzuschütteln. Jene Stammeskoalition bildete schließlich die Grundsubstanz für das Volk der Ostgoten.

Doch nun zurück zum Einfall der Hunnen in Osteuropa.

Der „Hunnensturm" wird heute als Auslöser der Völkerwanderung betrachtet. Die Hunnen waren sozusagen der „Katalysator" für die politische Neuordnung Europas ab dem 4. Jahrhundert. Die hunnische Eroberung begann 372 mit der Unterwerfung der am Don lebenden Alanen. Drei Jahre später war dann das Siedlungsgebiet der gotischen Greuthungen Ziel der plündernden Hunnen. König Ermanerich aus dem gotischen Königsgeschlecht der Amaler versuchte zwar mit seinen Truppen verzweifelt Widerstand zu leisten, beging jedoch wegen der schier ausweglosen Lage schließlich Selbstmord. Die Goten waren den Aggressoren nicht gewachsen. Auf Grund ihrer militärischen Ausbildung und Bewaffnung waren die Hunnen ihnen haushoch überlegen. Ermanerichs Nachfolger schlugen den diplomatischen Weg ein, doch auch so war den Hunnen nicht beizukommen. Die immer mehr bedrohten Greuthungen zogen sich schließlich bis in das Land der gotischen Terwinger zurück, welche jedoch ebenfalls von den Hunnen überrannt wurden. Angesichts der ausweglosen Lage flüchtete sich darauf ein Teil der Goten in die unwegsamen Karpaten, während ein Großteil des Stammes sein Heil an der Donau suchte und um Aufnahme in das Römische Reich bat. Diese wurde ihnen auch gewährt, jedoch war das Römische Reich zu jener Zeit mit der Aufnahme solch einer Völkermasse, die historischen Quellen sprechen von bis zu 60.000 Menschen, schlichtweg überfordert. Die Asyl suchenden Goten waren auch keinesfalls friedlich, so dass ihre Aufnahme in das Imperium eher

einer feindlichen Landnahme glich und weniger eine geordnete Ansiedlung war. Rom unternahm gewaltige militärische Anstrengungen, um die Westgoten zu befrieden. Die sich bereits anbahnende Teilung des Imperiums in das West- und Oströmische Reich sorgte jedoch für ein relativ planloses Vorgehen der römischen Legionen. So kam es auch zu der entscheidenden Niederlage der Römer in der „Schlacht von Adrianopel“ am 9. August 378, in deren Verlauf der oströmische Kaiser Valens fiel. Hätte jener auf die Truppen des weströmischen Kaisers Gratian gewartet, wäre die Schlacht möglicherweise anders verlaufen, was einen entscheidenden Einfluss auf die europäische Entwicklung bedeutet hätte. Kaiser Valens Fehlentscheidung kann somit als Beginn des Zerfalls des römischen Imperiums betrachtet werden.
Da den Westgoten mit Waffengewalt nicht beizukommen war, versuchten es Gratian und der neue Mitkaiser Theodosius mit Diplomatie. Ergebnis dieser Bemühungen waren die Gotenverträge von 380 und 382, welche den Westgoten föderale Rechte zusicherten und den Grundstein für ein unabhängiges westgotisches Königreich innerhalb der Grenzen des römischen Imperiums legten. Doch auch die Friedensverträge von 380/82 waren nicht von Dauer. Der berühmt-berüchtigte Westgotenkönig Alarich begann ab 391 erneut mit räuberischer Landnahme im Römischen Reich. Diesmal behielten jedoch die Römer die Oberhand, so dass sich die Westgoten erneut den Vertragsbedingungen von 382 beugen mussten. In den folgenden Jahren herrschte ein entspanntes Verhältnis zwischen Römern und Westgoten. Der einstmals so rebellische Alarich stieg sogar zum Heermeister der oströmischen Armee auf. Wie wenig jedoch die Römer ihre gotischen Verbündeten schätzten, zeigte sich in der „Schlacht am Frigidus“ am 5. und 6. September 394. Es war inzwischen zum endgültigen Bruch zwischen West- und Oströmischem Reich gekommen. Nun standen sich am Frigidus, einem Nebenfluss des Isonzo, die römischen Truppen in feindlicher Absicht gegenüber, wobei ein gewaltiges Kontingent von 20.000 gotischen Kriegern das oströmische Heer unterstützte. Obwohl der oströmische Kaiser Theodosius den Sieg davontrug, kam es unter den Goten zu augenscheinlich bewusst von der römischen Truppenführung herbeigeführten, fürchterlichen Verlusten. Zwar blieben die gotischen Truppen noch bis zum Tod des oströmischen Kaisers nominell im Dienste der Römer, hielten sich jedoch immer weniger an die Verträge von 382. Nach dem Tod Theodosius', am 17. Januar 395, kam es dann immer wieder zu militärischen Auseinandersetzungen zwischen Goten und Römern, welche durch einen erneuten Friedensschluss beendet wurden, welcher diesmal verbesserte Konditionen für die Westgoten beinhaltete.
In den folgenden Jahren kam es zu einer Besserung des politischen Klimas zwischen West- und Oströmischem Reich, so dass sich die Goten von den Römern endgültig verraten vorkamen. König Alarich sah sich nun an keinerlei Friedensverträge mehr gebunden und führte seine Krieger in den folgenden Jahren zu immer neuen Kriegszügen Richtung Rom. Am 24. August 410 war es dann soweit: Alarich zog mit seinen Männern in Rom ein und die Westgoten plünderten drei Tage lang die „Ewige Stadt“. Das Unvorstellbare war geschehen: Zum zweiten Male nach Brennus und seinen Kelten im Jahre 387 v. Chr. war das Zentrum der römischen Macht in die Hände

plündernder Barbaren gefallen. Laut dem griechischen Geschichtsschreiber Prokopius von Caesarea soll Alarich, während seine Männer die Stadt verwüsteten, in prächtige Roben gehüllt auf dem kaiserlichen Thron gesessen haben. Der Westgotenkönig genoss so seinen Triumph über die verhassten Römer und hielt dabei angeblich die Heilige Lanze in seinen Händen. Jene magische Waffe hatte einst dem römischen Legionär Longinus gehört, welcher damit den gekreuzigten Jesus in die Seite stieß, um zu beweisen, dass dieser tot war. Der Kontakt mit dem Blut des Heilands hatte aus der einfachen Lanze eine mächtige Reliquie gemacht, welche ihrem jeweiligen Besitzer Macht über das Schicksal der Menschheit verleihen sollte.[4]

Alarich schien der Lanze allerdings nicht viel Bedeutung beigemessen zu haben, denn er ließ sie in Rom, als er mit seinen Männern die geplünderte Stadt verließ. Ob der Besitz der mächtigen Reliquie etwas am Schicksal Alarichs geändert hätte, wissen wir nicht. Fakt ist, dass er wenig später nach der Eroberung Roms den Tod fand. Der Westgotenkönig war mit seinen Truppen Richtung Süditalien gezogen, wo er über Sizilien in die römischen Provinzen in Nordafrika übersetzen wollte. Bevor dieses gelang, erkrankte Alarich schwer und starb nahe der Stadt Cosenza. Laut einer legendenhaften Überlieferung bestatteten die Krieger ihren König mit allen in Rom geraubten Schätzen im Flusse Busento, welcher dafür kurzzeitig umgeleitet wurde. Alle beteiligten Sklaven wurden anschließend getötet. So sollte Alarichs Grab für immer unauffindbar bleiben. Archäologen und Glücksritter versuchen schon seit Jahrhunderten die Stelle zu finden, an der Alarich begraben sein soll. So auch die beiden einheimischen Schatzsucher Natale und Francesco Bosco, welche in jahrelanger Kleinstarbeit die Schluchten am Oberlauf des Busento durchstreiften und schließlich eine sensationelle Entdeckung machten. An einem Berghang oberhalb des Flusses stießen die Männer auf eine Höhle, in welcher menschliche Bearbeitungsspuren zu erkennen sind. An sich nichts Außergewöhnliches, wäre da nicht der Flurname „Rigardi“, welcher aus dem Gotischen kommen soll und so viel wie „Behandle diesen Ort mit Respekt!“ bedeutet. Aber es kommt noch besser. Neben einem primitiven Altar, welcher auf eine kultisch-religiöse Nutzung der Höhle hindeutet, finden sich Hinweise auf einen in die Tiefe getriebenen Schacht, welcher mit Flussgeröll aufgefüllt wurde. Natale Bosco vertritt die Ansicht, dass die Westgoten den Schacht anlegten, darin ihren König mit allen seinen Schätzen begruben und den Schacht mit Kieselsteinen aus dem Fluss wieder auffüllten, welche auch große Teile des Höhlenbodens bedecken. Eine interessante Theorie, denn grundlos wird wohl sicher niemand die Steine den beschwerlichen Weg hinauf zur Höhle gebracht haben. Nach der Entdeckung versuchte Natale Bosco sofort, eine Grabungsgenehmigung für die Höhle zu erhalten, um seine Vermutungen nachprüfen zu können. Meinem Wissen nach wurde diese Genehmigung bisher jedoch nicht erteilt.

Nach Alarichs Tod normalisierte sich das Verhältnis zwischen Westgoten und Römern. Im Jahre 418 wurde ein umfangreicher Förderatenvertrag zwischen beiden

---

[4] Näheres zur Geschichte der Heiligen Lanze finden interessierte Leser in meinem Buch „Mysterium Heiliger Gral“, erschienen im Bohmeier Verlag, Leipzig.

Parteien geschlossen, worin auch eine Ansiedlung der Westgoten in Aquitanien, im südwestlichen Gallien, verankert war. In der Folgezeit verlagerte sich der Lebensmittelpunkt der Westgoten immer mehr Richtung iberische Halbinsel, was später auch zur Gründung des Toledanischen Reiches führte.
Während die Westgoten nach ihrer Flucht vor den hunnischen Eroberern ein relativ unabhängiges Leben führten, hatten sich ihre ostgotischen Brüder bedingungslos den Hunnen unterworfen. Allerdings war es wohl eher eine friedliche Koexistenz, welche die Völker miteinander verband. Mit der Zeit vermischten sich beide Völker sogar teilweise und übernahmen verschiedene Bräuche und Lebensgewohnheiten voneinander. Bemerkenswert ist in diese Richtung gehend vor allem der Name des legendären Hunnenkönigs Attila, welcher aus dem Gotischen kam und „Väterchen“ bedeutete. Jener Attila hatte bereits zehn Jahre gemeinsam mit seinem Bruder Bleda über die Hunnen sowie diverse angegliederte Stämme geherrscht, als ihm seine Machtfülle scheinbar nicht mehr genug war. 445 ließ Attila seinen Bruder ermorden und begann mit vermehrten militärischen Aktionen auf römischem Hoheitsgebiet. Bisher hatten horrende Tributzahlungen aus beiden Teilen des Imperiums die Hunnen davon abgehalten, die römischen Grenzen zu überschreiten. Nachdem Attila die Alleinherrschaft über die Hunnen an sich gerissen hatte, reiften in ihm Pläne, die eine größenwahnsinnig zu nennende Gestalt annahmen. Sein Ziel war es, mit allen seinen Verbündeten gen Westen zu ziehen, sich mit den Westgoten zu verbünden und so ein riesiges Reich unter hunnischer Vorherrschaft mitten in Europa zu errichten. Anfang 451 begann Attila, seine Pläne in die Tat umzusetzen und ein gewaltiges Herr wälzte sich die Donau aufwärts, zu dem neben der gefürchteten hunnischen Reiterei und den Ostgoten auch Kontingente von Thüringern, Franken, Langobarden, Herulern, Gepiden und Skiren gehörten. Während die Hunnen einige Teilerfolge errangen, so unter anderem die Plünderung der Stadt Metz, formierte sich derweil das Weströmische Reich zum Widerstand. Der Westgotenkönig Theoderich I. stand getreu den Vertragsbedingungen zu Rom und machte so die wahnwitzigen Pläne des Hunnenkönigs zunichte. Den Oberbefehl über die römischen Truppen und ihre Verbündeten, neben den Westgoten noch Gruppen von Burgundern, Franken und Sachsen, übernahm der erfahrene Feldherr Aetius. Zur Entscheidungsschlacht kam es auf einer Ebene zwischen den heutigen französischen Städten Troyes und Châlons-en-Champagne. Das Aufeinandertreffen der beiden gewaltigen Heermassen ist heute als die „Schlacht auf den Katalaunischen Feldern“ bekannt.
Am Vorabend der Schlacht war es bereits zu einem blutigen Zusammenstoß zwischen Franken und Gepiden gekommen. Dies sollte jedoch nur ein „Vorgeschmack“ auf das fürchterliche Gemetzel am nächsten Tag sein. Laut vorsichtigen Schätzungen sollen sich je 50.000 Bewaffnete gegenübergestanden haben. Antike Autoren berichteten, dass die „Schlacht auf den Katalaunischen Feldern“ mit keiner bisher geschlagenen Schlacht der Geschichte zu vergleichen war. Eine detaillierte Beschreibung der Geschehnisse würde wie immer zu weit führen. Wichtig zu wissen ist, dass der Westgotenkönig Theoderich I. den Tod fand und die Schlacht nach mehreren Stunden mehr oder weniger abgebrochen wurde, da keine der beiden Parteien einen entscheidenden

Durchbruch erzielen konnte. Bevor sich die nahezu gleichstarken Heere gegenseitig völlig aufrieben, zogen Atilla und Aetius ihre Männer zurück. Laut Überlieferungen soll der Hunnenkönig zwischenzeitlich sogar an Selbstmord gedacht haben, Aetius dagegen ließ die hunnischen Truppen nach dem Ende der Schlacht ungeschoren abziehen. Verschiedene Militärhistoriker betrachten die „Schlacht auf den Katalaunischen Feldern" als ein Unentschieden mit leichten Vorteilen für die Römer und ihre Verbündeten. Allerdings hatte das Ende der Schlacht einen faden Beigeschmack. Die Geschichtswissenschaft geht davon aus, dass Aetius nicht die volle Schlagkraft seiner Armee nutzte und die Hunnen gar nicht besiegen wollte. Eine Vernichtung der Hunnen hätte möglicherweise zu einem Zusammenschluss von West- und Ostgoten sowie anderer germanischer Stämme geführt, welche dann ein erneuter, völlig unberechenbarer Gegner für das Imperium gewesen wäre. So ließ Aetius die geschwächten Hunnen mit ihren Verbündeten abziehen und das Römische Reich war vorerst wieder sicher.

Nach Atillas Tod kam es unter seinen Söhnen zu massiven Streitigkeiten über die königliche Nachfolge. Jenen Bruderzwist machten sich die in der Mehrzahl eher unfreiwillig integrierten Völkerschaften zunutze und erhoben sich gegen ihre hunnischen Herren. In der „Schlacht am Nedao" im Jahre 454 brachten die vereinigten Stämme unter Führung des Gepidenkönigs Ardarich den Hunnen eine vernichtende Niederlage bei, welche den Untergang des hunnischen Königreiches bedeutete. Die überlebenden Hunnen verloren nun rasch ihre Identität. Ein Großteil kehrte in die ursprüngliche Heimat zurück, manche wurden Angehörige der römischen Armee oder gingen im Volk der Goten auf. Aus Teilen der siegreichen germanischen Stammeskoalition wurde schließlich jenes fest strukturierte Volk, das wir heute als Ostgoten bezeichnen.

Der westliche Teil des einstmals so mächtigen römischen Imperiums war inzwischen in der Auflösung begriffen. Die Hälfte der Truppen bestand aus Förderatenkrieger, was sich als fataler Fehler erweisen sollte. Unter jenen Förderatenkriegern tat sich besonders der Skire Odoaker hervor, welcher zur Leibwache des weströmischen Kaisers Anthemius gehörte. Die letzten Jahre des Weströmischen Reiches waren von einem ständigen Herrscherwechsel geprägt, der die Macht des Reiches immer mehr schwächte. Jenen Umstand machte sich Odoaker, welcher auf die germanischen Hilfstruppen großen Einfluss hatte, zunutze und setzte den letzten, noch minderjährigen weströmischen Kaiser, Romulus Augustulus ab. Romulus war nach einem Staatsstreich seines Vaters, dem Heermeister Orestes, als dessen Marionette auf dem Kaiserthron positioniert worden. Im Jahr 476 sah sich das förderatische Teilheer in einer gefestigten Machtstellung, so dass eine Gleichstellung mit den regulären römischen Truppen in Bezug auf Besoldung und Aufstiegschancen in der Dienstrangfolge gefordert wurde. Da Orestes diese Forderungen durch seinen kaiserlichen Sohn ablehnen ließ, setzten die Förderatenkrieger Romulus Augustus kurzerhand ab und wählten Odoaker am 23. August 476 zu ihrem König. Das Weströmische Reich hatte aufgehört zu existieren.

Odoakers Macht sollte jedoch nicht von Dauer sein. Obwohl die oströmischen Kaiser nicht immer die politischen Ansichten Westroms geteilt hatten, war es für die herrschende Klasse in Konstantinopel ein Unding, dass ein von Soldaten gewählter „Barbarenkönig“ in Italien regierte. Jenem unhaltbaren Zustand musste ein Ende bereitet werden. Am geeignetsten für Odoakers Sturz schien der Ostgotenkönig Theoderich der Große, dem Kaiser Flavius Zeno die Statthalterschaft über das Gebiet des ehemaligen Weströmischen Reiches versprach, sollte er Odoaker besiegen. Im Jahre 489 begann Theoderich mit der Invasion Italiens. Es sollte jedoch annähernd vier Jahre dauern, bis sich Odoaker geschlagen gab und einer gemeinsamen Herrschaft mit Theoderich zustimmte. Dazu sollte es jedoch nicht kommen. Wenige Tage nach dem Friedensschluss wurde Odoaker vom Ostgotenkönig eigenhändig ermordet. Ostrom hatte sich allerdings verrechnet, Theoderich begnügte sich nicht mit einer Statthalterschaft, sondern ließ sich von seinen Anhängern zum König von Italien ausrufen. Das frühere weströmische Gebiet blieb also weiterhin in germanischer Hand, nur der Herrscher hatte gewechselt. Flavius Zenos Nachfolger Anastasius musste sich schweren Herzens eingestehen, dass eine Erneuerung des Weströmischen Reiches unmöglich war und erkannte Theoderich den Großen als König von Italien an.

Die Ostgoten hatten sich innerhalb weniger Jahrzehnte von einem unterjochten Stamm zu einer zentralen Königsmacht im Herzen Europas entwickelt!

Theoderichs wachsender Machtgewinn war nicht zuletzt auf eine durchdachte Heiratspolitik zurückzuführen. Er selbst ehelichte 493 die Schwester des fränkischen Merowingerkönigs Chlodwig. Seine Tochter Thiudigotho wurde mit dem Westgotenkönig Alarich II. verheiratet, seine andere Tochter, Ostrogotho, wurde die Frau des burgundischen Kronprinzen Sigismund. Zudem wurde Theoderichs Schwester Amalafrida dem Vandalenkönig Thrasamund angetraut und die jener Ehe entsprossene Tochter wurde später die Frau des Thüringerkönigs Herminafried. Theoderich war also praktisch mit fast allen germanischen Königshäusern in Europa verwandt, die sich bis 500 aus der Vielzahl von Stämmen herausgebildet hatten. Nur mit den Alamannen war er nicht familiär verbunden, nahm diese jedoch vor den Franken in Schutz, denen er im Gegenzug garantierte, dass keine weiteren alamannischen Überfälle mehr auf ihr Hoheitsgebiet ausgeübt werden. Trotz seines mit diplomatischem Geschick gewonnenen Einflusses auf die Herrscherhäuser Europas konnte Theoderich den Krieg der fränkisch-burgundischen Koalition gegen das Westgotenreich im Jahre 507 nicht verhindern.

Die Franken unterwarfen das westgotische Königreich und wurden zur stärksten Macht in Europa. Chlodwigs Siegesfeier in Tours mit seiner zusätzlichen Ernennung zum Honorarkonsul durch oströmische Abgesandte glich einer Kaiserkrönung. Ostrom hatte erkannt, dass die Franken die zukünftige Großmacht im westlichen Europa darstellten und wollte eine dauerhafte Bindung an diese.

Dem ostgotischen Königshaus sollte dagegen eine dauerhafte Macht verwehrt bleiben. Im Jahre 538 begann der römische Feldherr Belisar mit der Rückeroberung der weströmischen Gebiete. Zudem fielen ein Jahr später die Franken unter ihrem König Theudebert in Oberitalien ein, so dass den Ostgoten von zwei Seiten Gefahr drohte.

Theoderichs Hauptstadt Ravenna wurde 540 von den Römern erobert und der Westgotenkönig gefangen genommen. Belisar verließ mit seinen Truppen die Stadt jedoch recht bald wieder, wodurch sich die, wenn auch geschwächte, ostgotische Königsmacht zunächst halten konnte. Der neugewählte König Totila begann sofort nach seiner Amtseinsetzung mit der Vertreibung aller Römer aus seinem Herrschaftsbereich. Sein Augenmerk richtete sich auch bald auf die Stadt Rom, welche inzwischen zu einer römischen Enklave geworden war, ringsum von germanischen Völkern umgeben.

Die „Ewige Stadt" hatte wiederholte Eroberungen und Plünderungen überstehen müssen, so auch den Einfall der bis heute berüchtigten Vandalen, welche Mitte des 5. Jahrhunderts über Sizilien, Korsika, Sardinien und Teilen Nordafrikas herrschten und Rom unter Führung ihres Königs Geiserich im Jahre 455 eroberten.

Die ostgotischen Truppen zogen am 17. Dezember 546 in Rom ein, doch Totila beging den gleichen Fehler wie Belisar in Ravenna und ließ Rom nicht dauerhaft besetzen, wodurch die Stadt eine Keimzelle des Widerstandes gegen die germanischen Königreiche blieb. Belisar formierte dort seine Truppen neu und es kam zu jahrelangen Kämpfen zwischen den Westgoten und den Truppen des oströmischen Kaiserreiches um die Vorherrschaft über die einstmaligen römischen Gebiete in Westeuropa. Die entscheidende Schlacht in jener Auseinandersetzung wurde im Juli 552 auf der „Busta Gallorum" genannten Hochebene in Umbrien geschlagen und läutete das Ende der ostgotischen Herrschaft ein. Im Schlachtenverlauf fiel König Totila und wurde nach Beendigung der Kampfhandlungen durch einen gewissen Teja ersetzt, welcher allerdings wenig später in einer anderen Schlacht den Tod fand. Die Ostgoten erhoben danach keinen neuen König mehr, was faktisch einem Eingeständnis ihrer Niederlage gleichkam. Konstantinopel überließ es der führerlosen gotischen Bevölkerung, in Italien zu bleiben oder in ihre alte Heimat im Osten zurückzukehren. Eine Erneuerung des Weströmischen Reiches schien danach nicht mehr im Interesse der oströmischen Herrscher zu liegen. Mit der Zerstörung des ostgotischen Königreiches schien der Gerechtigkeit Genüge getan.

Im Jahre 568 zogen die einstmals im westlichen Germanien beheimateten Langobarden in das herrenlose Oberitalien ein und begannen dort mit der Errichtung eines gewaltigen Königreiches. In der Frühzeit einst ein Teilstamm der legendären Sueben, muss von den Langobarden eine unwiderstehliche Anziehungskraft ausgegangen sein, da sich ihnen Teile der Thüringer, Sachsen und eine Vielzahl von noch bestehenden Kleinstämmen anschlossen. Unter König Alboin gelangte das Langobardenreich auf den Gipfel seiner Macht. Nachdem der König einer Verschwörung seiner eigenen Ehefrau Rosamunde 572 erlegen war und heimtückisch ermordet wurde, war es mit der Macht des Langobardenreiches jedoch bald vorbei. Das Königtum erlosch und das Land wurde in 36(!) Herzogtümer aufgeteilt. Da dieser Rückschritt in der politischen Entwicklung auch eine gleichzeitige Schwächung des Landes bedeutete, wählten die Duces (Herzöge) 584 einen gemeinsamen König. Jener konnte dem Einfall der Franken im selben Jahr jedoch keine entscheidende Gegenwehr bieten. Ein Großteil der Duces unterstellte sich den Franken und verpflichtete sich zu hohen Tributzahlungen, während der andere Teil Schutz im Oströmischen Reich suchte. Die nun unter fränkischer Herrschaft stehenden Duces nutzten den erkauften Frieden, um sich politisch und militärisch wieder zu vereinigen. Ein späterer Kriegszug der Franken gegen die Langobarden konnte somit zurückgeschlagen werden. 591 kam es dann zu einem dauerhaften Friedensschluss zwischen beiden Königreichen, welche später unter der Herrschaft des Karolingerkaisers Karl dem Großen zu einer Einheit verschmelzen sollten.

Unumstritten war das Frankenreich Ende des 6. Jahrhunderts das einflussreichste Königreich in Europa. Seine Herrscher betrachteten sich allerdings nicht mehr als Germanen, sondern sahen sich als legitime Nachfolger des einstmals so mächtigen römischen Imperiums. Das drückte sich später auch in der Bezeichnung „Heiliges Römisches Reich“ für das Herrschaftsgebiet der sogenannten römisch-deutschen Kaiser aus. Jene Bezeichnung wurde im 10. Jahrhundert durch die Dynastie der Ottonen eingeführt und erhielt im 15. Jahrhundert den Zusatz „Deutscher Nation“. Mit etwas Fantasie können wir das einstmalige „Heilige Römische Reich Deutscher Nation“ durchaus als den Vorläufer des heutigen vereinten Europas betrachten!

2. Die Glaubenswelt der Germanen – von der Wodans-Religion zum arianischen Christentum

Anders als bei der christlichen oder auch der jüdischen Religion sind uns von der Glaubenswelt unserer germanischen Vorfahren keine schriftlichen Quellen überliefert. Da die Germanen keine Niederschriften hinterließen, sind uns ihre religiösen Bräuche nur aus den Überlieferungen von antiken römischen Chronisten und frühmittelalterlichen Klerikern bekannt. Einzig die im 13. Jahrhundert in Island verfasste Edda gibt Einblick in die Mythologie der frühen nordeuropäischen Welt. Die Edda beinhaltet verschiedene Texte, deren mündliche Überlieferungen vermutlich bis ins 10. Jahrhundert zurückreichen. Ob die in der Edda beschriebenen Glaubensvorstellungen der Skandinavier mit den religiösen Ansichten der West- und Ostgermanen allerdings identisch waren, halte ich für mehr als fraglich. Auch die moderne Geschichtsschreibung ist sich nicht sicher, ob die Germanen zum Beispiel ein Walhall genanntes Paradies kannten, in welches die gefallenen Krieger Einzug hielten. Die Edda spiegelte die Glaubenswelt der abenteuerlichen Wikinger und Normannen wieder, welche Gefallen an so einem Kriegerparadies fanden. Außerdem war Snorri Sturluson, welcher Texte für die Edda sammelte und auch Teile davon niederschrieb, bekennender Christ, so dass wir davon ausgehen können, dass auch christliches Gedankengut in die Edda einfloss. Wir sehen also, dass die Edda nur im geringen Maße dazu taugt, die germanische Glaubenswelt verstehen zu können.

Interessanter sind dann schon die Überlieferungen römischer Chronisten, allen voran Tacitus, welcher in seiner „Germania" die germanische Religion mit knappen, aber aufschlussreichen Worten beschreibt.

Dass nordische und germanische Religion nicht unbedingt identisch waren, erschließt sich schon aus den unterschiedlichen Namen der Hauptgötter. Skeptiker werden jetzt

meinen, dass trotz der unterschiedlichen Namen eine gewisse Wesensgleichheit zu erkennen ist. Doch war es nicht so, dass alle frühen Religionen eine sich ähnelnde Götterwelt besaßen. Es gab beispielsweise fast immer einen Sonnengott, einen Kriegsgott oder auch einen Wettergott.
Die Germanen brauchten zur Ausübung ihrer Religion keine pompösen Prunkbauten, wie die heutigen sogenannten Weltreligionen. Waldhaine, Bäume, Seen, Quellen oder auch Felsformationen dienten als Ort zur Ausübung der germanischen Naturreligion. Schon Tacitus schrieb in seiner „Germania": „Übrigens halten sie es mit der Größe des Himmlischen unvereinbar, die Götter mit Wänden zu umschließen, noch sie auf irgendeine menschenähnliche Weise abzubilden. Sie weihen ihnen Haine und Gehölze, und geben nur den Namen der Götter der geheimnisvollen Stätte, wofür nur ihre Ehrfurcht Augen hat." [5]
Wir können in Hinsicht auf die germanische Glaubenswelt durchaus das Wort Naturreligion verwenden, da die Germanen ein sehr naturverbundenes Volk waren. In ihrer Glaubensvorstellung waren es göttliche und mystische Wesen, welche die Geschicke der Naturgewalten lenkten. Für die Germanen waren das tägliche Leben und die Götterverehrung untrennbar miteinander verbunden, alles, was sich ereignete, wurde als Wille der Götter betrachtet. Der Ursprung der germanischen Naturverbundenheit ist sicherlich in der Verehrung der „Mutter Erde" als lebenspendende Urgewalt zu suchen. Jene Verehrung fand ihren Ausdruck im Kult um die Erdgöttin Nerthus, welchen Tacitus ebenfalls in seiner „Germania" beschrieb.
Spezifisches Merkmal der germanischen Religion war der sogenannte Seelenglauben. Jedoch ging nach der Vorstellung der Germanen die menschliche Seele nicht in ein überirdisches Himmelreich ein, wie in anderen Religionen, sondern fand Einzug in der Natur, beispielsweise in Tieren. Dies wiederum erklärt die besondere Tierverehrung der germanischen Stämme. Es waren vor allem Wölfe, Bären, Adler oder auch Pferde, also alles Tiere, welchen auch heute noch Attribute wie Stolz und Mut zugeschrieben werden. Besonders Pferde waren in der germanischen Religionsausübung von entscheidender Bedeutung. Tacitus erwähnte makellose weiße Pferde, welche in heiligen Hainen gehalten wurden und ausschließlich bei religiösen Zeremonien Verwendung fanden, wobei ihr Verhalten zur Zukunftsdeutung verwendet wurde. Solcherart Zeremonien wurden von besonderen Männern durchgeführt, welche heute Mangels einer passenderen Bezeichnung oft fälschlicherweise als „germanische Priester" tituliert werden. Da die Religion bei den Germanen praktisch im alltäglichen Leben integriert war, brauchten die Menschen keine Mittler zu ihren Göttern. Es gab bei den Germanen daher keine religiöse Kaste, wie etwa die keltischen Druiden, sondern nur die erwähnten „heiligen Männer", welche die religiösen Feierlichkeiten leiteten. Neben diesen Männern gab es auch die sogenannten „weisen Frauen", welche in die Zukunft schauen konnten. Bekanntestes Beispiel ist sicherlich die Seherin Veleda vom Stamme der Brukterer. Im Abschnitt über die Geschichte der Germanen

---

[5] Zitat entnommen "Caesar / Tacitus – Berichte über Germanen und Germanien" (Hrg. Alexander Heine).

habe ich bereits das Zusammentreffen des römischen Feldherren Drusus mit einer unheimlichen Frau an der Elbe erwähnt, deren mahnende Worte Drusus zur Umkehr bewogen haben sollen. Womöglich war es eine germanische Seherin, welche dem römischen Feldherrn eine düstere Zukunft prophezeit hatte.
Die von der modernen Geschichtswissenschaft stereotyp wiederholte Behauptung, dass die Germanen kein gemeinsames Volk waren, lässt sich neben der sprachlichen Gemeinsamkeit auch an deren Götterglauben widerlegen. Wenn auch jeder Stamm seine lokalen Gottheiten verehrte, waren doch Ziu, Wodan und Donar allen Germanen vertraut. Anders als in den monotheistischen Weltreligionen, welche einen übernatürlichen Gott verehren, hatten die germanischen Göttergestalten durchaus auch menschliche Züge. Neben den positiven Eigenschaften, welche der Grund für die Verehrung waren, schimmerten auch weniger schöne Wesenszüge, wie Eitelkeit und Eigennutz durch. Diese „Vermenschlichung" machte die Göttergestalten jedoch für die Menschen glaubhafter als ein übernatürliches Wesen, welches die Geschicke der Menschheit vom Himmel aus lenkte. Wenn es auch bei den einzelnen Germanenstämmen eine Vielzahl verschiedener Gottheiten gab, waren wie bereits erwähnt, das Dreigestirn Ziu, Wodan und Donar allen Stämmen bekannt. Laut Tacitus verehrten die frühen Germanen zusätzlich noch einen der Erde entsprossenen Gott namens Tuisto und dessen Sohn Mannus, welche als die Begründer des germanischen Volkes betrachtet wurden.
Die Indogermanen, jene ursprünglich aus der Gegend um den Kaukasus stammenden Volksmassen, aus denen sich später unter anderem das germanische Volk entwickelte, verehrten einen obersten Gott namens Tiwaz. Es handelte sich hierbei wie bei vielen frühzeitlichen Völkern wohl um eine Art Sonnengott. Die Sonne galt traditionell als lebensspendend und genoss große Verehrung. Bei den frühen Germanen wandelte sich dann die Sonnenverehrung des Gottes Tiwaz hin zum siegesverleihenden Kriegsgott Ziu, welcher bis etwa in das 1. Jahrhundert n. Chr. als oberste Gottheit verehrt wurde. Ab dem 1. Jahrhundert trat dann zunehmend Wodan in den Vordergrund der Götterverehrung, wobei Ziu nun als die kriegerische Seite von Wodan bzw. als dessen Sohn betrachtet wurde.
Wodan entwickelte sich mit der Zeit zur alles überstrahlenden Götterfigur der Germanen. Seiner Vielschichtigkeit wegen wurde er auch als Allvater bezeichnet. Nach landläufiger Vorstellung wanderte Wodan gerne in Gestalt eines alten Mannes durch das Land, um zu sehen, wo seine Hilfe gebraucht wurde. Traditionell galt Wodan auch als Anführer der „Wilden Jagd" bzw. des „Wilden Heeres", einer unheimlichen Schar von Geistern, welche durch die Lüfte ritt und die Menschen in Angst versetzte.
Komplettiert wurde das germanische Götterdreigestirn durch Donar, dem Herrn des Wetters, der über Blitz und Donner verfügen konnte, daher auch sein Name. Da eine gute Wetterlage unabdingbar für unsere germanischen Vorfahren war, genoss Donar eine entsprechend große Verehrung. Seine Waffe war ein riesiger Hammer, mit der Donar Blitze auf die Erde schleuderte, wenn mal etwas nicht nach seinen Willen ging. Donars entscheidende Bedeutung für die Menschen der frühen Zeit zeigt sich vor

allem darin, dass unser heutiger Wochentag Donnerstag nach jenem alten germanischen Gott benannt ist.

Die christliche Religion gelangte über das Römische Reich zu den Germanen. Der römische Kaiser Konstantin der Große, welcher von 306 bis 337 regierte, stand dem Christentum weitaus aufgeschlossener gegenüber als seine Vorgänger. Grund soll ein göttliches Zeichen gewesen sein, durch welches Konstantin siegreich aus der „Schlacht an der Milvischen Brücke" im Jahre 312 hervorging. Konstantin, welcher durch seine Soldaten zum Kaiser erhoben wurde und somit nichts weiter als ein Usurpator war, stand in jener Schlacht dem in Rom herrschenden Kaiser Maxentius gegenüber. Laut dem römischen Schreiber Lactantius soll Konstantin in der Nacht vor der Schlacht geträumt haben, er solle das Christusmonogramm auf die Schilder seiner Soldaten malen lassen und würde so mit himmlischem Beistand siegreich sein. Eusebius von Caesarea schmückte die Geschichte um die göttliche Hilfe noch weiter aus und berichtete von einem riesigen Kreuz, welches Konstantin am Vortag der Schlacht am Himmel erblickt haben soll, dazu die Worte „Durch dieses Zeichen siege". Inwieweit Konstantin tatsächlich göttlichen Beistand hatte, wissen wir nicht. Fakt ist, dass seine Truppen siegreich waren und Konstantin nun als alleiniger Herrscher in Rom regierte. Im Jahr darauf schloss Konstantin mit dem oströmischen Kaiser Licinus die „Mailänder Vereinbarung", welche allen in den Grenzen des Römischen Reiches lebenden Menschen freie Religionsausübung zusicherte. Die dadurch sprunghaft ansteigende Verbreitung des christlichen Glaubens wird heute als „Konstantinische Wende" bezeichnet. Das Christentum verbreitete sich derart stark im Römischen Reich, dass es Kaiser Theodosius der Große 380 zur Staatsreligion erhob.

Die an den Grenzen des Römischen Reiches siedelnden Germanen kamen mit dem sich seit Beginn des 4. Jahrhunderts rasch ausbreitenden Christentum nun ebenfalls in Berührung. Zwar waren die Grenzen zwischen römischem Territorium und germanischem Stammesland gesichert, jedoch nicht undurchdringlich. Durch Händler oder auch militärische Vorposten „schwappte" die neue Religion über die Grenzen des Römischen Reiches zu den Nachbarn. Außerdem gab es auch kleinere germanische Stämme oder auch Familienverbände, welche auf römischem Reichsgebiet lebten und so schnell mit der christlichen Religion in Berührung kamen.

Allerdings bevorzugten die an der neuen Religion interessierten Germanen die arianische Variante, welche damals noch gleichberechtigt neben der Trinitätslehre verkündet wurde. Der Begriff Arianismus leitet sich von einem frühen Vertreter jener Glaubensrichtung, dem Kleriker Arius, ab. Jener hatte in Antiochia studiert und lehnte seine religiösen Ansichten eher an das Urchristentum an, welches noch in Jerusalem entstanden war. Die Lehren des arianischen Christentums waren für die Germanen leichter zu verstehen als der Glauben an die Dreifaltigkeit und ließen sich so leichter in das bestehende religiöse Weltbild einbauen.

Während im nördlichen und westlichen Germanien der Kontakt zur neuen Religion noch recht zögerlich geschah, hatten die Ostgermanen weniger Berührungsängste. Da in den östlichen Teilen des Römischen Reiches die arianische Glaubenslehre stärker vertreten war als im Westen, waren auf Grund der räumlichen Nähe speziell die

Goten sehr empfänglich für das Christentum. Schon gegen Mitte des 3. Jahrhunderts kamen die Goten durch Kriegsgefangene, welche sie bei ihren Eroberungszügen auf dem Balkan und Asien aus ihrer Heimat verschleppten, in Kontakt mit der christlichen Religion. Bekanntester Vertreter der frühen gotischen Christen war zweifelsohne der Gotenbischof Wulfila. Die Geschichtswissenschaft geht heute davon aus, dass Wulfila der Sohn einer aus Kappadokien verschleppten Frau und eines angesehen Goten war, welcher bereits das arianische Christentum angenommen hatte. Etwa um das Jahr 310 geboren, wuchs Wulfila also in einem christlich geprägten Elternhaus auf, welches die Weichen für seine Zukunft beizeiten stellen sollte. Als Teilnehmer einer gotischen Gesandtschaft reiste Wulfila 335 an den byzantinischen Hof, wo seine christliche Gelehrsamkeit sofort auffiel. Man bot ihm eine gehobene Stelle in der klerikalen Hierarchie an. Im Jahre 341 wurde Wulfila zum Missionsbischof geweiht und mit der Aufgabe betraut, das Christentum weiter unter den Goten zu verbreiten. Nach einigen Jahren der erfolgreichen Missionsarbeit sah sich Wulfila jedoch erheblichem Widerstand in seinem eigenen Volk gegenüber. Die massive Verfolgung durch den christenfeindlichen Gotenkönig Athanarich ließen Wulfila und seine Anhänger schließlich auf römisches Reichsgebiet fliehen und sich in der Provinz Thrakien niederlassen. Dort entstand auch die berühmte Wulfila-Bibel, die erste uns bekannte germanische Bibelübersetzung.
Im Zuge der Völkerwanderung brachten dann die Goten, Burgunder, Langobarden, Vandalen, Rugier und noch andere ostgermanische Stämme, welche sich inzwischen zum Christentum bekannt hatten, vermehrt die neue Religion nach Westeuropa.
Inzwischen war es unter den führenden Köpfen der christlichen Hierarchie zum offenen Streit zwischen Anhängern des Arianismus und der Trinitätslehre gekommen, welcher mit der Verurteilung des arianischen Glaubens endete. Die Kirche hatte nun das Problem, dass es zwar eine Vielzahl neuer, germanischer Anhänger gab, welche aber nach Ansicht der Theologen einer Irrlehre anhingen.
Es war daher von enormer Bedeutung, als sich der Frankenkönig Chlodwig I. nach einem erfolgreichen Krieg gegen die Alamannen im Jahre 498 in Reims taufen ließ und zum katholischen Glauben übertrat. Grund soll ein ähnliches Schlachtenwunder wie bei Kaiser Konstantin gewesen sein. Laut der Überlieferung soll Chlodwig in der entscheidenden Schlacht gegen die Alamannen Christus um Hilfe angefleht und gelobt haben, nach siegreicher Schlacht zum Christentum überzutreten. Wir können aber davon ausgehen, dass dies nur eine schöne Legende ist. Es hatte schon seit Längerem Verhandlungen zwischen dem fränkischem Hof und päpstlichen Vertretern gegeben. Die Franken hatten sich zur militärischen und politischen Großmacht in Europa entwickelt, mit deren Hilfe die katholische Kirche ihren Machtanspruch festigen wollte. Der Papst in Rom hatte damals noch nicht das absolutistische Machtgefüge, wie wir es heute kennen. Mit Hilfe der Franken war es aber nun möglich, den katholischen Glauben in ganz Europa zu verbreiten.

3. Die Missionierung der germanischen Stämme

Nach dem Übertritt des Frankenkönigs Chlodwig I. zum katholischen Glauben, war der Weg frei für die weitere Christianisierung der germanischen Stämme. Es war jedoch nicht die noch schwache fränkische Reichskirche, welche jene Aufgabe übernahm, sondern Mönche aus dem fernen Irland. Da die Römer die irische Insel nie besetzt hatten, war dort eine autarke, keltische Kirche entstanden, welche sich in Glaubensfragen durchaus von der katholischen wie arianischen Kirche unterschied.
Der für die keltische Variante des Christentums bis heute gebräuchliche Name iro-schottische Kirche setzt sich aus dem Namen der Insel sowie dem Namen des keltischen Stammes der Scoten, welcher in Irland lebte, zusammen. Christliches Gedankengut war schon frühzeitig, etwa um den Beginn des 4. Jahrhunderts, zu den Scoten gekommen. Kaufleute aus Gallien und Kleinasien sowie die Einflüsse christlicher Gemeinden auf der benachbarten Insel Britannien machten die neue Religion in Irland bekannt. Das in Irland noch weitverbreitete Druidentum stand speziell der aus Kleinasien kommenden, noch sehr ursprünglichen Jesuslehre recht aufgeschlossen gegenüber, da durchaus Parallelen zum keltischen Glauben vorhanden waren.
Zudem schickte Papst Cölestin I. im Jahre 431 den Bischof Palladius nach Irland, um die Anfänge der christlichen Lehre unter den Bewohnern der Insel zu vertiefen. Als eigentlicher Begründer der keltischen Kirche gilt jedoch der irische Nationalheilige Patrick. Jener stammte aus Britannien und soll der Sohn eines römischen Offiziers gewesen sein, welcher nebenbei noch als Diakon tätig war. Patrick war also mit dem christlichen Glauben schon wohl vertraut, als er im Alter von sechs Jahren von Seeräubern nach Irland verschleppt wurde. In den Jahren seiner Gefangenschaft fand er allein in seinem frommen Glauben Trost. Nach seiner Flucht gelangte Patrick nach Gallien, wo er im Kloster von Auxerre eine ausgezeichnete theologische Ausbildung genoss. Nach Jahren des Lernens wurde Patrick schließlich zum Missionsbischof geweiht und von Papst Cölestin I. persönlich als Nachfolger des nur mäßig erfolgreichen Palladius nach Irland geschickt. Durch seinen jahrelangen Aufenthalt im Kloster war Patrick an das asketische Mönchsleben gewohnt und organisierte den Aufbau der klerikalen Strukturen durch ein Netz aus Klöstern, welche über die ganze Insel verteilt waren. Die gesamte kirchliche Macht in Irland lag in den Händen der klösterlichen Äbte, was in der Kirchenhierarchie eher ungewöhnlich war. Patrick lehnte sich bei der Errichtung der iro-schottischen Kirche verstärkt an frühchristliche Lehren an und ließ auch Spuren der keltischen Religion mit einfließen, wie sie noch von den Druiden gelehrt wurde. Beim Heiligen Stuhl in Rom stieß er damit auf Ablehnung, so dass sich mit der Zeit die keltische Kirche fasst vollständig vom katholischen Glauben löste und ihre ganz eigenen Regeln aufstellte. Die jetzt näher zu erläutern würde an dieser Stelle aber sicherlich zu weit führen.
Die keltische Kirche hatten einen derartigen Zuspruch, dass die Insel bald zu klein für die vielen Mönche wurde und viele Glaubensbrüder zur Missionierung in andere Länder aufbrachen. Bekanntester iro-schottischer Missionar war zweifellos Columban von Luxeuil, auch als Columban der Jüngere bekannt. Columban wurde um das

Jahr 542 in der irischen Region Leinster geboren.[6] Schon in jungen Jahren wurde er von seinen Eltern nach landesüblicher Sitte in eine Klosterschule geschickt. Columban erhielt dort eine ausgezeichnete, umfangreiche Ausbildung und fand Gefallen am Leben der Mönche. Sehr zum Leidwesen seiner Eltern, welche sich die Zukunft ihres Sohnes nicht als asketischen Mönch vorgestellt hatten. Columbans Entscheidung, in den Dienst des christlichen Gottes zu treten, stand jedoch fest und er bat um Aufnahme in das Kloster von Cluai-Inys, welche ihm auch gewährt wurde. Da er sich als vorbildlicher Novize erwies, wurde er bald von seinen Lehrern in das bedeutendste Kloster Irlands in Bangor zur weiteren Ausbildung geschickt. Der dortige Abt Comgall erkannte die beispiellosen Fähigkeiten des jungen Mönches und setzte ihn selbst bald als Lehrer ein. Einer der ersten Schüler Columbans war ein gewisser Gallus, welcher sich als treuer Weggefährte des späteren Missionars erweisen sollte.

Wie bei vielen Mönchen der keltischen Kirche entstand auch bei Columban der Wunsch, die Lehren seines Herrn Jesus zu anderen Völkern zu tragen. Im Jahre 590 machte er sich mit zwölf Gefährten, darunter auch Gallus, zu einer Missionsreise auf das europäische Festland auf. Die Zahl 12 war zweifellos eine Anspielung auf die zwölf Apostel von Jesus. Möglicherweise wurde die Zahl von Columbans Begleitern im Nachhinein von findigen Kirchenschreibern festgelegt, um die „Heiligkeit" der Mission zu verdeutlichen. Ziel der Reise war zunächst das fränkische Reich.

Durch die Völkerwanderung hatten ostgermanische Stämme das Gedankengut der christlichen Religion in das westliche Europa gebracht, so dass Columban und seine Gefährten schon auf fruchtbaren Boden für ihre Missionsarbeit stießen. Im Frankenreich fand Columban ein Betätigungsfeld, wie er es sich besser nicht hätte erträumen können. Zwar war der größte Teil der Franken inzwischen zum christlichen Glauben übergetreten, jedoch war bei den meisten noch kein entscheidender Gesinnungswandel eingetreten. Der christliche Heiland mit seinen duldenden, hinnehmenden Wesenszügen schien den Franken wie so vielen Germanen zunächst wenig attraktiv. Ihre Götter waren zum größten Teil mannbare, oft recht zornige Wesen. Der feste Wille und die Standhaftigkeit des gekreuzigten Jesus ließen ihn jedoch nach und nach in die Glaubensvorstellung so manches Germanen mit einfließen. Viele Germanen integrierten zudem das Bild des christlichen Schöpfergottes mit in ihre religiösen Ansichten. Das ist nicht verwunderlich. Die Germanen verehrten eine Vielzahl von Göttern, welche für die verschiedensten Bereiche des Lebens „zuständig" waren. Warum sollte also ein allumfassender Schöpfergott keinen Platz in ihrem Glauben finden. Eine völlige Abwendung von ihren alten Göttern kam für die meisten Germanen jedoch nicht in Frage.

Der Gleichheitsgedanke der christlichen Religion, welchen die iro-schottischen Missionare predigten, muss vor allem auf die unterprivilegierten Schichten, wie Halbfreie und Sklaven ungemein anziehend gewirkt haben. Wenn sich germanische

---

[6] Da in der Fachwelt Uneinigkeit über das Geburtsjahr Columbans besteht, habe ich mich für die Variante aus „Die Heiligen Columban und Gallus nach ihrem Leben und Wirken" von J. A. Zimmermann entschieden.

Stammesfürsten taufen ließen, geschah dass zumeist aus politischen Gründen, ihre sozial schlechter gestellten Untertanen wollten durch den Übertritt zum Christentum eher ihre gesellschaftliche Stellung verbessern.
Da die Strukturen der fränkischen Reichskirche nur schwach ausgebildet waren, war eine religiöse Unterweisung der Bevölkerung bisher praktisch unmöglich gewesen. Diese Aufgabe übernahm nun Columban. Der Missionar wirkte an die zwanzig Jahre in der Bretagne und in Burgund. In jenen Jahren entstand in der Gegend eine Vielzahl an Klöstern, in denen die Bevölkerung Columbans Glaubensregeln vermittelt bekam. Jene Regeln hatte Columban zum Teil selbst aufgestellt und sie waren eine sehr strenge Auslegung des christlichen Glaubens. Speziell die Kleriker der fränkischen Reichskirche waren auf Grund ihres recht weltlichen Lebenswandels immer wieder Ziel für Columbans anklagende Worte. Der Missionar wurde im Frankenreich schnell ob seiner eindringlichen Predigten und seines asketischen Lebenswandels bekannt. Durch seine strengen Moralvorstellungen zog sich Columban jedoch mit den Jahren immer mehr den Unmut der fränkischen Kirche, des Adels und auch von Teilen der einfachen Bevölkerung zu. Auf Betreiben der fränkischen Regentin Brunichild wurden Columban und seine Gefährten schließlich des Landes verwiesen.
Die verjagten Missionare wandten sich Richtung Bodensee zu den Alamannen. Der noch minderjährige Frankenkönig Theudebert II. hatte Columban einmal gebeten, sich der Bekehrung der Alamannen anzunehmen. Der Missionar sah dieses jetzt als willkommene neue Aufgabe. Aus politischen Gründen waren Teile der alemannischen Oberschicht schon gegen Ende des 5. Jahrhunderts zum Christentum übergetreten, die Bevölkerung verehrte in der Mehrzahl jedoch noch ihre alten Götter. Von Bregenz aus betrieb Columban zwei Jahre lang die Missionierung der Alamannen mit Eifer und Erfolg.
Mit dem Alter schien Columban jedoch eine gewisse Rastlosigkeit überkommen zu sein. Im Jahre 612 zog es den greisen Missionar über die Alpen in das Land der Burgunder. Sein treuer Freund Gallus verweigerte Columban diesmal die Gefolgschaft, wodurch es zum Zerwürfnis kam. Mit nur einem Begleiter überquerte Columban die Alpen und fand am Hofe des Langobardenkönigs Agilulf freundliche Aufnahme. Der König schenkte ihm einen abgelegenen Landstrich in den Apenninen, wo Columban ein Kloster errichten ließ. Von dort betrieb er noch einige Zeit die Bekehrung der Langobarden, welche noch dem Arianismus anhingen. Seine letzten Lebensjahre soll Columban aus freien Stücken in einer Höhle nahe dem Kloster in frommer Andacht verbracht haben. Er starb im Jahre 615.
Gallus führte die Arbeit der iro-schottischen Mission noch viele Jahre fort, bis er im Jahre 646 ebenfalls verstarb. Die keltische Kirche hatte zweifellos einen entscheidenden Anteil an der Christianisierung der germanischen Stämme. Ihr Ende war in den Jahren um Gallus Tod jedoch bereits vorprogrammiert. Eingeläutet wurde der Niedergang der iro-schottischen Missionskirche auf der Synode von Whitby im Jahr 664, wo sich die angelsächsischen Kleinkönige nach langen Debatten für ein verstärktes Hinwenden zum Heiligen Stuhl aussprachen. Die keltische Kirche hatte zwar neben dem europäischen Festland auch in Schottland und England Fuß gefasst, doch ihr

Ende war damit besiegelt. Die verbleibenden Klöster verbreiteten zwar weiterhin ihre Lehren, verloren aber zunehmend an Einfluss.

Zusammenfassend kann man sagen, dass die Missionsarbeit der iro-schottischen Mönche ein durchweg friedliches Unterfangen war. Den Mönchen war es ein persönliches Bedürfnis, die Lehren ihrer Religion den Germanen näher zu bringen. Die sich anschließende Christianisierung, welche direkt vom Heiligen Stuhl aus Rom gelenkt wurde, hatte neben religiösen Absichten auch politische Belange. Der Klerus hatte erkannt, dass es mit Hilfe der Franken möglich war, ganze Landstriche Europas in kirchlichen Besitz zu bringen. Spätestens zu Zeiten Karls des Großen ging es der Papstkirche in erster Linie nur noch um den Erwerb von Land- und Stadtrechten, welche große Mengen Geld in die kirchlichen Kassen spülten. Die Bekehrung der vermeintlichen „Barbaren" wurde immer mehr zur Nebensache.

Die päpstlich-fränkische Koalition, welcher es gelingen sollte, fast ganz Europa politisch wie religiös zu unterwerfen, entstand zu Beginn des 8. Jahrhunderts. Die Franken hatten sich zur entscheidenden politischen wie militärischen Macht in Europa entwickelt. Der Heilige Stuhl in Rom suchte die Nähe des fränkischen Hofes, welcher von den karolingischen Hausmeiern geführt wurde, da die merowingischen Könige inzwischen nur noch repräsentative Pflichten erfüllten. Der Hausmeier Karl Martell sicherte Rom die weitere Missionierung der unterworfenen Germanenstämme zu. Es war nun die fränkische Reichskirche, welcher diese Aufgabe zufiel.

Die Zusammenarbeit zwischen Heiligem Stuhl und fränkischem Königreich erwies sich als äußerst fruchtbar. Durch ihre aggressive Expansionspolitik gelang es den Franken, ihre Vorherrschaft über die germanischen Stämme immer weiter auszudehnen. Jenen Stämmen wurde dann unweigerlich die christliche Religion aufgezwungen.

Bei einigen Stämmen ging die Christianisierung relativ friedlich und zügig vonstatten. Die Thüringer waren beispielsweise schon vom iro-schottischen Mönch Killian missioniert worden und das Volk der Bayern besaß ebenfalls bereits christliche Wurzeln. Schwieriger sollte sich schon die Christianisierung der Alamannen gestalten.

Nominell gehörte das Volk der Alamannen schon seit Ende des 5. Jahrhunderts zum fränkischen Reich. Der alamannische Adel hatte sich den Franken gebeugt und gezwungenermaßen die christliche Religion angenommen. Die bäuerliche Bevölkerung wollte jedoch nichts von der neuen Religion wissen. Der oströmische Chronist Agathias schrieb 575, dass die Alamannen trotz der fränkischen Vorherrschaft immer noch Bäume und Flüsse verehrten und ihren alten Göttern Pferdeopfer brachten. Bis 646 hatte der bereits angesprochene iro-schottische Mönch Gallus aktiv die Missionierung der Alamannen betrieben. Da die fränkischen Kleriker jedoch bei weitem nicht das Format der iro-schottischen Mönche hatten, machte die Zeit die Arbeit von Gallus zunichte. Hundert Jahre später war die christliche Religion in alamannischen Landen kaum noch von Bedeutung. Auch die Mehrzahl der Adligen war zum alten Glauben zurückgekehrt. Ab dem frühen 6. Jahrhundert galt zwar für alle Alamannen die Gesetzesvorschrift „Lex Alamannorum", wurde aber zu Zeiten von Karl Martell kaum noch beachtet. Wegen jener „Gesetzlosigkeit" und Eingedenk der Versprechungen, welche der fränkische Hausmeier dem Papst gemacht hatte, verschärften die Franken ihre Interventionen in Alemannien. Trauriger Höhepunkt dieser Bestrebungen war das „Blutgericht von Cannstatt“. Der neue fränkische Hausmeier Karlmann, Karl Martells Sohn, berief 746 alle alemannischen Adligen zu einer Versammlung nach Cannstatt. Jene wurden kurzerhand des Hochverrats angeklagt und am selben Tag hingerichtet. Die Alamannen verloren auf einen Schlag nahezu ihre gesamte Führungsschicht und das bis dahin noch bestehende alemannische Herzogtum war damit faktisch aufgelöst. Es wurden frankentreue Verwalter für das Land eingesetzt, das nun fest im Frankenreich integriert war. Die christliche Religion wurde damit für die Alamannen zur Pflicht, welche ihren Widerstand aufgaben und zu Franken wurden.

Das Herrschergeschlecht der Merowinger war zu jener Zeit nur noch ein Schatten seiner selbst. Die Hausmeier aus dem Geschlecht der Karolinger regierten das Reich schon längere Zeit faktisch im Alleingang. Es war Pippin III., ebenfalls Sohn Karl Martells, welcher schließlich auch nach der offiziellen Macht für die Karolinger verlangte. Die karolingischen Hausmeier hatten sich seit langem für die Belange der Kirche eingesetzt und Pippin III. wollte nun die Früchte dieser Arbeit ernten. Über hochrangige Vertreter der fränkischen Reichskirche ließ er Papst Zacharias das Angebot unterbreiten, den Heiligen Stuhl in allen Angelegenheiten verstärkt zu unterstützen, wenn jener dafür sorgen würde, dass die Dynastie der Karolinger die Königswürde im Frankenreich erhielt. Der Papst nahm das Angebot an und ließ öffentlich verkünden, dass es nur rechtens sei, wenn jener den Königsnamen führen dürfe, welcher auch die Macht im Lande innehatte. Die Erklärung des Papstes ließ Pippin III. im ganzen Land als „göttliches Urteil“ verkünden. Auf der im Jahr 751 einberufenen Reichsversammlung wurde dann der noch amtierende König Childerich III. kurzerhand abgesetzt und Pippin III. von den fränkischen Adligen zum neuen König gewählt. Am 28. Juli 754 salbte Papst Stephan II. in Saint-Denis Pippin III. noch einmal offiziell zum König. Die Dynastie der Karolinger war nun von „Gottes Gnaden“ eingesetzt und unangreifbar in ihrer Macht. Mit dem Akt der Salbung erkannte der Heilige Stuhl Pippin III. jedoch nicht nur als König an, er machte ihn faktisch zum „Diener Gottes“. Die katholische Kirche hatte so einen treuen Bündnispartner und konnte nun daran gehen, mit dessen Hilfe die in Europa noch weitverbreiteten arianischen und iro-schottischen Glaubenslehren zu bekämpfen, sowie die Christianisierung der noch heidnischen Germanenstämme zu betreiben.

An dieser Stelle möchte ich nun näher auf die beiden Germanenstämme eingehen, welche sich am längsten und erfolgreichsten gegen die Missionierungsversuche der christlichen Kirche gewehrt haben.

Die an der Nordsee beheimateten Friesen waren einer jener Germanenstämme, welche sich verstärkt gegen die christliche Bekehrung wehrten. Zwischen Friesen und Franken kam es zu einem jahrhundertelangen verbissenen Ringen um politische Vorherrschaft wie religiöse Ansichten. Dabei war es das einfache Volk der Friesen, zum größten Teil aus Bauern, Fischern und Händlern bestehend, welches eine Willenskraft an den Tag legte, die man bei weitaus kriegerisch gesinnten Stämmen vermisst. Durch ihren Kontakt mit den Römern waren die Friesen, wie so viele Germanenstämme, ebenfalls schon frühzeitig in Kontakt mit dem Christentum gekommen, hatten aber kein großes Interesse an der Religion des gekreuzigten Heiland gezeigt. Ab Mitte des 6. Jahrhunderts kam es zu verstärkten fränkischen Expansionen auf friesisches Siedlungsland. Teile des Friesenlandes standen zeitweise immer wieder unter fränkischer Vorherrschaft.

Im Jahr 630 beauftragte der Frankenkönig Dagobert I. den Kölner Bischof Kunibert offiziell mit der Missionierung der Friesen, welchem jedoch nur mäßiger Erfolg beschieden blieb. Einige Jahrzehnte später kam der Bischof Wilfried von York eher zufällig zu den Friesen. Bei der Überfahrt von den britischen Inseln trieb ein Sturm sein Schiff an die Küste Frieslands. Wilfried, ein hochintelligenter und in Kirchenkreisen angesehener Mann, fand wider Erwarten freundliche Aufnahme am Hofe des Friesenkönigs Aldgisel. Der Missionar verbrachte den Winter 678/79 am Königshof. Er schien für Aldgisel jedoch eher ein exotischer Zeitvertreib gewesen zu sein, denn von wirklichen missionarischen Erfolgen des Bischofs wussten die historischen Quellen nichts zu berichten.

Erst mit dem Feldzug des fränkischen Hausmeiers Pippin II. Im Jahr 689 sollte auch die Arbeit der Kirche im Friesenland erfolgreicher werden. In Dorestad kam es zwischen Friesen und Franken zur entscheidenden Schlacht. Der friesische König Radbod musste sich den Franken geschlagen geben und zog sich auf die Insel Helgoland zurück, von wo er nur noch kleine Teile von Ostfriesland regieren konnte. Das gesamte Westfriesland war dagegen nun fester Bestandteil des fränkischen Reiches. Auf päpstliches Anraten wurde der aus dem angelsächsischen Königreich Northumbrien stammende Mönch Willibrord, welcher für seine erfolgreiche Missionsarbeit bekannt war, zur religiösen „Erbauung" der Bevölkerung nach Friesland geschickt. Willibrord wurde zu diesem Zweck von Papst Sergius zum Erzbischof für das Volk der Friesen ernannt. Eine Genugtuung für den Kirchenmann, denn er hatte es einige Jahre zuvor ohne offiziellen Auftrag versucht, in Friesland zu missionieren, war aber am heftigen Widerstand des christenfeindlichen Königs Radbod gescheitert. Diesmal hatte Willibrord mehr Erfolg, nicht zuletzt durch die militärische Präsenz der Franken. Zudem wandte sich der Missionar verstärkt an den friesischen Adel, welcher erfahrungsgemäß der neuen Religion aufgeschlossener gegenüber stand als die einfache Bevölkerung.

Dem vormals so feindlich gesinnten Radbod waren durch Verträge mit den Franken die Hände gebunden, zudem hatte man seine Tochter Theutsind mit Pippins Sohn Grimoald vermählt, um den Frieden zu sichern. Willibrord gelang es in der Folgezeit, feste klerikale Strukturen im Friesenland aufzubauen, außerdem wurde in Utrecht sein Bischofssitz errichtet. Mit der militärischen Macht der Franken im Rücken soll Willibrord nicht gerade zimperlich bei der Bekehrung der Friesen vorgegangen sein. Selbst in neueren christlichen Publikationen wird erwähnt, dass er heidnische Kultstätten und Heiligtümer zerstören ließ.

Nach dem Tod Pippins II. im Jahre 714 war es im Frankenland zwischen Pippins Sohn Karl Martell und dessen Neffen Theudobal zu einem erbitterten Nachfolgestreit um das Amt des Hausmeiers gekommen. Dadurch scheint auch die Präsenz der Franken im Friesenland nachgelassen zu haben, denn Radbod erhob sich gegen das Joch der Unterdrücker und konnte die Freiheit für sein Volk zurück gewinnen. Mit der Vertreibung der Franken aus Friesland wurde auch die Arbeit von Willibrord zunichtegemacht. Die Friesen zerstörten alle christlichen Bauten und die Mönche mussten um ihr Leben fürchten. Viele kehrten in ihre Heimat zurück, Willibrord jedoch blieb mit der Duldung König Radbods im Friesenland. Der König betrachtete Willibrord wohl als lebendiges Beispiel für die Schwäche des Christengottes. Der Missionar hatte sich zwischenzeitlich den besonderen Zorn der Friesen zugezogen, als er in einer heiligen Quelle Taufen durchführen ließ. Ein Gottesurteil hatte ihn jedoch vor dem Tod bewahrt.

In jener Zeit trat ein Mönch in den Lauf der Geschichte ein, welcher heute als bedeutendster Missionar der Germanenbekehrung gilt. Wynfreth, welcher später unter dem Namen Bonifatius bekannt werden sollte, sah es als seine heilige Pflicht, Willibrord in dessen misslicher Lage zu unterstützen. Er reiste im Jahr 716 mit einigen Gefährten an den friesischen Königshof und bat Radbod, weiter im Friesenland die christliche Religion verkünden zu dürfen. In guter Laune über die wiedergewonnene Freiheit der Friesen gestattete der König Wynfreth das weitere Predigen in seinem Land. Der Missionar war jedoch auf verlorenem Posten. Die Friesen verspotteten ihn ob seines schwachen Gottes und Wynfreth kehrte unverrichteter Dinge in sein Kloster im britischen Nursling zurück.

Nach dem Tod König Radbods gelang es den Franken, wieder einige Teile des Friesenlandes unter ihre Herrschaft zu bringen. Willibrord konnte seine Arbeit nun von Utrecht aus fortsetzen und bekam von 719 bis 721 erneut Unterstützung von Wynfreth, welcher inzwischen vom Heiligen Stuhl den offiziellen Auftrag zur Missionierung der Völker Germaniens erhalten hatte und den Namen Bonifatius trug.

Auf das Wirken von Bonifatius möchte ich an dieser Stelle nicht weiter eingehen, da ich ihm in meinem Buch ein biographisches Kapitel gewidmet habe.

Der neue Friesenkönig Poppo hatte bei weitem nicht das Format eines Radbod. Die Friesen konnten der verstärkten Expansion der Franken kaum etwas entgegensetzen und immer größere Teile des Friesenlandes gerieten unter das fränkische Joch. In der „Schlacht an der Boorne“ wurde 734 das endgültige Ende der friesischen Freiheit besiegelt. Die Franken unter ihrem Hausmeier Karl Martell schlugen die Truppe der Friesen vernichtend und König Poppo fand den Tod. Fast das gesamte Friesland wurde nun Teil des fränkischen Reiches, nur einige östliche Gebiete blieben vorerst unter eigenständiger Verwaltung. Der Gesetzestext „Lex Frisionum“ regelte von nun an das Leben der friesischen Bevölkerung und der Klerus konnte seine Missionierungstätigkeit verstärkt weiterführen. Nach Willibrords Tod im Jahre 739 wurde seine Arbeit von den Mönchen Liudger und Willehad erfolgreich fortgeführt. Liudger hatte sich in den Augen seiner kirchlichen Vorgesetzten mit der Zerstörung des Forsiteheiligtums auf der Insel Helgoland besonders hervorgetan. Forsite war die Göttin der Fruchtbarkeit und des Friedens, welche bei den Friesen große Verehrung genoss. Was

die friesische Bevölkerung von Liudgers schändlicher Tat hielt, erspart sich wohl jeglichen Kommentars.
Unter der Herrschaft Karls des Großen wurden später auch noch die restlichen Teile Frieslands dem Frankenreich einverleibt und das Christentum wurde zur Staatsreligion.

Kommen wir nun zu jenem Germanenstamm, welcher sich am energischsten gegen seine Unterdrückung und Christianisierung wehrte, den Sachsen.

Der antike Wissenschaftler Ptolemäus aus Alexandria nannte die Sachsen erstmals um 170 n. Chr. in seinen Werken. Deren Siedlungsgebiet befand sich damals an der Nordsee und einigen vorgelagerten Inseln nördlich der Elbmündung. Die Sachsen waren zu jener Zeit noch ein loser Stammesbund, welcher neben den eigentlichen Sachsen noch aus Reudigern und Avionen bestand. Später kamen dann noch die Chauken sowie verschiedene Kleinststämme und einzelne Familienverbände dazu. Der sächsische Stammesbund war vor allem wegen seiner Seeräuber berüchtigt. Als plündernde Seefahrer sollten sie auch in den Fokus des Römischen Reiches rücken. Gegen Ende des 3. Jahrhunderts landeten immer wieder sächsische Schiffe an den gallischen Gestaden und die Besatzungen drangen plündernd in die küstennahen Ortschaften ein. Da es auch von Landseite immer wieder zu sächsischen Raubzügen auf römisches Reichsgebiet kam, sah sich die Großmacht zum Handeln gezwungen. Nach jahrzehntelanger mehr oder weniger erfolgreicher Verteidigung der gallischen Provinzgrenze gegen sächsische Einfälle beauftragte der römische Kaiser Constantinus II. seinen Mitregenten Flavius Claudius Julianus mit der Lösung des „Sachsenproblems“. Jener konnte den Sachsen zwischen 355 und 357 einige empfindliche Niederlagen beibringen, welche diese nun vorerst von den römischen Grenzen fernhielten. Mit der Zeit schien es jedoch zu einer friedlichen Annäherung von Römern und Sachsen gekommen zu sein. Eine Vielzahl von sächsischen Männern tat Dienst in der römischen Armee und stieg teilweise in hohe Dienstränge auf. Es waren auch Sachsen, welche in der „Schlacht auf den Katalaunischen Feldern“ im Jahr 451 an der Seite der Römer kämpften und entscheidenden Anteil an der Vertreibung der Hunnen hatten.

Territorial hatten sich die Sachsen inzwischen weiter nach Süden ausgebreitet. Die stetige Vergrößerung des Stammesbundes sowie klimatische Bedingungen, wie etwa immer wiederkehrende Sturmfluten, hatten das Leben am Meer unerträglich gemacht. Auf ihrer Suche nach neuem Siedlungsland stießen die Sachsen unter anderem auch mit dem Volk der Thüringer zusammen. Jene waren die ersten Gegner, welche die Kampffreudigkeit der sächsischen Krieger kennenlernen sollten.

Gegen Ende des 5. Jahrhunderts kam es zu einer militärischen Allianz zwischen Sachsen und Franken. Ein Treppenwitz der Geschichte, sollten es doch einige Jahrhunderte später die Franken sein, welche für das Ende der sächsischen Eigenständigkeit sorgten. An der siegreichen Schlacht des Frankenkönigs Chlodwig I. über die Alamannen, nach der sich Chlodwig zum Christentum bekannte, waren schon Sachsen beteiligt. Das sächsisch-fränkische Bündnis wandte sich 526 gegen das Volk der Thüringer, welche der militärischen Macht ihrer Gegner nur wenig entgegenzusetzen hatten. Große Teile des thüringischen Reiches wurden nun von den Sachsen besiedelt, unter anderem auch der Harz. In jener Zeit wird es also gewesen sein, dass der im Harz verehrte Gott Krodo Einzug in die sächsische Glaubenswelt fand. Mitte des 6. Jahrhunderts zerbrach das sächsisch-fränkische Bündnis und beide Völker führten mehrere Kriege gegeneinander. Der vermehrte Einfall slawischer Stämme in Westeuropa führte zu Beginn des 7. Jahrhunderts jedoch zu einer Neuauflage der Allianz. Wir sehen also, dass beide Völker im Verlauf der Geschichte immer wieder engen Kontakt hatten, welcher später jedoch nur noch feindlicher Natur war.

Der fränkische Hausmeier Karl Martell initiierte 738 einen großangelegten Feldzug gegen die sächsischen Nachbarn. Neben der fränkischen Expansionspolitik war auch der Heilige Stuhl in Rom die treibende Kraft hinter diesem Vorhaben. Die Sachsen waren das letzte zusammenhängende Volk, welches sich bisher dem Christentum verschlossen hatte. Die fränkischen Truppen konnten auf Grund ihrer militärischen Überlegenheit einige Erfolge gegen die Sachsen erzielen und Teile des Landes tributpflichtig machen. Unter Karl Martells Sohn und Nachfolger Pippin III. kam es zu erneuten Kampfhandlungen. Nach mehreren fränkischen Siegen erklärten sich die Sachsen unter anderem auch bereit, christliche Missionare ins Land zu lassen. Das war allerdings nur ein Trick, um bessere Vertragsbedingungen bei den Friedensverhandlungen zu erzielen. Kaum waren die fränkischen Truppen abgezogen, verjagten die Sachsen die christlichen Missionare.

Durch die vormalige Allianz mit den Franken und den früheren Kontakten zu den Römern waren die Sachsen inzwischen mit der christlichen Religion wohlbekannt, konnten aber dem Gott der Vergebung und seinem duldenden Sohn nichts abgewinnen. Ihr Gott war Saxnot, eine besonders kämpferische Version des Kriegsgottes Ziu. Die Religion des gekreuzigten Heilands erschien den Sachsen als schwächliches Glaubensbekenntnis, auf welches sie mit Verachtung blickten.

Die Sachsenbekehrung war auch in Rom seit geraumer Zeit ein viel diskutiertes Thema. Es fanden sich jedoch kaum Kirchendiener, welche die Reise in sächsisches Land wagten. Die Christenfeindlichkeit der Sachsen war wohlbekannt. Um das Jahr 690 hatten die sogenannten Ewalde, zwei Missionare aus Irland, ihre Missionierungsversuche mit dem Leben bezahlt. Die Ewalde waren erst gar nicht zum Predigen gekommen. Als die Kirchenmänner nach beschwerlicher Reise im Dorf Aplerbeck, heute ein Stadtteil von Dortmund, ankamen und nach dem Herrn des Dorfes fragten, wurden sie von den Bewohnern kurzerhand erschlagen. Die Leichen warf man in die Emscher, wo sie bis in den Rhein nach Köln trieben. Dort wurden die sterblichen Überreste der Ewalde aus dem Fluss gefischt und zukünftig als Märtyrer verehrt.

So gefährlich war also die Arbeit für die Missionare im Sachsenland. Mut bewies der angelsächsische Missionar Lebuin, welcher um 770 auf dem alljährlichen Stammesthing der Sachsen in Marklo erschien. Als Lebuin in vollem Ornat vor die versammelten Sachsen trat und die Botschaft seines Gottes verkündete, wurde er ob seiner seltsamen Tracht von den Anwesenden zunächst nur belächelt und verspottet. Als die Predigt jedoch zunehmend drohenden Charakter annahm, jagten die wütenden Sachsen Lebuin davon. Jener konnte froh sein, mit dem Leben davongekommen zu sein.

Obwohl es im Laufe der Geschichte immer wieder zu fränkischen Expansionsversuchen im Sachsenland kam, gelang es nicht, das sächsische Volk in seiner Gänze der fränkischen Herrschaft unterzuordnen. Die Sachsen blieben in der Mehrheit ein freies Volk und behielten trotz immer wieder versuchter christlicher Missionierungsversuche ihre heidnische Religion bei. Erst Karl dem Großen sollte die Unterwerfung und Christianisierung der Sachsen gelingen, was aber auch noch mehrere Jahrzehnte seiner Amtszeit dauerte.
Auf der fränkischen Reichsversammlung im Jahr 772 in Worms wurde die völlige Unterwerfung der Sachsen beschlossen und im großen Stil vorbereitet. Über die sich Jahrzehnte hinziehenden Sachsenkriege Karls des Großen schrieb dessen Chronist Einhard folgendes: „Kein anderer Krieg ist von Seiten der Franken mit vergleichbarer Ausdauer, Erbitterung und Mühsal geführt worden. Die Sachsen waren nämlich, wie fast alle germanischen Völker, wilde Menschen, die Dämonen, also heidnische Götzen, anbeteten und unserer Religion, dem Christentum, feindlich gesinnt waren.“[7]
Einhards Worten können wir gleich mehrere interessante Informationen entnehmen. Zum einen, dass die Sachsen ein wehrhaftes Volk waren, welches sich nicht so leicht unterjochen ließ. Zum anderen, dass die sächsische Bevölkerung dem Christentum ablehnend gegenüberstand. Am wichtigsten für unsere Betrachtungen finde ich jedoch die Tatsache, dass Einhard die germanischen Götter, welche er abfällig Götzen nennt, mit teuflischen Dämonen gleichsetzt. Wir haben hier ein anschauliches Beispiel dafür, wie die Kirche die Götter anderer Völker herabwürdigte und sie zu Teufelswesen erklärte.
Da Karl der Große der Kirche auch die Bekehrung der Sachsen versprochen hatte, begann er seinen Feldzug mit einem ungeheuerlichen Frevel. Er ließ das Heiligtum der Irminsul zerstören, dass religiöse Zentrum der Sachsen.
Das sich über Jahre hinweg ziehende militärische Geplänkel zwischen Franken und Sachsen lief immer ähnlich ab. Es kam immer wieder zu Aufständen der Sachsen gegen das fränkische Joch. Neue Friedensverträge wurden geschlossen, welche bald darauf von beiden Seiten wieder gebrochen wurden. Weder konnten die Franken das sächsische Volk völlig unterwerfen, noch gelang es den wehrhaften Sachsen, die Franken von weiteren Feldzügen abzuhalten. Den gesamten Verlauf der Sachsenkriege nachzuzeichnen, ist aus Platzgründen an dieser Stelle verständlicherweise nicht möglich. Einige entscheidende Episoden sind aber auch im Kapitel über Karl den Großen nachzulesen.
Eine neue militärische Qualität erhielten die Sachsenkriege, als sich Herzog Widukind an die Spitze des sächsischen Widerstandes stellte. Zu jener Zeit hatten die Franken ihre Herrschaft in Sachsen schon beträchtlich ausbauen können und viele Adlige hatten sich bereits taufen lassen. Im sächsischen Adel war es inzwischen zu einer Spaltung gekommen. In den fränkisch besetzten Gebieten hielt der Adel zu den neuen Herren, der Rest stand gemeinsam mit Widukind den Franken unversöhnlich gegenüber.

---

[7] Zitat entnommen aus „Die Geschichte der Germanen“ von Arnulf Krause.

Im Zuge der fränkischen Reichsversammlung im Jahr 777 in Paderborn wurde die Aufmerksamkeit von Karl dem Großen endgültig auf Widukind gelenkt. Er war der einzige sächsische Adlige, welcher der Einladung zur Versammlung nicht gefolgt war. Auf jener Reichsversammlung kam es zu Massentaufen und weitere sächsische Adlige ließen sich dort zu Vasallen Karls des Großen machen. Wir können davon ausgehen, dass die recht „dünne" sächsische Adelsschicht auch den Missionierungsversuchen der fränkischen Kirche bedeutend aufgeschlossener gegenüberstand als die Masse der einfachen Bevölkerung. Für den Adel änderte sich mit der Annahme der neuen Religion so gut wie nichts. Für die Bauern in den besetzten Gebieten dagegen war die Annahme des Christentums fast gleichzeitig auch der Eintritt in das fränkische Feudalsystem, welches aus freien Bauern Abhängige machte. Da zwischen adliger Führungsschicht und dem Volk bei den Sachsen schon immer eine gewisse Spannung bestanden hatte, war den meisten Adligen die Verbindung zu den Franken sogar recht. So konnten sie ihre Herrschaft über das einfache Bauernvolk stärken.

Man kann sagen, dass es im Jahre 777 in Paderborn endgültig zur Spaltung des sächsischen Adels kam. Hessi, Anführer des sächsischen Teilstammes der Ostfalen und auch Bruno, Herzog der Engern, hatten sich bereits seit geraumer Zeit dem fränkischen Joch unterworfen. In der Folgezeit konzentrierte sich die Führung des sächsischen Widerstands zunehmend auf den westfälischen Herzog Widukind und dessen Schwiegersohn Abbio. Während im Jahr 778 ein Großteil des fränkischen Heeres zu einem Feldzug Richtung Spanien aufbrach, kam es zum ersten großen sächsischen Aufstand unter Widukinds Führung. Obwohl sich die Sachsen in den folgenden Jahren heldenhaft gegen das fränkische Joch wehrten, gerieten immer mehr sächsische Gebiete unter fränkische Herrschaft. Erzwungene Massentaufen waren inzwischen zur Regel geworden, für die eine spezielle Abschwörformel eingeführt wurde, welche unter anderem folgenden Passus enthielt:

„Schwörst du dem Teufel ab?" – „Ich schwöre dem Teufel ab."

„Und jedem Teufelsopfer?" – „Ich schwöre auch jedem Teufelsopfer ab."

„Und allen Werken des Teufels?" – „Und ich schwöre allen Werken und Worten des Teufels ab, Donar, Wodan, Saxnot und allen Dämonen, die ihre Genossen sind."[8]

Laut dem Wortlaut des Taufgelöbnisses waren die alten Götter also teuflischer Natur. Ich sehe darin meine Annahme bestätigt, dass der mittelalterliche Teufels- und Hexenwahn zweifellos auf die Christianisierung der germanischen Stämme zurückgeht.

Entscheidenden Anteil an der Sachsenbekehrung hatte der angelsächsische Missionar Willehad, welcher bereits in Friesland gewirkt hatte und ab 780 von Karl dem Großen persönlich mit der Missionierung in Sachsen betraut wurde. Nach den sächsischen Aufständen von 782 floh Willehad zunächst aus dem Sachsenland, kehrte jedoch drei Jahre später zurück, um seine Missionsarbeit wieder aufzunehmen. Am 13. Juli 787 wurde er zum Missionsbischof für Sachsen ernannt und versuchte, dort klerikale Strukturen aufzubauen. Karl der Große war inzwischen dazu übergegangen, große Teile des eroberten sächsischen Gebietes der Kirche zu schenken, welche sogleich

---

[8] Zitat entnommen aus „Die Geschichte der Germanen" von Arnulf Krause.

Klöster errichten ließ und von dort aus die Zwangsmissionierung der Sachsen weiter vorantrieb. Dabei tat sich auch ein gewisser Mönch namens Erkanbert hervor, welcher zunächst Missionsleiter in Hameln war und später zum Bischof von Minden ernannt wurde.
Da sich das sächsische Volk als äußerst wehrhaft erwies und Verträge nicht einzuhalten pflegte, begann Karl der Große die besetzten Gebiete nach fränkischem Vorbild zu organisieren. In diesem Zusammenhang ist auch der von Karl erlassene Gesetzestext „Capitualtio de partibus Saxoniae“ zu sehen, welcher das Leben der unterworfenen Sachsen regeln sollte. Außerdem wurde eine Grafschaftsverfassung eingeführt und frankentreue Sachsen als Grafen eingesetzt. Die christliche Religion galt als angeordnet und die Ausübung heidnischer Rituale wurde mit der Todesstrafe bedroht. Zudem versuchte Karl der Große das sächsische Stammesgefüge zu zerstören, indem er alle unter fränkischer Herrschaft lebenden Sachsen per Gesetz ab 782 mit den Franken gleichstellte. So kam es zum endgültigen Bruch innerhalb des sächsischen Volkes und die vollständige Unterwerfung der Sachsen war nur noch eine Frage der Zeit.
Der westfälische Herzog Widukind hatte inzwischen den Widerstand der Sachsen neu organisiert und in der „Schlacht am Süntel“ kam es zum ersten großen Sieg unter Widukinds Führung. Die verlorene Schlacht rächte Karl der Große blutig bei der von ihm einberufenen Stammesversammlung in Verden. Die Ereignisse und Hintergründe des „Blutgerichts von Verden“ werde ich ebenfalls im Kapitel über Karl den Großen ausführlich erörtern.
Das Verdener Massaker hatte aber nicht den abschreckenden Erfolg, welchen Karl der Große sich erhoffte. Vielmehr schlug den fränkischen Besatzern nun der blanke Hass der Sachsen entgegen. Die Qualität des sächsischen Widerstandes nahm nach Verden eine völlig neue Dimension an. Die Angehörigen der Ermordeten gründeten unter Widukinds Leitung einen Rachebund, um das vergossene Blut zu sühnen. Auch von fränkischer Seite wurde nun der Krieg mit blanker Gewalt geführt. Jede noch so kleine Rebellion wurde niedergeschlagen, Friedensverhandlungen gab es nicht mehr. Ganze Landstriche wurden verwüstet und Zwangstaufen waren an der Tagesordnung.
Nach Jahren der kleineren militärischen Scharmützel kam es zwischen Franken und Sachsen im Jahr 783 zu zwei gewaltigen Feldschlachten. Aber auch dieses blutige Ringen sollte noch keine Entscheidung in den Sachsenkriegen bringen. Im Frühjahr 785 setzte Karl der Große alles auf eine Karte und fiel mit einem Großteil seines Heeres im Sachsenland ein. Das durch die jahrelangen Kämpfe geschwächte sächsische Volk konnte diesem massiven Ansturm der Franken nur wenig entgegensetzen. Der Kampfeswille der Sachsen war jedoch ungebrochen. Daher war es für Sachsen wie Franken umso erstaunlicher, als Widukind Karl den Großen plötzlich um Friedensverhandlungen bat. Die Geschichtswissenschaft geht seit jeher davon aus, dass der Herzog die Ausweglosigkeit des sächsischen Befreiungskampfes erkannt hatte und seinem Volk weiteres Leid ersparen wollte.
Dass Widukinds Verhandlungsgesuch vielmehr auch private Gründe hatte, erfahren meine geneigten Leser im Kapitel über Widukind.

Widukind ließ sich Weihnachten 785 in Attigny in Anwesenheit Karls des Großen taufen. Neben seiner Gemahlin Geva unterzogen sich auch alle seine Begleiter dem christlichen Ritual. Nach Widukinds Kapitulation hörte der sächsische Widerstand gegen das fränkische Joch zunächst auf. Ab 792 kam es noch einmal zu vereinzelten Aufständen in Sachsen. Da diesmal keine Anführer vom Format eines Widukind die Aufstände anführten, gelang es den Franken immer wieder schnell, der Situation Herr zu werden. Mit einer gezielten Umsiedlungspolitik gelang es den Franken in den folgenden Jahren endgültig, den letzten Widerstand der Sachsen zu brechen. Nach fränkischen Quellen galten die Sachsenkriege ab 804 als beendet.
Den Franken war es gelungen, auch das letzte in Freiheit lebende germanische Volk unter ihre Herrschaft zu zwingen und das Christentum war nun die vorherrschende Religion in Europa.

4. Karl der Große

Bei Karl I., heute allgemein als Karl der Große bekannt, handelt es sich zweifelsohne um eine der umstrittensten Herrschergestalten der europäischen Geschichte. Für die einen gilt er als Urvater des vereinten Europa. Für andere ist er der Sachsenschlächter, der den germanischen Stämmen die Religion des christlichen Heilands mit Feuer und Schwert aufzwang. Fakt ist, dass Karl der Große derart tiefe Spuren in der Geschichte hinterließ, dass er zum Namensgeber des karolingischen Zeitalters wurde.
Die Lebensbeschreibung jenes bedeutenden Mannes vereint seit jeher gleichermaßen Wahrheit wie Mythos, so dass ich es für angebracht halte, den Menschen Karl etwas näher zu betrachten, um zu sehen, was hinter der überhöht dargestellten Person des fränkischen Kaisers steckt.
Dass uns Karl der Große heute so übermächtig erscheint, ist weitestgehend auf die Niederschriften seines Biographen Einhard zurückzuführen. Einhard ging es nicht nur darum, das Leben seines Protagonisten zu dokumentieren. Wie schon die antiken Schreiber die römischen Caesaren „unsterblich" machen wollten, sah er seine Aufgabe darin, der Nachwelt ein Bild Karls des Großen zu hinterlassen, das die Jahrhunderte überdauern würde. Dieses ist ihm zweifellos gelungen.
Nachweislich wurde Karl an einem 2. April geboren, das genaue Geburtsjahr gibt der Geschichtswissenschaft jedoch bis heute Rätsel auf. Einhard schrieb nur, dass Karl im Alter von 72 Jahren starb. Vom Todesjahr 814 zurückgerechnet ergibt sich somit 742, was lange als das Geburtsjahr Karls des Großen betrachtet wurde. Allerdings berichten andere Quellen, dass Karls Lebensspanne 70 bzw. 71 Jahre währte. Das Jahr 742 würde allerdings bedeuten, dass Karl vor der Eheschließung seiner Eltern Pippin III. und Bertrada d. J. 744 gezeugt und geboren wurde, nach den damaligen Moralvorstellungen ein ungeheuerlicher Makel.
Der Autor Dieter Hägermann unternimmt in seinem zu Recht als Standardwerk bezeichneten Buch „Karl der Große – Herrscher des Abendlandes" den Versuch, das eigentliche Geburtsjahr des zukünftigen Kaisers zu ermitteln und kommt schließlich auf 748.

Genauso wenig wie wir das genaue Jahr von Karls Geburt kennen, wissen wir nicht mit Sicherheit, wo er geboren wurde. Mehrere Orte streiten seit jeher um die Ehre, Geburtsstadt des bedeutendsten mittelalterlichen Herrschers zu sein, unter anderem Aachen, Lüttich und Worms. Die fehlenden historischen Quellen zu Karls Geburt ließen mich bei meinen Recherchen unweigerlich an die These der drei „erfundenen" Jahrhunderte denken, welche Heribert Illig in seinen Büchern „Das erfundene Mittelalter" und „Wer hat an der Uhr gedreht?" aufstellt. Karls des Großen Regierungszeit fällt eben in jene drei Jahrhunderte. Illigs Ausführungen genauer zu betrachten, würde aus Platzgründen hier zu weit führen. Die Lektüre seiner Bücher kann ich allerdings wärmstens empfehlen.

Über die Kindheit und Jugend Karls ist so gut wie nichts bekannt. Auch Einhard musste gestehen, dass er darüber nichts in Erfahrung bringe konnte. Wichtigstes Ereignis in jenem Zeitraum war sicherlich 751 die Erhebung seines Vaters Pippin III. zum König, nachdem der letzte Merowingerkönig Childerich III. abgesetzt worden war. Nach Dieter Hägemanns Berechnungen war Karl damals allerdings erst drei Jahre alt und wird die Bedeutung der Zeremonie kaum verstanden haben. Als Pippin III. die Königswürde übernahm, stellte das Frankenreich schon eine bedeutende Größe in der europäischen Politik dar. In den Adern der Franken floss das Blut altgermanischer Stämme wie der Chatten, Brukterer, Amsivarier und Chattuarier. Über Jahrhunderte hinweg war das Frankenreich vom legendären Geschlecht der Merowinger regiert worden. Deren ungewöhnliche königliche Erbpolitik hatte allerdings zu einer Aufsplitterung des Landes in mehrere Teilreiche geführt. Die damit einhergehenden blutigen Bruderkriege hatten zudem zu einer Schwächung der fränkischen Macht geführt. Nachdem das Geschlecht der Pippiden, einstmals Hausmeier der Merowinger, die Macht an sich gebracht hatten, erblühte das fränkische Königreich zu neuer Größe.

König Pippin III. betraute seine Söhne Karl und Karlmann schon in jungen Jahren mit politischen Ämtern, um sie auf ihre Zukunft als Könige des Frankenreiches vorzubereiten. Als Pippin am 23. September 768 starb, vererbte er sein Reich zu gleichen Teilen an seine Söhne. Die beiden neuen Könige wurden am 9. Oktober des gleichen Jahres in ihren Ämtern geweiht.

Schon kurz nach der Amtseinführung der jungen Herrscher gab es Probleme im fränkischen Reich. Das Herzogtum Aquitanien, für welches Karl und Karlmann gleichermaßen verantwortlich waren, unternahm ernsthafte Bemühungen, sich aus dem fränkischen Staatsgefüge zu lösen. Karlmann verweigerte in dieser Krisensituation jedoch seinem Bruder die militärische Unterstützung. Frühzeitig zeichnete sich so der zunehmende Bruderzwist zwischen den beiden jungen Königen ab. Die latente Feindseligkeit zwischen den Brüdern entsprang jedoch nicht etwa politischen Differenzen, sondern war von persönlicher Eitelkeit geprägt. Aus diesem Grund spielte Einhard in seinen Schriften daher das gespannte Geschwisterverhältnis herunter. In Wahrheit waren die Weichen für einen Bruderkrieg bereits früh gestellt, welcher unabsehbare Folgen für die Entwicklung des Frankenreiches gehabt hätte. Man kann es daher als Fügung des Schicksals betrachten, dass Karlmann bereits am 4. Dezember 771 verstarb und dem Land somit ein Krieg um die Alleinherrschaft erspart blieb. Karl, der sich zwischenzeitlich bereits verehelicht und seinen ersten Sohn gezeugt hatte, eilte sofort nach dem überraschenden Tod seines Bruders in die Pfalz von Corby, wo er mit mehrheitlicher Zustimmung von Adel und Klerus zum alleinigen König der Franken bestimmt wurde. Die Teilnahme hoher kirchlicher Würdenträger an jener feierlichen Zeremonie zeugte von der bereits damals bestehenden engen Verbindung zwischen dem Heiligen Stuhl in Rom und der fränkischen Königsdynastie.

Karls Übernahme von Karlmanns Reichsteil stellte einen bewussten Bruch mit der fränkischen, noch von den Merowingern herrührenden Erbform dar. Die eigentlich erbberechtigten, noch minderjährigen Söhne von Karlmann wurden ein für alle Mal von der Thronfolge ausgeschlossen. Kurz vor seiner Krönung zum gesamtfränkischen Herrscher hatte Karl erneut geheiratet. Diesmal die Tochter des Langobardenkönigs Desiderius, welche er jedoch nach einen knappen Jahr der Ehe wieder verstieß und zu ihrem Vater zurückschickte. Die Kinderlosigkeit der jungen Königin war wohl der Grund für Karls Handeln, was zu einem Bündnisbruch mit dem langobardischen Königshaus führte. Der heute so hoch gepriesene Karl der Große machte zu Beginn seiner Laufbahn eher durch Eheschließungen und Scheidungen von sich reden, als mit militärischen Taten, da er wenig später erneut heiratete. Wir müssen ihm allerdings zugutehalten, dass die Ehe mit der Langobardenprinzessin wohl eher ein Zweckbündnis war, welches anscheinend seine Mutter eingefädelt hatte. Mit Hildegard, welche aus altem alamannischem Adel stammte, schien Karl endlich die richtige Frau gefunden zu haben. Neben vielen Kindern „schenkte" sie ihrem Mann auch politischen Einfluss auf das Herzogtum Bayern.

Nachdem Karl sein Privatleben geregelt hatte, konnte er sich nun endlich auf die internationale Politik einlassen. Dieses war auch dringend notwendig.

Um die innen- wie außenpolitischen Anhänger dauerhaft an sich zu binden und nicht zuletzt um die Staatsfinanzen aufrechtzuerhalten, musste ein König des frühen Mittelalters dauerhaft daran arbeiten, seinen Machtbereich auszuweiten. Das Charisma und Königsheil eines Herrschers musste ständig sichtbar sein, damit der Adel nicht auf den Gedanken kam, gegen den König zu „meutern". Die Königswürde war damals bei Leibe nicht so absolutistisch, wie wir sie uns heute vorstellen.

Ideal für Karls Bestrebungen, sich als der oberste Herrscher der Franken zu etablieren, waren die sächsischen Nachbarn. Jene waren noch traditionell germanisch „organisiert". Es gab weder eine übergreifende politische Führungsschicht noch ein stehendes Heer. Das Volk bestand aus Bauern mit nur einer geringen Anzahl an Stammesführern. Die Sachsen waren in zweifacher Hinsicht für Karls Expansionspolitik prädestiniert. Neben der schwachen politischen wie militärischen Struktur, welche eine schnelle und konzentrierte Gegenwehr ausschloss, waren die Sachsen noch Anhänger der sogenannten heidnischen Religion und hatten sich erstaunlich resistent gegen verschiedene Missionierungsversuche gezeigt. Wenn es Karl gelänge, die Sachsen zu unterwerfen und ihnen die christliche Religion aufzuzwingen, hätte er

damit sein Ansehen als König gefestigt und gleichzeitig sein gutes Verhältnis zur römischen Papstkirche gestärkt.
Militärische Konflikte mit den Sachsen waren für die Franken nichts Neues. Schon Karls Vater hatte wiederholt Feldzüge gegen die Nachbarn durchgeführt und ab 753 eine jährliche Tributzahlung von dreihundert Pferden von den Sachsen durchsetzen können. Auf der Reichsversammlung von Worms 772 wurde offiziell die „Eingliederung der Sachsen in das fränkische Reich" beschlossen. Ziel des Sachsenfeldzugs war in erster Linie die Eresburg im heutigen Hochsauerlandkreis, wichtigste sächsische Fluchtburg und zugleich Standort der Irminsul, dem religiösen Hauptzentrum der Sachsen. Mit der Eroberung der Eresburg und der Zerstörung der Irminsul gelang Karl ein wichtiger Doppelschlag gegen die Sachsen, traf er doch zugleich einen militärischen wie religiösen Hauptnerv seiner Feinde. Da die Sachsen den Franken militärisch in keiner Weise gewachsen waren, baten sie um Frieden, welchen Karl ihnen großzügig gewährte. Allerdings mussten die Sachsen zwölf Geißeln aus ihren vornehmsten Adelskreisen stellen und eine Erhöhung der Tributpflichten hinnehmen, was sie umso stärker in die Abhängigkeit der Franken trieb. Die Eresburg erhielt zudem eine starke fränkische Besatzung, so dass Karls Truppen im Sachsenland präsent waren.
Nach diesem ersten militärischen Achtungserfolg war Karl sehr an innerpolitischen Reformen gelegen. Jene Reformen waren außerordentlich kirchenfreundlich geprägt. Diverse Immunitätsverleihungen und die damit verbundenen Vergünstigungen machten den Klerus Karl mehr als gewogen. Karl war sich stets bewusst, dass es seinem Vater nur mit Hilfe der römischen Papstkirche gelungen war, die Herrschaft über das Frankenreich von den Merowingern auf das karolingische Herrschergeschlecht zu übertragen. Er war sich seiner Verantwortung dem Heiligen Stuhl gegenüber bewusst und zögerte keinen Augenblick, als Papst Hadrian I. ihn um Hilfe gegen die Langobarden rief, deren Heer sich vor den Toren Roms versammelt hatte. Der Langobardenkönig Desiderius, noch immer voller Wut über die Zurückweisung seiner Tochter durch den fränkischen König, hatte sich Gerberga, der Witwe von Karls Bruder Karlmann angenommen und verlangte vom Papst, deren Söhne zu Königen zu salben. Mit dieser Forderung versuchte Desiderius direkt in die Herrschaftsfolge im fränkischen Königreich einzugreifen. Gleichzeitig wollte der Langobardenkönig die Herrschaft Hadrians I. in Rom beenden, welcher wiederholt langobardische Interessen übergangen hatte. Der herbeigeeilte Karl versuchte zunächst, eine diplomatische Lösung zu finden, worauf sich Desiderius jedoch nicht einließ. In den sich anschließenden Kampfhandlungen müssen die fränkischen Truppen dem Langobardenheer eindeutig überlegen gewesen sein, denn Desiderius Truppen ergriffen bei Zeiten die Flucht. Karl ließ die Fliehenden bis nach Pavia verfolgen, worauf es zu einer neunmonatigen Belagerung der langobardischen Hauptstadt kam. Während der Belagerung ließ Karl durchaus Familiensinn erkennen, da er seine Frau und Kinder ins Heerlager bringen ließ, um nicht zu lange von der Familie getrennt zu sein. Der oft so unerbittliche Herrscher hatte also durchaus auch eine „weiche Seite".

Parallel zur Belagerung von Pavia ließ der Frankenkönig weitere wichtige Städte des Langobardenreiches erobern, so dass nach dem Fall von Pavia praktisch das gesamte Reich von König Desiderius in fränkischer Hand war. Jener wurde von den Franken gefangengesetzt und später in ein Kloster verbannt. Karl ernannte sich selbst zum König der Langobarden und stellte das Land unter fränkische Verwaltung. Von nun an nannte er sich bis zu seiner Kaiserkrönung offiziell „Karl von Gottes Gnaden König der Franken und Langobarden und auch Patrizius der Römer".

Die sich hinziehende Belagerung von Pavia nutzte Karl zu einem offiziellen Antrittsbesuch bei Papst Hadrian I. Der Frankenkönig wurde Ostern 774 vom Papst mit allen Ehren empfangen. Karl warf sich dem Papst allerdings nicht wie im Zeremoniell vorgesehen zu Füßen und verweigerte auch den obligatorischen Fußkuss. Dieses lässt erkennen, dass der Frankenkönig zwar die Macht des Papstes anerkannte, sich aber durchaus auf Augenhöhe mit ihm sah. Historischen Wert hatte Karls Besuch in Rom vor allem durch die Bekräftigung des Treueschwurs zwischen Heiligem Stuhl und fränkischem Herrscherhaus am Grabe des Apostels Petrus. Zudem überreichte Karl Papst Hadrian I. in einer feierlichen Zeremonie eine Schenkungsurkunde, in welcher eine Vielzahl an Städten und Landbesitz in Italien dem heiligen Petrus gewidmet und der Kirche unterstellt wurden. Jene Schenkung verlieh Karl eine religiöse Aura, welche sein Andenken bis heute umgibt und ihn als den „ersten Streiter Gottes" in die Geschichte eingehen ließ. Allerdings erfüllte er nur Versprechungen, welche sein Vater dem Klerus gegeben hatte, praktisch als Dank für die Hilfe bei der Machtübernahme im Frankenreich. Es ist daher keinesfalls bewiesen, dass Karl ein so großer Anhänger der christlichen Religion war, wie bis heute immer behauptet wird. In erster Linie ging es ihm wohl darum, seinen Machtanspruch in Europa zu festigen.

Während Karl noch in der Auseinandersetzung mit den Langobarden gebunden war, hatten Teile der Sachsen die Gunst der Stunde genutzt und sich mit kriegerischen Absichten gegen ihre fränkischen Unterdrücker erhoben. Der Frankenkönig stürzte sich folglich von einem militärischen Unternehmen in das nächste, was ihm sicherlich nicht unrecht war, denn die Unterwerfung und Christianisierung der Sachsen standen ganz oben auf seiner Agenda. Die aufständischen Sachsen hatten zunächst die fränkische Garnison auf der Eresburg zerstört und belagerten anschließend die Büraburg bei Fritzlar. Da sich die Belagerung der Burg als äußerst schwierig erwies, verwüsteten die Sachsen zunächst die Stadt Fritzlar. Die Gegend um Fritzlar war ein politisch wie religiöses Hauptzentrum der Franken. Im Jahre 724 hatte der Missionar Bonifatius dort die Donar-Eiche fällen lassen, das Zentralheiligtum der germanischen Chatten. Seit jener Tat galt die Gegend im heutigen Hessen als Beispiel für den Sieg der christlichen Religion über das germanische Heidentum. Als Karls Truppen vor Fritzlar erschienen, kam es jedoch nur zu kleineren Auseinandersetzungen und die Sachsen zogen sich vor den militärisch überlegen Franken schnell zurück. Der Frieden im okkupierten Sachsenland war wieder hergestellt, so dass sich Karl mit einem anderen anstehenden Problem befassen konnte. Der von Karl höchstpersönlich ins Amt beförderte langobardische Herzog Rotgaud von Friaul probte den Aufstand und wollte ein neues langobardisches Königreich außerhalb des fränkischen Machtgefüges in der

Mark Friaul errichten. Der Herzog fiel jedoch im Kampf gegen König Karls Truppen und Friaul blieb Teil des fränkischen Reiches.
Die fast pausenlose Aufeinanderfolge von militärischen Interventionen lässt leicht den Verdacht aufkommen, dass Karl der Große ein reiner „Kriegsherr" war. Dass es sich jedoch nicht so verhielt, zeigen seine Freundschafts- und Gunstbezeugungen an diverse Schriftgelehrte, welche immer wieder zu sogenannten Studienaufenthalten an den Königshof geladen wurden. Auch Wissenschaftler und Künstler waren bei Karl gern gesehene Gäste.
Die folgenden Jahre standen ganz im Zeichen von Karls Machtkonsolidierung. Die Kirche in Rom wurde schon ungeduldig, da es mit der versprochenen Christianisierung der Sachsen nicht voranging. Ein entscheidender Grund für den verhaltenen Erfolg der Missionare war wohl der Tatsache geschuldet, dass sich ein Großteil der Geistlichen nur widerwillig auf sächsisches Gebiet begab oder sich gar weigerte. Die zu erwartenden Schwierigkeiten sowie die Gefahr für Leib und Leben waren wohlbekannt. Schon viele christliche Brüder hatten ihren missionarischen Eifer mit dem Leben bezahlen müssen.
Während Karl unter seinen langobardischen Untertanen für Ruhe sorgte, erhoben sich die Sachsen erneut gegen die fränkischen Unterdrücker. Trotz bestehendem Friedensvertrag waren die Sachsen auf fränkisches Gebiet vorgedrungen und Karl sah sich gezwungen, diesmal vehement gegen die Eindringlinge vorzugehen. Die Sachsen mussten schnell die Schlagkraft der fränkischen Truppen erkennen und einem erneuten Friedensvertrag zustimmen, allerdings diesmal mit bedeutend schlechteren Konditionen. Außerdem kam es zu vermehrten Massentaufen, was nun endlich im Sinne der Papstkirche war.
Ebenfalls nach dem Geschmack der Kirche wird wohl auch die Reichsversammlung von Paderborn im Jahre 777 gewesen sein, zu welcher auch Sachsen aus allen Regionen eingeladen waren. Die Vertreter des Klerus nahmen mit Vergnügen zur Kenntnis, dass die Planung der weiteren Missionierung in Sachsen ein Hauptthema der Reichsversammlung war. Zudem kam es zu publikumswirksamen Massentaufen während der Versammlungspausen. Im Zusammenhang mit der Paderborner Reichsversammlung wurde auch der Name Widukind in fränkischen Schriften zum ersten Male erwähnt. Der sächsische Herzog, welcher später den heldenhaften Kampf der unterdrückten Sachsen anführen sollte, war ebenfalls zur Versammlung eingeladen worden, blieb ihr jedoch bewusst fern. Wenn in Paderborn auch große Pläne geschmiedet wurden, sah es in der Praxis jedoch gänzlich anders aus. Die weitere Christianisierung der Sachsen musste warten.
Innerarabische Streitigkeiten auf der iberischen Halbinsel riefen nach fränkischer Hilfe. Karls Machthunger verleitete ihn, den Rufen zu folgen. Der Frankenkönig sah die Möglichkeit, auch in Spanien Einfluss zu gewinnen. Das sogenannte Spanien-Abenteuer sollte jedoch zu einem Desaster für Karl werden und ging als seine erste Krise in die Geschichte ein. Als Karl mit seinen Truppen in Spanien vor Ort war, hatten sich die Araber bereits geeinigt, so dass es für die Franken nichts zu gewinnen

gab. Vielmehr wurden sie auf dem Rückweg von baskischen Guerillas angegriffen und mussten herbe Verluste hinnehmen.
Um seinen beschädigten Ruf als Kriegsherr wieder herzustellen wandte sich Karl nun erneut den Sachsen zu und kannte diesmal keine Gnade. Die Niederwerfung der Sachsen fand ihren Höhepunkt einige Jahre später, genauer gesagt 785, in der öffentlichen Taufe des sächsischen Heerführers Widukind. Im Allgemeinen wird heute die militärische Übermacht der Franken als Grund für die Kapitulation des sächsischen Herzogs angesehen. Dass es jedoch auch andere Gründe für Widukinds Handeln gab, erfahren meine geneigten Leser an späterer Stelle im Kapitel über den Sachsenherzog.
Dass Karl der Große nicht unbedingt „der" Streiter der Christenheit war, wie er heute immer wieder gern dargestellt wird, zeigte sich in den folgenden Jahren. Papst Hadrian I. forderte den Frankenkönig mehrere Male auf, militärisch gegen Feinde des Heiligen Stuhles vorzugehen. Karl ignorierte die Forderungen aus Rom jedoch, da er mit eigenen außenpolitischen Problemen beschäftigt war. Die Sicherung eines so gewaltigen Machtgefüges wie dem fränkischen Königreich erforderte die ungeteilte Kraft und Aufmerksamkeit des Königs, der sich nicht auch noch um die Angelegenheiten des Papstes kümmern konnte. Das gute Verhältnis zwischen Frankenreich und Rom sollte jedoch ungetrübt bleiben. Das zeigte sich auch in der Salbung und Krönung von Karls Söhnen durch den Papst.
Das fränkische Reich hatte inzwischen derartige Ausmaße angenommen, dass Karl seine jüngeren Söhne Karlmann und Ludwig am 15. April 781 vom Papst zu Mitkönigen erheben ließ, welche über Italien und Aquitanien herrschten, allerdings nur repräsentative Pflichten erfüllten. Von solcher Art Gunstbezeugung konnte Karls ältester Sohn Pippin nur träumen. Seine körperlichen Gebrechen, welche ihm auch den Namen Pippin der Bucklige einbrachten, schlossen Karls Erstgeborenen faktisch von der Thronfolge aus. Schlimmer war für ihn wohl noch die Tatsache, dass sein Bruder Karlmann bei der Taufe ebenfalls den traditionsreichen Namen Pippin erhielt. Karls ältester Sohn war so etwas wie ein Phantom in der Königsfamilie, dem man sogar das Recht auf seinen eigenständigen Namen genommen hatte.
Obwohl Karl der Große bei seinen militärischen Aktionen im Namen der Kirche zunächst recht zaghaft zu Werke ging, überhäufte er den Papst immer wieder mit Schenkungen von Stadtrechten und Ländereien. Speziell in Italien konnte die Kirche auf Ländereien blicken, welche in ihren Ausmaßen schon in Richtung neues weströmisches Reich gingen, allerdings statt eines Kaisers mit einem Papst an der Spitze.
Womöglich war das alles Berechnung des fränkischen Königs. Karl plante insgeheim vielleicht eine Erneuerung des weströmischen Imperiums, mit sich und dem Stellvertreter Gottes an den Schalthebeln der Macht. Hierbei handelt es sich aber nur um reine Spekulationen meinerseits. Ich maße mir allerdings an dieser Stelle die Behauptung an, dass Karl in erster Linie aus Machthunger und nicht aus Frömmigkeit immer wieder die Nähe der Kirche suchte.
Der wachsende Einfluss des fränkischen Königs auf den Papst wurde auch auf der weltpolitischen Bühne wahrgenommen. Die Kaiserin des Oströmischen Reiches versuchte durch eine Eheschließung ihres Sohnes Konstantin mit Karls Tochter

Rotrund ein Bündnis mit den Franken einzugehen. Möglicherweise plante Kaiserin Irene ebenfalls eine Erneuerung des römischen Imperiums. Das gegebene Eheversprechen wurde allerdings später wieder zurückgenommen. Als Grund vermute ich die anhaltende ablehnende Haltung von Kaiserin Irenes Beratern, welche Karl den Großen immer noch für einen „Barbarenkönig" hielten.
Neben dem fränkischen König war es der Bayernherzog Tassilo III., welcher ständig um die Gunst des Papstes buhlte. Karl und Tassilo hatten schon länger einen Freundschaftsvertrag geschlossen, doch um 780 wurden dem Frankenkönig die Bemühungen des bayrischen Herrschers um die Gunst des Heiligen Stuhles zu viel. Zudem war Tassilo ein Schwiegersohn des gestürzten Langobardenkönigs Desiderius, dessen Tochter Liutberga er 763 geehelicht hatte. Das unabhängige Bayern mit Verbindungen zu langobardischen Kreisen stellte eine potentielle Gefahr für das Frankenreich dar. Karl der Große sandte eine eindringliche, mit unterschwelligen Drohungen gespickte Botschaft an Tassilo, in welcher er den Herzog mahnte, der gegebenen Eide zu gedenken. Tassilo ließ es nicht auf einen Bruch mit den fränkischen Verbündeten ankommen und begab sich zu einem „Versöhnungstreffen" an den königlichen Hof, welches in Worms stattfand. Die diplomatische „Ruhigstellung" des bayrischen Herzogs war für Karl den Großen von großer Wichtigkeit. Sein großes Ziel, die Unterwerfung und Christianisierung der Sachsen, erwies sich als schwierig, so dass sich das Frankenreich nicht noch zusätzlich auf militärische Auseinandersetzungen mit den Bayern einlassen konnte.
Im Jahre 782 verstärkte Karl seine Interventionen im Sachsenland und verhängte das Besatzungsrecht. In jenem Jahr kam es auch zu dem berüchtigten „Blutbad von Verden", welches Karl für ewig den Ruf des grausamen Schlächters einbringen sollte. Der positive Stellenwert, welchen Karl der Große in der Geschichtsschreibung bis heute hat, zeigt sich in der Tatsache, dass die blutige Vergeltung, welche die Franken an den Sachsen in Verden nahmen, bis heute immer wieder von Historikern angezweifelt wird. Anzumerken sei dabei allerdings, dass es sich dabei in der Mehrzahl um Kirchenhistoriker handelt. Die alten Schriften der fränkischen Chronisten sprechen jedoch eine ganz andere Sprache. Grund für mich, den wohl dunkelsten Fleck in der Herrschaft Karls des Großen etwas näher zu betrachten.

„Das Blutgericht von Verden"

Laut den Fränkischen Reichsannalen war dem Strafgericht von Verden eine sächsische Rebellion vorausgegangen, die in der sogenannten „Schlacht am Süntel" mündete, einem Mittelgebirgsstock im heutigen Niedersachsen. Dort hatten die Sachsen unter ihrem Anführer Herzog Widukind den fränkischen Truppen eine empfindliche Niederlage beigebracht. Obwohl die Uneinigkeit unter den fränkischen Heerführern Grund für die Niederlage war, wollte Karl der Große die Schmach nicht auf sich sitzen lassen. Die Sachsen hatten seiner Ansicht nach gegen bestehende Verträge verstoßen und mussten gemaßregelt werden. Der Frankenkönig ließ in Verden an der Aller einen Gerichtstag abhalten, wo er von den anwesenden sächsischen Adligen die Auslieferung der maßgeblichen Rädelsführer der Rebellion forderte. Da Herzog

Widukind nicht greifbar war, wurden 4.500 Männer benannt, welche maßgeblichen Anteil an der Erhebung hatten. Jene Männer wurden noch am selben Tag hingerichtet. So in etwa steht es in den Fränkischen Reichsannalen, einer Schriftensammlung verschiedener fränkischer Chronisten des frühen Mittelalters.
Als gültigen Beweis für das tatsächliche Stattfinden des Blutgerichtes in Verden können wir durchaus die Tatsache heranziehen, dass die schriftlichen Überlieferungen aus dem näheren Umfeld des fränkischen Hofes stammen. Jene Chronisten hatten wohl kaum einen Grund, ihrem Herrn eine solche Bluttat anzuhängen, hätte sie nicht tatsächlich stattgefunden. Wenn die Berichte der einzelnen Chronisten auch teilweise voneinander abweichen, berichteten doch alle, dass Karl der Große im Jahre 782 eine große Anzahl von Sachsen töten ließ. Zum Teil wurde auch die bewusste Zahl 4.500 genannt. Eines haben alle Teile der Fränkischen Reichsannalen gemein. Sie berichteten in äußerst knapper Form und beschrieben nur die wichtigsten Ereignisse aller zwei bis drei Jahre. Da die Bluttat von Verden in allen Teilen der Reichsannalen zu finden ist, muss sie für die fränkische Geschichte von fundamentaler Bedeutung gewesen sein.
Zunächst stellt sich die Frage, warum sich die Sachsen erneut erhoben hatten?
Grund war zweifelsohne die Reichsversammlung in Lippspringe. Dort wurde das vormals unabhängige Sachsen in Grafschaften aufgeteilt und frankentreue Grafen eingesetzt. Das war ein ungeheuerlicher Einschnitt in das Stammesleben der freien Sachsen, da die bisherigen Stammesfürsten so praktisch ihre angestammte Macht verloren. Es ist nicht verwunderlich, dass es nach der Reichsversammlung zur Rebellion kam. Aus verschiedenen Teilen des fränkischen Reiches wurden Truppen in das Gebiet der Aufständischen geschickt, welche sich zunächst am Ufer des Flusses Weser trafen, um das weitere Vorgehen zu beraten. Da die Heerführer Adalgis, Geilo und Worad fürchteten, dass sich der ebenfalls beteiligte Graf Theoderich, ein Verwandter und enger Vertrauter Karls des Großen, mit den Siegeslorbeeren schmücken würde, stürzten sich deren Truppen übereilt in das Gefecht mit den Sachsen. Dieser unüberlegte Schritt sollte sich als tödliches Unterfangen erweisen. Die Sachsen gewannen in der Schlacht schnell die Überhand und rieben die fränkische Truppe fast völlig auf. Neben den Heerführern Adalsgis und Geilo fanden noch andere hochrangige Vertreter des fränkischen Adels den Tod.
Als Karl der Große von der Niederlage erfuhr, rüstete er schleunigst ein Heer und zog nach Sachsen. Jedoch schien der König vorsichtig geworden, denn er ging nicht wie gewohnt militärisch gegen die Sachsen vor, sondern berief eine Versammlung aller freien Sachsen der an der Rebellion beteiligten Gebiete ein. Widukind, der Anführer der Rebellion, blieb der Versammlung fern. Ob er gewarnt wurde oder aus Intuition handelte, wissen wir nicht. In den historischen Quellen wurde immer wieder ausdrücklich darauf hingewiesen, dass es sächsische Adlige waren, welche anstatt des nicht anwesenden Anführers die weiteren Rädelsführer der Rebellion benannten und an die Franken auslieferten. Hierbei handelte es sich wohl um die auf der Reichsversammlung von Lippspringe eingesetzten frankentreuen Grafen, welche die Ermordung ihrer Stammesbrüder nicht interessierte.

Im Zusammenhang mit dem Blutbad von Verden wird immer wieder von Hinrichtungen gesprochen. 4.500 Männer standrechtlich hinzurichten, wäre eine zweifelhafte logistische Meisterleistung gewesen. Abgesehen davon, hätten die Sachsen ihre Todesurteile wohl kaum so einfach akzeptiert. Es war wohl eher so, dass die unbewaffnet zur Versammlung erschienen Sachsen überfallartig massakriert wurden.

Nach umfangreichen Recherchen bin ich persönlich zu der Ansicht gelangt, dass es sich beim „Blutbad von Verden“ um eine geplante Racheaktion der Franken handelte. Wenn auch die Expertenmeinungen über den Verlauf der „Schlacht am Süntel“ bis heute auseinandergehen, fanden dort hochrangige Vertreter des fränkischen Adels den Tod. Grund für Karl den Großen, ein Verhandlungstreffen mit den an der Schlacht beteiligten Sachsen zu vereinbaren. Da vom Frankenkönig Waffenlosigkeit vorgeschrieben war, bei den sächsischen Stammesthings ebenfalls üblich, war es für die Franken ein Leichtes, die anwesenden Sachsen niederzumetzeln.

Jene Historiker, welche am Verlauf des „Blutbades von Verden“ zweifeln, berufen sich immer wieder auf die These, dass in den ursprünglichen Schriften das lateinische Wort für verschleppen stand, welches dann in Abschriften versehentlich in das lateinische Wort für enthaupten geändert wurde. Auf Grund dieser fadenscheinigen Beweisführung behaupten dann jene „Experten“, dass in Verden nur einige wenige Rädelsführer hingerichtet wurden und die anderen Männer verschleppt, also möglicherweise zwangsumgesiedelt wurden. Da bei Ausgrabungen in Verden nur eine vergleichsweise geringe Anzahl an menschlichen Überresten gefunden wurde, scheint die Relativierung der Opferzahlen aus diesem Blickwinkel durchaus angebracht. Der Autor Patrick Agte schreibt jedoch in seinem Buch „Der Sachsenhain von Verden“, dass die Franken den Großteil der getöteten Sachsen wohl in die Aller geworfen haben, da ihnen die Bestattung zu aufwendig war. Ich könnte mir auch durchaus vorstellen, dass die Leichen der ermordeten Sachsen von den Franken einfach liegengelassen und später von Anwohnern verbrannt wurden. Das Verbrennen als Bestattungsritus war zwar als heidnischer Brauch von den Franken verboten worden, wurde aber weiterhin praktiziert.

Zum Abschluss dieses Abschnittes möchte ich noch anmerken, dass ich es paradox finde, dass die Fränkischen Reichsannalen in der modernen Geschichtsforschung in allen Bereichen als ernstzunehmende Schriften gelten, im Falle des „Blutbades von Verden“ jedoch immer wieder Zweifel geäußert werden.

Das von Karl verhängte Besatzungsrecht und der damit erlassene Gesetzestext „Capitulatio de partibus Saxoniae“, welcher die Rechte der Sachsen auf ungeheuerliche Weise beschnitt, waren ein derartiger Eingriff in die Freiheit der Sachsen, dass es zu einem erbitterten Widerstand gegen die Franken kam. Besonders von der zwanghaften Christianisierung waren die Sachsen wenig angetan, was so mancher Missionar mit seinem Leben bezahlen musste.

Im Jahr 783 ereilte Karl ein schwerer persönlicher Schicksalsschlag. Seine geliebte Frau Hildegard verstarb am 30. April jenes Jahres. Der König gab sich jedoch keiner langen Trauer hin, sondern vermählte sich noch im selben Jahr mit Fastrada, der

Tochter eines fränkischen Grafen. Seine Wahl dürfte vor allem politischem Kalkül entsprungen sein. Die Verbindung mit der Tochter eines fränkischen Grafen sollte wohl die Einigkeit zwischen König und einheimischem Adel bekräftigen.
Karl der Große benötigte auch dringend die unverbrüchliche Treue seines Adels. Nur mit dessen Hilfe ließen sich die ständigen Aufstände in sächsischen Landen eindämmen. In jener Zeit suchte der Frankenkönig immer wieder das direkte militärische Treffen mit seinem sächsischen Widersacher Widukind. Es kam zu zwei gewaltigen Feldschlachten zwischen Franken und Sachsen, welche aber beiden Seiten keinen entscheidenden Erfolg brachten. Nach einem erneuten fränkischen Feldzug im Jahre 785 erlahmte dann der sächsische Widerstand. Die jahrelangen Kämpfe um seine Freiheit hatten das sächsische Volk ausgeblutet. Nach Verhandlungen und der Zusicherung von Straffreiheit, gab auch Widukind schließlich seinen Widerstand auf und ließ sich in der Pfalz von Attigny taufen. Karl der Große fungierte hierbei persönlich als Widukinds Taufpate und übernahm auch die religiöse Unterweisung des Sachsenherzogs. Der fränkische Herrscher wollte damit wohl ein Zeichen für alle potentiellen Gegner setzen und damit seinen Großmut zur Schau stellen. Nach Widukinds Taufe berichteten die Fränkischen Reichsannalen nichts mehr über den Sachsenherzog. Seine Nachkommen dagegen sollten es unter den Franken weit bringen und sogar Bischöfe von Verden und Hildesheim werden.
Mit der Unterwerfung der Sachsen kehrte jedoch keine Ruhe in das Leben des fränkischen Königs ein. 786 kam es zu einer Rebellion in den eigenen Reihen. Anführer der adligen Verschwörung war der thüringische Graf Hardrad. In erster Linie waren hochrangige Adelskreise aus Ostfranken und Thüringen beteiligt, welche Karls diktatorische Herrschaftsansprüche ablehnten. Auslöser für die Revolte war wohl eine eigens von Karl dem Großen arrangierte Heirat von Hardrads Tochter mit einem Franken, womit der thüringische Graf allerdings so gar nicht einverstanden war. Der Frankenkönig ließ die sogar auf sein Leben abzielende Verschwörung mit aller Härte niederschlagen. Die Besitzungen der Aufständischen wurden verwüstet und die Rädelsführer drakonisch bestraft.
Dass Karl, welcher in außenpolitischen Angelegenheiten mitunter sehr diplomatisch vorging, bei der Rebellion im eigenen Land eisern durchgriff, darf uns nicht verwundern. Ein Königreich des frühen Mittelalters war in keiner Weise mit einem heutigen Zentralstaat zu vergleichen. Der König galt zwar als Herrscher, jedoch schaltete und waltete der Adel in der Regel nach eigenem Gutdünken, stellte sich nicht selten sogar gegen die Interessen des Königs. Hätte Karl der Große die Rebellion seiner Untertanen nicht mit aller Härte niedergeschlagen, wäre ihm Schwäche vorgeworfen worden und sein Herrschaftsanspruch so ins Wanken geraten.
Die politische Instabilität sollte sich in jener Zeit noch an verschiedenen Stellen zeigen, wie beispielsweise in den Unruhen in der fränkisch besetzten Bretagne, welche jedoch von Karls Seneschall Audulf unterbunden wurden.
Anfang 787 machte sich Karl erneut nach Rom auf, wo er auf Bitten Papst Hadrians verschiedene Besitzansprüche der Kirche klären sollte. In erster Linie ging es wohl um die Vorherrschaft des Heiligen Stuhles im Herzogtum Benevent im Süden Italiens.

Sehr zum Missfallen des Papstes schloss der Frankenkönig jedoch mit Herzog Arichis von Benevent einen Friedensvertrag mit eingeschlossenen Tributzahlungen ab. Karl der Große handelte hier wieder einmal eindeutig nur nach eigenen Interessen und stellte die Belange der Kirche hinter seine eigenen.
Da die Kirche jedoch auf die fränkische Unterstützung bei der weiteren Verbreitung des Christentums in Europa angewiesen war, akzeptierte Papst Hadrian Karls Vorgehensweise und mischte sich sogar höchst offiziell in den immer noch schwelenden Streit zwischen Franken und Bayern ein. Der Papst ging sogar so weit, zu verkünden, dass er von vornherein die fränkischen Soldaten von jedweder im Krieg gegen die Bayern begangenen Sünde befreien würde. Karl der Große konnte solch einer „göttlichen" Unterstützung kaum widerstehen, gegen seinen unliebsamen Nachbarn vorzugehen. Karls Abneigung gegen seinen Vetter Tassilo lässt sich für uns nur schwer nachvollziehen, da sie mit rein politischen Motiven nicht erklärbar ist. Der bayrische Herzog erfüllte treu seine Bündnispflicht gegenüber dem Frankenreich und opponierte nicht gegen Karl. Anscheinend haben die bereits angesprochenen Gunstbezeugungen Tassilos an den Papst den fränkischen König tatsächlich gestört. Allerdings waren die freundschaftlichen Beziehungen zwischen Frankenland und Rom ungebrochen und Tassilo nicht in der politischen Position, die Interessen der Kirche besser zu vertreten als Karl.
Der fränkische König ging mit Feuereifer daran, Tassilo zu stürzen und Bayern in das Frankenreich zu integrieren. Es scheint fast so, als brauchte Karl ständig ein neues Feindbild, um sich seiner Macht als einflussreichster Herrscher in Europa bewusst zu sein. Ein unbedeutendes politisches Missverständnis nahm Karl zum Anlass, im Sommer 787 mit einem gewaltigen, aus drei Säulen bestehenden Heer in Bayern einzufallen. Die Bayern konnten den fränkischen Truppen keine entscheidende Gegenwehr bieten, da ein großer Teil des bayrischen Adels fränkisch gesinnt war und Herzog Tassilo die Gefolgschaft verweigerte. Bayern wurde dem Frankenreich angegliedert und Tassilo der Vasall Karls des Großen. Der ehemals unabhängige Herzog fungierte nur noch als eine Art Statthalter und wurde ein Jahr später auf der Reichsversammlung in Ingelheim auf Grund einer künstlich aufgebauschten Intrige seines Postens enthoben und in das Kloster von Jumièges verbannt. Im Schauprozess gegen den ehemaligen Bayernherzog war wieder einmal Karls politische Spitzfindigkeit erkennbar. Er trat nicht selbst als Kläger auf, sondern ließ vornehmlich bayrische Adlige ihren ehemaligen Herren beschuldigen. Auf Karls Zutun wurde jede noch so kleine Verfehlung Tassilos herangezogen, um ein Todesurteil rechtfertigen zu können. Anschließend milderte der Frankenkönig das Urteil in lebenslange Klosterverbannung ab und stand so wieder einmal als der mildtätige Herrscher vor seinen Untertanen da, in der Rolle, in welcher er sich so gerne sah.
In Aquitanien war es inzwischen ebenfalls zu politischen Diskrepanzen gekommen, welche vom noch minderjährigen König Ludwig und seinen Beratern kaum zu bewältigen waren. Karl nahm sich der Angelegenheit persönlich an und konnte sie zu Gunsten der fränkischen Krone beilegen. Wenn Karl auch seinen Söhnen repräsenta-

tive Pflichten auferlegte, kümmerte er sich doch um alle wichtigen Dinge in seinem gewaltigen Reich selbst. Er trug den Beinamen „der Große“ nicht grundlos.
Nachdem Karl die ersten zwanzig Jahre seiner Regentschaft fast ständig auf Reisen war, um sein Königreich politisch wie militärisch zu vergrößern und zu stabilisieren, wurde ab 788 die Stadt Aachen zur Hauptresidenz des fränkischen Hofes. Keine andere Stadt Europas ist so eng mit den Geschicken Karls des Großen verbunden wie jene Stadt, in welcher der Frankenkönig später auch seine letzte Ruhestätte finden sollte.
Neben den bereits angesprochenen politischen und militärischen Bemühungen widmete sich Karl zunehmend auch den kulturellen und wissenschaftlichen Belangen seines Reiches. Die von Karl angeregte Lehrschrift „Über die Pflege der Wissenschaften“ aus dem Jahre 789 war ein wichtiger Schritt für die Entstehung eines gewissen Bildungsniveaus sowie der Grundstein für die Entstehung von späteren Wissenschaftszweigen. In diesem Zusammenhang wurde auf Karls Geheiß auch das antike Latein als Amtssprache im gesamten Frankenreich eingeführt, quasi als sprachliches „Bindemittel“ Europas.
Wenn wir schon von der geistigen Erneuerung des fränkischen Reiches sprechen, sollte ein Mann nicht unerwähnt bleiben, der entscheidenden Anteil daran hatte. Gemeint ist hier der angelsächsische Gelehrte und Kleriker Alkuin. Jener war auf persönliche Einladung Karls des Großen 781 an die Aachener Hofschule gekommen, deren Leitung er nur ein Jahr später übernahm. Auf Grund dieser Position und seines einzigartigen Wissensschatzes, welche ihn den Ruf eintrug, der bedeutendste Gelehrte seiner Zeit zu sein, avancierte Alkuin mit den Jahren zum einflussreichsten Ratgeber des fränkischen Königs.
Im Jahr 789 erschien die „Allgemeine Ermahnung“, ein von Karl angeregter Gesetzestext, welcher sowohl die Kirchenordnung als auch wichtige Bereiche des öffentlichen Lebens im Frankenreich neu regelte.
Man kann von Karl dem Großen halten was man will, es ist allerdings nicht abzustreiten, dass ihm während seiner Regentschaft zweifellos der entscheidende „Zivilisationssprung“ im frühen Europa gelang. Jener kulturelle und wissenschaftliche Aufschwung ist heute auch unter dem Begriff „Karolingische Renaissance“ bekannt. In diesem Zusammenhang seien neben Alkuin der langobardische Mönch und Geschichtsschreiber Paulus Diaconus sowie der westgotische Gelehrte und Dichter Theodulf von Orlèans genannt, welche sich im Dienste Karls des Großen um die geistige Erneuerung Europas verdient machten.
Nachdem praktisch die gesamte ehemals germanische Welt sowie Teile des früheren Weströmischen Reiches zu seinem Herrschaftsgebiet gehörten, zeichnete sich weiter ostwärts mit den Slawen ein potentieller neuer Feind für Karl den Großen ab. Besonders mit dem kriegerischen Stamm der Wilzen war es seit längerer Zeit zu Grenzstreitigkeiten gekommen. Der in politischen Winkelzügen geschickte fränkische Herrscher schloss zunächst ein Bündnis mit den slawischen Abodriten, den Intimfeinden der Wilzen. Nach dem Osterfest 789 eröffnete das Heer der Franken, unterstützt von militärischen Kontingenten der Sachsen, Sorben, Friesen und eben jener Abodriten,

einen gewaltigen Feldzug gegen die Wilzen. Karl führte die Truppen persönlich an, stieß jedoch kaum auf nennenswerten Widerstand. Nach kurzen Scharmützeln zogen sich die Truppen der Wilzen immer wieder vor dem überlegenen Heer des fränkischen Königs zurück. Die Franken verheerten in gewohnter Weise das Land ihrer Feinde, worauf der Wilzenkönig Dragoweil um Gnade für seine Untertanen bat. Karl der Große hatte wieder einmal sein Ziel erreicht. Der Gegner war in seine Schranken gewiesen worden, entsprechende Verträge wurden unterzeichnet und Geißeln gestellt. Zu einer weiteren Eroberung und damit einhergehender Christianisierung der Slawen kam es nicht, was wohl vor allem logistische Gründe hatte. Karl fehlte es schlichtweg an Soldaten und geeigneten Klerikern für dieses Unternehmen. Die politische wie geistliche Integration der Sachsen war noch lange nicht abgeschlossen, außerdem trat an den östlichen Grenzen des fränkischen Reiches ab 790 ein weiterer, nicht zu unterschätzender Feind für die Macht Karls des Großen auf. Es handelte sich hierbei um das Volk der zentralasiatischen Awaren. Obwohl deren ethnische wie sprachliche Herkunft bis heute nicht zur Gänze erforscht ist, können wir die Awaren als so etwas wie die „Nachfolger“ der berüchtigten Hunnen betrachten. Die Bevölkerungsstruktur und die Herrschaftsform des Khanganats lassen durchaus Parallelen zwischen beiden Völkern erkennen.

Nach einigen kleineren kriegerischen Auseinandersetzungen, welche man getrost als Grenzstreitigkeiten abtun kann, erschien eine awarische Gesandtschaft an Karls Hof, um über Gebietsansprüche zu debattieren. Das inzwischen bis nach Pannonien hinein siedelnde asiatische Volk wollte sich weiter in die Mitte Europas ausdehnen und ließ durch seine Gesandtschaft Siedlungsland von Karl dem Großen fordern. Die unverfroren vorgebrachten Forderungen der awarischen Gesandten erzürnten Karl und er ließ zu einem gewaltigen Kriegszug Richtung Osten rüsten. Einhard sprach davon, dass der Krieg gegen die Awaren neben den Sachsenkriegen das gewaltigste militärische Unternehmen in Karls Regentschaft war. Karls gewaltiges Heer bestand neben den kampferprobten fränkischen Truppen aus Sachsen, Friesen, Thüringern, Bayern und Abodriten. Die Schlagkraft der asiatischen Stämme war wohlbekannt und der Frankenkönig wollte kein Risiko eingehen. Außerdem sollte sein Sohn und Thronfolger Ludwig seine militärische Feuertaufe erhalten. Die einstige Stärke der asiatischen Reitervölker schien jedoch zu einem Mythos verkommen zu sein. Karls Soldaten stießen kaum auf Gegenwehr, die awarischen Truppen zogen sich schleunigst in die Karpaten zurück. Verwüstete Dörfer und gefangene Bauern, welche auf den Sklavenmärkten verkauft wurden, waren das magere Ergebnis des großangelegten Feldzuges.

Als es fast so schien, als sei die Macht Karl des Großen tatsächlich von „Gottes Gnaden“ und somit unangreifbar, kam es zu einer innenpolitischen Verschwörung, an deren Spitze sein erstgeborener Sohn Pippin stand. Pippin war bereits vor über zehn Jahren von der Thronfolge ausgeschlossen worden. Hauptgrund dafür war seine augenscheinliche Behinderung, er hätte damit nicht dem Königsheil entsprochen. Außerdem war ihm in der Jugend immer wieder seine angeblich illegitime Herkunft angelastet worden. Die körperlichen Gebrechen Pippins waren ein Faktum, seine

Herkunft jedoch makellos, wie aus einem Papstschreiben hervorgeht, welches die Ehe von Karl dem Großen und seiner ersten Frau Himiltrud als rechtmäßig deklariert. Der verstoßene Königssohn sann auf Rache an seinem Vater und verbündete sich mit unzufriedenen fränkischen Adligen, mit welchen er einen Mordanschlag auf seinen Vater plante. Der Anschlag wurde jedoch frühzeitig verraten und die Beteiligten verhaftet. Die Verschwörer wurden hingerichtet, nur bei seinem Sohn ließ der König Milde walten und verbannte ihn in das Kloster von Prüm, wo Pippin 811 verstarb.

Ende des ausgehenden 8. Jahrhunderts wurde die Herrschaft Karls des Großen auf eine harte Probe gestellt. Zu den bereits angesprochenen innen- wie außenpolitischen Problemen gesellte sich in den Jahren 792/93 noch eine landesweite Hungersnot, welche ihren Ursprung in der Missernte vom Herbst 792 hatte. Die Ausmaße der Hungersnot waren so gewaltig, dass es in einigen Teilen des Frankenreiches sogar zu Kannibalismus gekommen sein soll, wie lokale Chronisten berichteten. Das Gottesgnadentum Karls des Großen nahm in jenen Jahren gewaltigen Schaden. Bestes Beispiel dafür war der politische Wechsel des Herzogtums Benevent. Herzog Grimoald III. hatte sich mit Ostrom verbündet und in das dortige Herrschergeschlecht eingeheiratet. Diesen Politikwechsel beantwortete der fränkische König mit einem von seinen Söhnen angeführten Feldzug, welcher jedoch auf Grund der bereits angesprochenen Hungersnot abgebrochen werden musste. Neben dem Abfall des Herzogtums Benevent kam es zu erneuten sächsischen Aufständen und Grenzkonflikten mit den Sarazenen im Süden des Frankenlandes.

Das Reich Karls des Großen benötigte zu dieser Zeit dringend eine politische wie geistliche Neuordnung. Aus jenem Grund beraumte der fränkische Herrscher im Jahre 794 eine Reichsversammlung mit eingeschlossenem Konzil an. Bei dem sogenannten „Frankfurter Konzil" handelte es sich um eine der größten Versammlungen der fränkischen Geschichte, an der politische und geistliche Vertreter aus allen Teilen des Reiches teilnahmen. Ebenso umfangreich wie die Teilnehmerzahl war auch das Protokoll des Konzils. Die „Frankfurter Kapitularien" umfassten nicht weniger als 56 Abschnitte. Unter anderem stand wieder einmal die Person und Gewichtung von Jesus Christus in der christlichen Religionslehre auf der Tagesordnung. Ich finde es erstaunlich, dass die Religion des gekreuzigten Heilands anderen Völkern mit „Feuer und Schwert" aufgezwungen wurde, andererseits in ihren Grundsätzen aber immer noch nicht klar ausformuliert war. Neben geistlichen und außenpolitischen Problemen wurden aber auch so profane Dinge wie Lebensmittelpreise besprochen. Karl ließ es sich nicht nehmen, alle Angelegenheiten in seinem Reich selbst zu regeln. Was auf den ersten Blick despotisch wirkt, erscheint in unserer heutigen Situation, in der die Wirtschaft immer mehr die Politik diktiert, durchaus vernünftig. Noch während des Konzils ereilte den fränkischen König ein schwerer Schicksalsschlag. Seine geliebte Frau Fastrada verstarb am 10. August 794. Die näheren Umstände ihres Todes sind nicht bekannt, es hieß nur, dass sie seit längerem kränkelte.

Karl erlaubte sich jedoch keine lange Trauerzeit, sondern zog noch einmal gegen die aufständischen Sachsen. Der Aufruhr war jedoch schnell befriedet, so dass Karl das Weihnachtsfest in seiner Hauptresidenz in Aachen verbringen konnte. Das Volk der

Sachsen schien sich jedoch verständlicherweise nicht mit der Herrschaft der Franken abfinden zu wollen. Bereits im Frühjahr 795 kam es zu erneuten Unruhen, diesmal im sogenannten Bardengau an der Elbe. Karl rekrutierte die slawischen Abodriten als Bundesgenossen, fest entschlossen, dem „Sachsenproblem" endgültig ein Ende zu bereiten. Der Frankenkönig beließ es diesmal nicht bei Treueschwüren und Verträgen, sondern setzte eine gezielte Umsiedlungspolitik in Gang, um den sächsischen Widerstand zu brechen.
Überraschenderweise erhielt Karl noch im Heerlager Besuch von einer awarischen Delegation. Das einst so stolze Steppenvolk hatte sich in einem jahrelangen Bürgerkrieg aufgerieben. Die neuen Herrscher der einstmaligen Großmacht sahen ihre Zukunft als christliche Untertanen des fränkischen Reiches und unterbreiteten Karl entsprechende Vorschläge. Der Frankenkönig witterte nun eine Möglichkeit, die von den ständigen Kriegszügen reichlich strapazierte fränkische Reichskasse aufzufüllen. Er ließ den Herzog von Friaul in Pannonien einfallen und das Land plündern. Dessen Truppen drangen bis in den legendären „Ring" vor, dem Zentrum der awarischen Herrscher. Dort stießen die fränkischen Eroberer auf erstaunliche Schätze, welche sie sich ungeniert aneigneten. Neuerlich traten die hinterhältigen Charakterzüge des fränkischen Königs zutage, welche sich während seiner gesamten Herrschaftszeit immer wieder manifestierten. Obwohl Karl der Große heute immer als leuchtendes Beispiel eines mittelalterlichen Herrschers verklärt wird, war er wie alle Herrscher nur auf seinen Vorteil bedacht und setzte seine Interessen rigoros durch. Die sogenannten christlichen Tugenden waren beim Frankenkönig nur Fassade und seine Kirchentreue Mittel zum Zweck.
Ebenfalls im Jahr 795, genauer gesagt am 25. Dezember, verstarb Papst Hadrian I. Laut Einhards Karls-Biographie war der fränkische Herrscher vom Tod seines päpstlichen Verbündeten schwer betroffen, was mir aber angesichts der erst kürzlich zu Tage getretenen Moral- und Anstandslosigkeit gegenüber den Awaren nicht sehr glaubwürdig erscheint. Der neugewählte Papst Leo III. sandte kurz nach seiner Ernennung ein offizielles Schreiben an Karl, in welchem er die unverbrüchliche Treue des Heiligen Stuhles zum Reich der Franken bekräftigte. Was sollte der neue Papst auch sonst tun? Karl der Große nahm inzwischen in Europa eine derart zentrale Stellung ein, dass er auch jederzeit die Geschicke der Kirche hätte ändern können, wären deren Ziele nicht mehr mit seinem politischen Konzept konform gewesen.
Die folgenden Jahre der Herrschaft Karls waren von kriegerischen Auseinandersetzungen mit den Sachsen und Awaren geprägt, welche der fränkische Herrscher zum Teil von seinen Söhnen durchführen ließ. Um die Sachsen kümmerte sich Karl jedoch selbst. Allerdings waren seine Feldzüge wohl eher Inspektionsreisen in das unterjochte Sachsenland, wie die Chronisten zu berichten wussten. Politisch betrachtet, ließ der Frankenkönig nichts unversucht, sein Reich von innen heraus zu stärken. So ließ er auf der Reichsversammlung von 797 neue Gesetzesentwürfe verkünden, welche die rechtliche Gleichstellung von Franken und reichstreuen Sachsen verankerten. Die „Sächsischen Kapitularien" sorgten für eine umfassende Integration der Sachsen in das Frankenreich.

Ab 798 kam es dann wieder zu einer politischen Annäherung an das Oströmische Reich, welches immer noch von Kaiserin Irene beherrscht wurde. Dass Karl einer Gesandtschaft aus Byzanz angeboten haben soll, die „Weiberwirtschaft" zu beenden und selbst die Regierungsgeschäfte zu übernehmen, wird von der Geschichtswissenschaft ins Reich der Fantasie abgetan. Ich könnte mir jedoch lebhaft vorstellen, dass Karl insgeheim solche Pläne hegte und sich schon in der Tradition der römischen Kaiser sah.

Während der Frankenkönig Kontakte mit Byzanz knüpfte, überschlugen sich im Zentrum des ehemaligen römischen Imperiums die Ereignisse. Papst Leo III. galt seit der Amtseinführung auf Grund seines eingeschlagenen Kurses in der klerikalen wie politischen Welt als umstritten. Auf Bestreben einiger hochrangiger kirchlicher Würdenträger wurde im April 799 auf ihn ein Attentat verübt, welches jedoch misslang. Der Papst wurde wenig später vorerst seines Amtes enthoben und in ein Kloster gesperrt, aus welchem er jedoch fliehen und sich an den fränkischen Hof retten konnte.

Ebenfalls im Jahre 799 ehelichte Karl der Große die aus der alemannischen Oberschicht stammende Liutgard. Dem frischgebackenen Ehepaar war jedoch nur eine kurze Zeit des Glücks vergönnt, Liutgard verstarb bereits am 4. Juni 800 in Tours. Der Frankenkönig schien im persönlichen Bereich nicht vom Glück verwöhnt, ganz im Gegensatz zu seinen Erfolgen in der Politik und als Kriegsherr. Nach dem Tod seiner fünften Frau verheiratete sich Karl nicht mehr.

Der Dezember 800 sah den fränkischen König wieder in Rom. Die Angelegenheit des zwischenzeitlich abgesetzten Papstes musste geregelt werden. Karl ließ eine Untersuchung vornehmen, an deren Ende Leo III. völlig rehabilitiert seinen Posten als Stellvertreter Gottes auf Erden wieder übernahm. Nur zwei Tage später, am Weihnachtstag, krönte der wieder eingesetzte Papst Karl den Großen zum Kaiser. Jener war am Ziel seiner Wünsche angekommen und regierte nun in Tradition der römischen Kaiser über große Teile Europas.

Schon damals meldeten sich kritische Stimmen zu Wort, welche Karls Krönung als Dank des Papstes für seine Hilfe ansahen. Sicherlich war das Datum der Krönung unglücklich gewählt. Nüchtern betrachtet, war Karls Krönung zum Kaiser das logische Ergebnis seiner aggressiven Expansionspolitik. Der fränkische Herrscher regierte inzwischen über ein derart gewaltiges Territorium, das die traditionelle Würde eines Königs bei weitem überstieg. Die Erhebung Karls zum Kaiser war also wohl eher eine Formsache. Die eigentlichen Franken waren sicherlich stolz auf die neue Würde ihres Herrschers. Sachsen, Bayern, Thüringer und die anderen unterjochten Völker konnten daran wohl kaum etwas Erhabenes finden. Die Anerkennung aus dem oströmischen Byzanz sollte Karl ebenfalls verwehrt bleiben. Für die dortigen Traditionalisten blieb Karl ein „Barbarenfürst", ob nun mit oder ohne Kaisertitel.

Obwohl Karl durch seine Krönung nun nominell auch Herrscher über Rom wurde, war er nicht so anmaßend, dort Herrschaftsansprüche geltend zu machen, sondern ließ den Papst gewähren. Als Kaiser überließ es Karl zudem immer mehr seinen Söhnen, sich um die außenpolitischen Angelegenheiten des Landes zu kümmern. Er

selbst beschäftigte sich zukünftig in der Hauptsache mit der innenpolitischen Stabilisierung seines gewaltigen Reiches. Karls Bemühungen galten in den folgenden Jahren der Neuordnung des fränkischen Rechtssystems. Die zum großen Teil noch mündlich überlieferte Rechtsprechung wurde nun in entsprechenden Gesetzesbüchern schriftlich verankert. Karls Gesetzesreform sah außerdem ein ausgeklügeltes Bußgeldsystem vor, welches die Staatskasse füllen sollte. Anscheinend fühlte sich Karl durch seine Kaiserwürde dem Papst gleichgestellt, denn er gab auch Gesetzestexte für den Klerus heraus. Auf seine Veranlassung hin wurden auch vermehrt kirchliche Schulen gegründet, was das Bildungsniveau des Klerus entsprechend anhob. Mehr Bildung bedeutete auch mehr Macht, was so zu einer Stärkung der klerikalen Schicht im Europa des frühen 9. Jahrhunderts führte.
Erstaunlicherweise führten die Franken nach der Kaiserkrönung Karls des Großen mehrere Jahre kaum militärische Aktionen durch. Hier stellt sich nun die Frage, ob Karl seine persönlichen Ziele erreicht sah oder seine Untertanen so von seiner Macht überzeugt waren, dass sie keine Aufstände mehr anzettelten? Wahrscheinlich beides!
Spätestens 804 war es jedoch mit der Friedfertigkeit des fränkischen Kaisers vorbei. Karl wollte das immer noch schwelende „Sachsenproblem“ endlich ein für alle Mal aus der Welt schaffen. Aus diesem Grund ließ er erneut eine gewaltige Umsiedlungsaktion in Gang setzen. Die Betroffenen mussten ihre angestammte Heimat verlassen und wurden im fränkischen Zentralreich angesiedelt. Slawische Abodriten wurden eingeladen, das frei gewordene Sachsenland zu übernehmen. Durch die Umsiedlungsaktion wurde das ohnehin nur schwach ausgeprägte Zusammengehörigkeitsgefühl der unterschiedlichen sächsischen Stämme endgültig zerstört. Von weiteren Kampfhandlungen ist nichts mehr überliefert, die Sachsen schienen sich endgültig in ihr Schicksal gefügt zu haben. Nachdem es unter den sächsischen Adligen an charismatischen Anführern vom Schlage eines Widukind fehlte, kam es zu der von Karl angestrebten Verschmelzung von Franken und Sachsen.
Im Jahre 806 verfasste der inzwischen 58-jährige Kaiser sein politisches Testament, in welchem er seine Söhne Ludwig, Pippin (Karlmann) und Karl d. J. zu seinen offiziellen königlichen Nachfolgern bestimmte. Im „Divisio Regnorum“ genannten Reichsteilungsgesetz, welches Karl der Große am 6. Februar 806 herausgeben ließ, wurde die Aufteilung des Reiches unter seinen drei Nachfolgern geregelt. Die Frage nach einer möglichen Kaiserwürde einer seiner Söhne ließ Karl bewusst aus. Nach seinen Vorstellungen war die Kaiserwürde „von Gott bestimmt“, konnte somit also nur vom Papst verliehen und nicht vererbt werden. Das politische Testament enthielt weiterhin eine Klausel, welches eine weitere Zerstückelung des Reiches unter Karls Enkeln untersagte. Der alternde Kaiser schien dass absehbare Ende seines Lebens zu ahnen und wollte nichts dem Zufall überlassen. Nur so lassen sich die Vielzahl von Gesetzestexten erklären, welche Karl in den folgenden Jahren herausgeben ließ. Man könnte fast vermuten, dass er seinen potentiellen Nachfolgern nicht traute, die Regierungsgeschäfte in seinem Sinne weiterzuführen.
Während sich der Kaiser nur noch auf die innenpolitischen Angelegenheiten beschränkte, waren seine Söhne voll mit der Sicherung der Reichsgrenzen beschäftigt.

Karl der Jüngere führte einen Kriegszug gegen die Elbslawen an, während sein Bruder Pippin (Karlmann) plündernde Sarazenen von der Insel Korsika vertreiben musste. Dass Karl seinen mitregierenden Söhnen immer mehr Verantwortung auftrug, sollte nicht ohne Folgen bleiben. So kam es zwischen Pippin (Karlmann) und Papst Leo III. zu Unstimmigkeiten in der Korsika-Politik, welche nur mit Karls Hilfe beigelegt werden konnten. Die fränkische Kaiserkrone war „von Gottes Gnaden" und Karl wusste, dass zu deren Erhalt ein ungestörtes Verhältnis zum Heiligen Stuhl in Rom nötig war.
Zunehmend beschäftigte sich Karl neben innenpolitischen Angelegenheiten auch wieder mit religiösen Belangen, wovon das „Konzil von Aachen" im Jahr 809 Zeugnis ablegte. Auf jenem Konzil wurden Beschlüsse zu Glaubensfragen innerhalb der römischen Kirche gefasst, welche zur dauerhaften Entfremdung mit der orthodoxen Ostkirche führten. Da ich bei Leibe kein Experte in christlichen Glaubensfragen bin, möchte ich hier nicht näher auf die gefassten Beschlüsse eingehen, kann aber mit gutem Gewissen behaupten, dass 809 in Aachen Kirchengeschichte geschrieben wurde.
Die letzten Jahre von Karls Regentschaft sollten stark von persönlichen Schicksalsschlägen geprägt sein. Am 6. Juni 810 verstarb seine älteste Tochter Rotrud, nur reichlich einen Monat später fand sein Sohn Pippin (Karlmann) den Tod. Der doppelte Verlust traf den fränkischen Kaiser schwer. Wie die Chronisten berichteten, gab er seine sonst stets zur Schau getragene Würde auf und zeigte seine Trauer ganz öffentlich. Der frühe Tod seiner Kinder, ließ Karl wieder einmal auch die Endlichkeit seines eigenen Lebens überdenken und so setzte er zu Beginn des Jahres 811 sein privates Testament auf, in welchem er alle persönlichen Dinge regelte und die Verteilung seines Vermögens bestimmte.
Ebenfalls im Jahr 811 kam es zur letzten bedeutenden innerpolitischen Reglementierung durch Karl den Großen. Er ließ Fragenkataloge zu den verschiedensten Sachbereichen erstellen, welche dann von den führenden Persönlichkeiten des jeweiligen Bereiches beantwortet werden mussten. Karl wollte damit ein Fazit seiner Herrschaft ziehen und etwaige Missstände noch zu Lebzeiten abstellen.
Nachdem sich der fränkische Kaiser gerade mühevoll vom plötzlichen Tod seiner Kinder erholt hatte, traf ihn das Schicksal erneut mit voller Härte. Am 4. Dezember 811 verstarb sein Sohn Karl d. J. Durch den vorzeitigen Tod zweier seiner drei Nachfolger musste Karl der Große die Herrschaftsfolge des Frankenreiches neu regeln. Entgegen der bisherigen Vakanz der folgenden Kaiserwürde ließ Karl am 11. September 813 während der Reichsversammlung in Aachen seinen Sohn Ludwig zum Mitkaiser und späteren Nachfolger krönen.
Zwischenzeitlich hatte der von persönlichen Schicksalsschlägen so schwer getroffene fränkische Herrscher noch einen bedeutenden politischen Triumph feiern können. 812 wurde endlich seine Kaiserwürde offiziell von Byzanz anerkannt. Der neue oströmische Kaiser Michael I. hatte offenbar weniger Vorbehalte gegen einen ehemaligen „Barbaren" als seine Vorgänger. Eine byzantinische Gesandtschaft erschien mit entsprechenden Dokumenten am fränkischen Hof in Aachen und im Rahmen einer

feierlichen Zeremonie wurde die Anerkennung des fränkischen Kaisers durch das Oströmische Reich besiegelt. Karl der Große hatte somit sein Lebenswerk vollendet. Er war nun uneingeschränkter Herrscher über große Teile Europas und hatte zudem die Anerkennung des direkten Nachfolgers der römischen Kaiser.
Zum Ende seines Lebens hin litt Karl der Große vermehrt an Krankheiten. Vor allem die Gicht, bedingt durch den ständigen Fleischgenuss, setzte dem fränkischen Kaiser zu. Die Krankheit wurde so schlimm, dass Karl schließlich sogar einen Fuß nachgezogen haben soll. Seine Ärzte hatten ihm seit langem Mäßigung beim Essen und beim Alkoholgenuss empfohlen, doch Karl schlug alle Ermahnungen in den Wind. Im Januar 814 befiel den Kaiser ein heftiges Fieber, welches mit einer Rippenfellentzündung einherging. Der vom Alter geschwächte Körper des fränkischen Herrschers konnte der Krankheit nichts entgegensetzen und wurde von Tag zu Tag matter. Karl schien sein nahendes Ende zu spüren, denn er ließ am siebten Tag seiner Krankheit nach dem Bischof Hildebold von Köln schicken, welcher ihm die Sterbesakramente schenkte. Am 28. Januar 814 starb Karl der Große. Er wurde noch am gleichen Tag in Aachen beigesetzt.
Die Verklärung Karls des Großen zum idealen Herrscherbild begann bereits Ende des 9. Jahrhunderts als die Generation verstorben war, welche noch zu Lebzeiten des fränkischen Kaisers aufgewachsen war. Wie bereits am Anfang des Kapitels erwähnt, hatte der Chronist Einhard entscheidenden Anteil an der Glorifizierung Karls des Großen. Ihren ersten großen Höhepunkt erreichte die Karlsverehrung unter Kaiser Otto III. etwa zweihundert Jahre nach dem Tod des legendären Herrschers. Die fast schon mystisch zu nennende Verehrung gipfelte in einer Wallfahrt Ottos III. im Jahre 1000 zum Grabe Karls in Aachen. Später war es der Stauferkaiser Friedrich I., besser bekannt als Barbarossa, welcher Karl den Großen zu seinem Ideal erhob. Er war auch für die Heiligsprechung des Frankenkaisers im Jahre 1165 verantwortlich. Ab dem 13. Jahrhundert wurde Karl der Große zum Vorbild des erstarkenden französischen Königtums. Doch nicht nur die französischen Könige beriefen sich auf den legendären frühmittelalterlichen Herrscher, auch das Haus Habsburg, welches ab Mitte des 15. Jahrhunderts die Kaiserwürde im „Heiligen Römischen Reich Deutscher Nation" innehatte, sah sich in der Tradition Karls des Großen. Während in den folgenden Jahrhunderten in einigen Teilen Europas ein regelrechter Karlskult betrieben wurde, verlor das Andenken an den fränkischen Herrscher in Deutschland zusehends an Bedeutung. Hier hatte der sächsische König Heinrich I. die Rolle des mittelalterlichen „Ahnherren" der Deutschen übernommen. Speziell die deutschen Nationalsozialisten propagierten Karl zunehmend als „Franzosen" und stellten ihn als den „Sachsenschlächter" hin. Erst mit den deutschen Expansionsplänen im Rahmen des 2. Weltkrieges sollte Karl der Große in Deutschland eine Renaissance erleben. Im Zuge der Feierlichkeiten zum 1200. Geburtstag Karls des Großen am 2. April 1942, wurde der fränkische Kaiser zum „Einiger Europas" gegen die „Gefahr aus dem Osten" hochstilisiert. Nach dem Ende des 2. Weltkrieges wurde Karl dem Großen im westlichen Teil Deutschlands eine zunehmende Bedeutung beigemessen, was aus dem seit 1950 verliehenen „Karlspreis" zu ersehen ist.

Zusammenfassung

Ziehen wir an dieser Stelle nun ein Fazit zur Person Karls des Großen.
Die Bemühungen des fränkischen Herrschers, ein für das frühe Mittelalter beachtlich fest strukturiertes Reich mit geregelten Rechtsnormen und einem vergleichsweise hohen Bildungsstand, zumindest für Teile der Bevölkerung, sind nicht von der Hand zu weisen. Auch sein Fördern von Kunst und Kultur waren durchaus beachtlich. Karl den Großen allerdings als „Vorreiter" der Idee des Vereinigten Europas zu betrachten, ist wohl weit übers Ziel hinausgeschossen. Er war politisch gesehen eher ein Nachkomme der römischen Caesaren. Das Fränkische Reich bestand zum größten Teil aus Untertanen, welche mit Waffengewalt in das Reich integriert wurden und lieber ihre Eigenständigkeit behalten hätten. Die fortwährenden Aufstände und Rebellionen während Karls gesamter Regierungszeit sind dafür ein untrügliches Zeichen.
Auch die übertrieben dargestellte Frömmigkeit des Frankenkaisers sollten wir kritisch betrachten. Ohne die damals immer mehr an Einfluss gewinnende römische Kirche wäre es Karl nicht möglich gewesen, sein riesiges Imperium zu errichten. Die Liaison zwischen Frankenreich und Heiligem Stuhl war ein gewinnbringendes Geschäft für beide Seiten. Würden Karl der Große und der jeweilige Papst getrennt voneinander agiert haben, hätten beide garantiert nicht in dem Maße an Macht und Einfluss in Europa gewonnen, wie es der Fall war.
Karl der Große war zweifellos einer der bedeutendsten Herrscher des frühen Mittelalters. Dass er seine Macht allerdings zum größten Teil mit militärischer Gewalt erreichte und aufrechterhielt, unterschied ihn in keiner Weise von früheren und folgenden Herrschern. Karls Machthunger, welcher ihn speziell zu Beginn seiner Regierungszeit zur immer weiteren Vergrößerung seines Machtbereiches trieb, seine oftmals nur zur Schau gestellte Frömmigkeit, welche ihm die Gunst des Klerus sicherte, sowie die Überhöhung durch den Chronisten Einhard, waren der Grund für die Erschaffung des Mythos Karls des Großen, welcher zeitweise in Augenhöhe mit Alexander dem Großen oder auch dem legendären König Artus stand.
Die Geschichtsforschung hat jenes Bild vom fränkischen Kaiser jedoch inzwischen relativiert.
Wenn Karl der Große heute oft als der Begründer des Vereinten Europas betrachtet wird, kann ich mich persönlich dieser Ansicht nicht anschließen. Karls Eroberungspolitik und die von ihm betriebene Zwangschristianisierung der unterworfenen Völker, stehen meiner Ansicht nach nicht im geringsten Zusammenhang mit der heute propagierten europäischen Idee.

5. Bonifatius – „Apostel der Deutschen"

Es war ein wolkenverhangener Morgen im Jahre 723. In einem Waldstück im Chattenland hatte sich eine Gruppe von Männern mit Kutten und Tonsur um eine uralte Eiche versammelt. Der Anführer jener Männer, welcher Bonifatius genannt wurde, hielt eine gewaltige Axt in den Händen und wetterte mit lauter Stimme gegen den Götzendienst, welcher an jenem Ort seit Jahrhunderten vollzogen wurde. Eine Gruppe von Männern und Frauen, welche an ihrer Kleidung als einfache germanische Bauern zu erkennen waren, schauten der Szene aus einiger Entfernung ungläubig zu. Jener Bonifatius war vor einigen Tagen zu ihren Gehöften gekommen und hatte von der Religion eines gewissen Jesus gepredigt, welcher zum Wohle der Menschheit am Kreuz gestorben war. Die Bauern sollten ihrem Irrglauben an die alten, teuflischen Götter abschwören, nur so würde ihnen ewiges Seelenheil zuteilwerden. Die Bauern konnten mit den Worten des Missionars wenig anfangen und so hatte dieser die Menschen der umliegenden Gehöfte an jenem Morgen zur Demonstration der Macht seines Gottes beordert. Voller Entsetzen mussten die Bauern mit ansehen, wie Bonifatius die Axt schwang und auf ihre heilige Eiche einhieb, an welcher die Chatten seit Menschengedenken ihren Gott Donar verehrten. Voller Bange warteten die Bauern, dass Donar endlich einen Blitz vom Himmel schicken würde, um dem frevlerischen Tun endlich ein Ende zu bereiten. Doch nichts geschah. Stattdessen begann die Eiche nach wenigen Axtschlägen zu wanken und stürzte kurz darauf zu Boden. Bonifatius wandte sich triumphierend zu den chattischen Bauern und fragte sie, welcher Gott nun der stärkere sei.

So oder so ähnlich muss sich die Fällung der Donar-Eiche, dem Zentralheiligtum der germanischen Chatten, durch den Missionar Bonifatius abgespielt haben, welcher heute so großspurig als der „Apostel der Deutschen“ bezeichnet wird.

Wer war jener Mann? Der als Wynfreth geborene Bonifatius stammte aus dem Königreich Wessex in England, einem Teil Europas, welcher seit Papst Gregors I. Angelsachsenmission gegen Ende des 6. Jahrhunderts in unverbrüchlicher Treue zum Heiligen Stuhl stand. Ort seiner Geburt war Credition im Westen von Wessex. Bei Wynfreths Geburtsjahr ist sich die Geschichtswissenschaft nicht völlig sicher, geht heute aber von 672 bis 675 aus. Seine Eltern gehörten dem britischen Landadel an und verfügten über ausgedehnte Ländereien.

Willibald, der Biograf des späteren Missionars Bonifatius, schrieb über die Kindheit des berühmten Klerikers, dass jener von seiner Mutter mit viel Liebe und Sorgfalt aufgezogen wurde. Von seinem Vater hieß es, dass er den kleinen Wynfreth früh seinen Brüdern vorzog. Wynfreth wuchs in einer Zeit auf, in welcher die iroschottische Missionskirche in Britannien ihren früheren Einfluss bereits verloren hatte und die romtreue britische Landeskirche die vorherrschende religiöse Kraft in England war. Wynfreth soll laut seines Chronisten schon im zarten Alter von etwa fünf Jahren den Wunsch geäußert haben, in den Dienst der Kirche zu treten, ganz zum Missfallen seiner Eltern. Der Junge ließ sich von seinem Wunsch jedoch nicht abbringen und wurde so im Jahr 680 Abt Wulfhard aus dem Kloster von Exeter zur Erziehung übergeben. Wir können davon ausgehen, dass jene ersten Klosterjahre von entscheidender Bedeutung für den späteren Missionar waren. Wynfreth erwies sich als exzellenter Novize, welchem das eher bescheidene Bildungsniveau in Exeter nicht genügte, worauf er in das Kloster Nursling nahe Winchester wechselte. Dort wurde er Schüler des berühmten Abtes Wynbercht, welcher entscheidenden Anteil am Werden des bekanntesten Missionars des frühen Mittelalters hatte. Der junge Geistliche studierte mit Hingabe die christlichen Schriften und brachte es auch in weiteren

Studienzweigen zu Höchstleistungen. Schon damals zeichnete sich ab, dass aus Wynfreth einmal eine bedeutende Stütze der römischen Kirche werden sollte. Wynfreth erwarb sich auch schnell den Ruf eines ausgezeichneten Lehrers, der sich im ganzen Land verbreitete. Nun war er der Grund, warum junge Mönche in Scharen nach Nursling kamen.

In seinem 30. Lebensjahr empfing Wynfreth die Priesterweihe und wandte sich nun neben der Lehrtätigkeit verstärkt der Kirchenpolitik zu. Davon zeugte auch seine Teilnahme an verschiedenen Synoden. Wynfreth schien eine glänzende Kirchenkarriere bevorzustehen, welche ihn durchaus in die höchsten Ränge der klerikalen Hierarchie hätte führen können. Es sollte jedoch ganz anders kommen. Aus dem hochgelobten Gelehrten wurde ein rastloser Wanderer, der das Wort Gottes unter den Heiden verbreiten wollte. Warum Wynfreth eine aussichtsreiche Karriere in der Kirchpolitik zu Gunsten des unsteten Lebens als Missionar aufgab, ist bis heute unklar. Moderne Kirchenhistoriker sehen persönliche Krisen oder auch Probleme mit Vorgesetzten als Grund. Wilibald, der Biograph Wynfreths, hatte dazu seine ganz eigene Meinung: „Weil aber ein Gott geweihter Geist sich nicht durch die Gunst der Menschen hervorgehoben noch durch deren Lobsprüche getragen fühlt, so begann er in großen Mühen und Sorgen anderem eifrig nachzustreben, den Umgang mit seinen Eltern und Verwandten zu meiden und sich mehr nach der Fremde als nach den Orten im Lande seiner Väter zu sehnen.“[9]

Seine erste Missionsreise führte Wynfreth nach Friesland. Dort hatte im Jahr 716 der Friesenkönig Radbod das zwischenzeitliche fränkische Joch abgeschüttelt und damit auch die bisher geleistete Missionsarbeit von Abt Willibrord zunichte gemacht. Wynfreth sah es als seine heilige Pflicht, seinem Glaubensbruder beizustehen und begab sich mit einigen Gefährten an den Hof des Friesenkönigs. Jener zeigte wenig Verständnis für die Vertreter der so fremden Religion, gestattete ihnen jedoch weiteres Predigen in seinem Land. Allerdings standen die Kleriker auf verlorenem Posten. Die Friesen hatten gerade die fränkische Vorherrschaft brechen können und blickten voller Verachtung auf den vermeintlich schwachen Gott ihrer vormaligen Unterdrücker. Wynfreth musste außerdem erkennen, dass Missionsarbeit nur mit Hilfe der herrschenden Klasse erfolgreich sein konnte. Er kehrte noch im Herbst 716 unverrichteter Dinge nach England zurück, hatte aber eine wichtige Lektion gelernt.

Ein Jahr später verstarb der Klostervorsteher von Nursling und Wynfreth wurde erwartungsgemäß zu seinem Nachfolger gewählt. Kurze Zeit widmete sich der neue Abt seinen klösterlichen Pflichten, doch schon 718 ließ er sich von seinem Amt entbinden, um sich dauerhaft seinem neuen Lebensinhalt, der Missionierung der vermeintlichen Heiden zu widmen.

Da Wynfreth am eigenen Leib erfahren hatte, dass die Bekehrung Andersgläubiger kein leichtes Unterfangen war, bereitete er sich diesmal besser vor. Er besorgte sich ein Geleitschreiben vom Bischof aus Winchester und reiste nach Rom, um sich päpstliche Unterstützung zu sichern. Papst Gregor II. war von dem eifrigen Mönch begeis-

---

9 Zitat entnommen aus „Bonifatius“ von Lutz E. von Padberg.

tert und erteilte ihm nach eingehenden Gesprächen schließlich den Auftrag zur Missionierung der Völker Germaniens. Mit dem Instruktionsschreiben erhielt Wynfreth auch seinen neuen Namen Bonifatius, nach einem heiliggesprochenen Märtyrer, welcher um 300 in Tarsos ermordet wurde. Der frischgebackene Missionar wurde zunächst nach Thüringen geschickt, was zum größten Teil schon christianisiert war, aber nach Ansicht des Papstes dringend seelsorgerischer Betreuung bedurfte.

In Thüringen sah sich Bonifatius großen Problemen gegenüber. Die zuständige fränkische Reichskirche war in jener Gegend nur schlecht organisiert. Es gab weder einen Bischof, noch tiefergehende klerikale Strukturen. Den fränkischen Besatzern war die Missionsarbeit des enthusiastischen Mönches anscheinend auch ziemlich egal, so dass Bonifatius in Thüringen kaum Unterstützung für seine Arbeit fand. Die Thüringer hatten zwar den gekreuzigten Heiland mit in ihr religiöses Weltbild aufgenommen, waren aber nicht bereit, ihren alten Göttern abzuschwören. Bonifatius musste einsehen, dass der Auftrag des Papstes nicht ohne weiteres zu erfüllen war. Sicherlich hatte er sich seine Arbeit als Missionar anders vorgestellt. Statt „tumber Barbaren", welche mit erstaunt aufgerissenen Augen den Worten Gottes lauschten, sah er sich hier Menschen gegenüber, die zwar die christliche Religion offiziell angenommen hatten, diese jedoch völlig anders auslegten als es Bonifatius Vorstellungen entsprach.

In jener betretenen Situation kam Bonifatius die Nachricht vom Tode des Friesenkönigs Radbod gerade recht. Die neue politische Lage ermöglichte einen erneuten Missionierungsversuch. Bonifatius reiste umgehend zu seinem alten Gefährten Willibrord, welcher inzwischen zum Bischof von Utrecht ernannt worden war und betrieb mit ihm von 719 bis 721 die Christianisierung der Friesen. Jene Missionierungsversuche waren jedoch recht dürftig. Das Volk der Friesen wehrte sich weiterhin vehement, ihre angestammte Religion aufzugeben. Willibrord hielt große Stücke auf seinen Glaubensbruder und wollte ihn sogar zu seinem Nachfolger bestimmen, was Bonifatius jedoch entschieden von sich wies. Sein Ziel war ihm vom Papst mit der Missionierung der Germanen vorgegeben, er wollte keine Karriere in der Kirchenhierarchie machen. Nachdem es daraufhin zum Bruch mit Willibrord kam, wandte sich Bonifatius 721 nach Hessen, wo er sein zukünftiges Aufgabenfeld sah.

Hessen war für Bonifatius geradezu ideal, um seiner Missionstätigkeit nachzugehen. Obwohl unter fränkischer Herrschaft, war hier das Christentum noch nicht weit verbreitet. Die fränkische Reichskirche hatte bisher noch keine großen Anstalten gemacht, die Bewohner jener Gegend, hauptsächlich Angehörige der germanischen Chatten, von der neuen Religion zu überzeugen. Anscheinend machte Bonifatius zu Anfang gute Fortschritte, da ihm eine große Anzahl von Glaubensbrüdern nach Hessen folgte. Gemeinsam mit diesen ging Bonifatius daran, Klöster einzurichten und die getauften Chatten in Glaubensfragen zu unterweisen. In Hessen schien Bonifatius endlich am Ziel seiner missionarischen Wanderschaft angekommen.

Neben seiner Missionstätigkeit war Bonifatius zudem daran gelegen, die iroschottische Kirche in die Schranken zu weisen und die Anhänger jener Form der christlichen Religion in den Schoß der römisch-katholischen Papstkirche zu führen.

Dafür war Hessen ebenfalls prädestiniert, da sich in Büraburg ein bedeutendes Zentrum der iro-schottischen Kirche befand.
Für seine Verdienste wurde Bonifatius von Papst Gregor II. am 30. November 722 zum Bischof geweiht. Diesmal nahm er die kirchliche Würde mit Freuden an. Zudem erhielt Bonifatius die Aufgabe, für den Aufbau einer festen Kirchenstruktur im hessisch-thüringischen Raum zu sorgen.
Um seine neue Aufgabe pflichtbewusst erfüllen zu können, nahm Bonifatius Verbindung zum fränkischen Hausmeier Karl Martell auf. Der Missionar wusste, dass nur mit Hilfe der fränkischen Herrscher der weitere Ausbau der Kirchenstruktur möglich war. Karl Martell sicherte seine volle Unterstützung zu und Bonifatius kehrte nach Hessen zurück. In den Jahren 723/24 widmete sich Bonifatius der weiteren Christianisierung der Chatten und dem Aufbau der fränkischen Reichskirche.
Jedoch muss sich in jenen Jahren etwas Grundsätzliches an der Einstellung des Missionars zu seinen „neuen Schäfchen“ geändert haben. Bisher hatte sich Bonifatius mit gütigen Worten an die vermeintlichen Heiden gewandt und Gottes Botschaft von Liebe und Vergebung verkündet. Davon war nach seiner Rückkehr ins hessische Land nichts mehr zu spüren. Bonifatius zog nun mit einer Schar handfester Gesellen durch das Land und ließ alle vorchristlichen Kultstätten zerstören, die er finden konnte. Der vormals friedliche Missionar hatte wohl den Bibelspruch: „Ihre Altäre sollt ihr einreißen, ihre Steinmale zerbrechen, ihre heiligen Pfähle abhauen und ihre Götzenbilder mit Feuer verbrennen.“ (5. Mose 7. 5) zu seinem neuen Leitspruch erkoren.
Höhepunkt jenes frevlerischen Tuns war zweifellos die bereits Anfang des Kapitels beschriebene Fällung der Donar-Eiche, dem Zentralheiligtum der Chatten. Jene ungeheuerliche Tat wurde in den schriftlichen Überlieferungen des frühen Mittelalters zu einer Art göttlichem Wunder hochstilisiert. Angeblich soll es Bonifatius gelungen sein, die mächtige Eiche mit nur wenigen Axthieben zu fällen. Jenes „Wunder“ diente dem Missionar dann dazu, die Überlegenheit des christlichen Gottes anzupreisen. Es war wohl eher so, dass Bonifatius' Begleiter den Baum in der Nacht zuvor präpariert hatten. Den anwesenden Chatten wird heute immer wieder die Untätigkeit bei der Fällung ihres Heiligtums vorgeworfen. Die Kirche sieht darin den bereits erfolgten Abfall vom heidnischen Glauben, die Geschichtswissenschaft pure Feigheit. Hessen war damals Teil des fränkischen Reiches und der öffentliche Glaube an die alten Götter wurde mit dem Tode bestraft. Wenn die Chatten Bonifatius nicht an seiner schändlichen Tat hinderten, geschah das aus reinem Selbsterhaltungstrieb.
Über die Veränderung in Bonifatius Verhalten kann nur spekuliert werden. Ich bin der Ansicht, dass ihm die vollständige Christianisierung der Chatten zu langsam ging. Jene hatten sich zwar zum größten Teil bereitwillig taufen lassen, sahen sich aber nicht genötigt, die neue Religion in ihr Alltagsleben zu integrieren. Bonifatius gedachte jedoch, die päpstliche Aufgabe zu erfüllen und aus Hessen einen christlichen Landstrich zu machen. Seine Missionstätigkeit wurde aus diesen Gründen zunehmend gewalttätiger. Der immer wieder gerne als todesmutiger Glaubenseiferer dargestellte Bonifatius, welcher sich angeblich nur mit der Bibel „bewaffnet“ vor die heidnischen

Barbaren stellte, wurde meistens von einem Kontingent fränkischer Soldaten begleitet, was die Missionierung ungemein erleichterte.
Bis zum Jahr 732 setzte Bonifatius verstärkt auf die Errichtung klerikaler Einrichtungen. Er ließ ein flächendeckendes Netz von Kirchen und Klöstern im hessisch-thüringischen Raum errichten. Zu diesem Zweck führte der Missionar immer eine große Anzahl an Reliquien mit sich, um die neuen christlichen Stätten damit auszustatten. Bonifatius setzte bei seiner Missionsarbeit nicht nur auf die Kraft der Worte, sondern wollte die Heiden auch mit handfesten Beweisen von der neuen Religion überzeugen. Er ging außerdem dazu über, Massentaufen zu veranstalten. Die weitere religiöse Unterweisung der bekehrten Heiden überließ er in jenen Jahren weitestgehend seinen Glaubensbrüdern in den kirchlichen Zentren, wie beispielsweise den Klöstern in Fritzlar, Ohrdruf und Amöneburg.
Der Aufbau der fränkischen Reichskirche ging in Bonifatius' Einzugsbereich zügig voran, so dass sich der Missionar um 734 endlich wieder auf Wanderschaft begeben konnte. Ziel war diesmal Bayern, stellte aber nur eine kurze Episode dar. Einige Jahre später schien sich dann eine neue, verheißungsvolle Aufgabe für Bonifatius zu ergeben. Karl Martell plante einen großangelegten Feldzug gegen die noch unabhängigen Sachsen. Bonifatius sah sich schon im Gefolge der fränkischen Truppen das Wort Gottes zu den heidnischen Sachsen bringen. Die militärische Macht der Franken würde es ungemein erleichtern, den Sachsen die neue Religion aufzuzwingen. Allerdings wollte sich Bonifatius zuvor die Zustimmung des Papstes holen und reiste im Spätsommer 737 nach Rom. Sein Plan war es, den Papst zu überzeugen, einen Nachfolger für seine kirchlichen Pflichten zu bestimmen und dann gemeinsam mit den Franken ins Land der Sachsen aufzubrechen. Ein Volk, das noch gar nicht mit der christlichen Religion in Berührung gekommen war, zu missionieren, wäre die Erfüllung aller Wünsche von Bonifatius gewesen. Er hätte sich so von allen klerikalen Zwängen befreien und wieder ungehindert sein eigentliches Lebensziel verfolgen können. Der Papst machte ihm jedoch einen Strich durch die Rechnung. Zwar gab dieser Anweisungen für den anstehenden Sachsenfeldzug, untersagte Bonifatius aber ausdrücklich die Teilnahme. Stattdessen ernannte Gregor III. Bonifatius zum päpstlichen Legaten für Germanien. Jener war zwar nun der oberste Hirte aller Gläubigen im teilweise christianisierten Germanien, seine eigentliche Lebensaufgabe zu verfolgen, hatte ihm der Papst jedoch vorerst untersagt.
Bonifatius fügte sich in sein Schicksal und begann zunächst mit der Neuordnung der klerikalen Verhältnisse in Bayern. Dort war eine Landeskirche im Begriff zu entstehen, die arianische Züge trug. Soweit es in seiner Macht stand, ersetzte Bonifatius die angestammten Geistlichen mit romtreuen Klerikern. Der bayrische Herzog Odilo war ihm dabei eine große Hilfe, so dass es schließlich gelang, in Bayern eine starke, päpstlich orientierte Kirche zu errichten.
Nach erfolgreichem Abschluss seiner Arbeit in Bayern wandte sich Bonifatius erneut nach Hessen. Während seiner dortigen Tätigkeit ließ er sich regelmäßig vom Stand der Sachsenmission unterrichten. Insgeheim wird es ihn wohl gefreut haben, dass die Bekehrung der Heiden dort nicht so voranging, wie es sich der Papst vorstellte. Ab

741 kam es zu einer verstärkten Zusammenarbeit mit den neuen fränkischen Hausmeiern Karlmann und Pippin. Die Söhne des verstorbenen Karl Martell hatten zeitweise eine klösterliche Erziehung genossen und waren mit den kirchlichen Strukturen im fränkischen Zentralreich alles andere als zufrieden. Die Macht im Frankenreich war schon seit längerem inoffiziell vom merowingischen Herrscherhaus auf die karolingischen Hausmeier übergegangen, welche sich auch um die kirchlichen Belange im Land kümmerten. Die eigentlichen merowingischen Könige hatten zwar das Christentum als Religion angenommen, sahen sich aber immer noch als die Nachfahren der legendären Sugambrer und hatten kein großes Interesse an der christlichen Religion.

In Bonifatius sahen Karlmann und Pippin den idealen Kleriker, welcher die fränkische Reichskirche reformieren konnte. Bonifatius war es auch, der für das politische wie geistliche Zusammenrücken von Heiligen Stuhl in Rom und dem fränkischen Königshof sorgte, welches seinen Höhepunkt in der Herrschaft Karls des Großen finden sollte.

Auf der „Concilium Germanicum" genannten Synode von 21. April 743 wurden die Weichen für ein christlich bestimmtes fränkisches Königreich gestellt. Wenn wir bedenken, dass die Franken unter ihrem späteren Kaiser Karl dem Großen über den Großteil des westlichen Europa herrschten, ist es nicht übertrieben zu behaupten, dass Bonifatius einen großen Anteil am Machteinfluss hatte, den die Kirche bis heute in Europa besitzt. Um das Jahr 744 kam es dann zu einer Art Stagnation in der Entwicklung der klerikalen Strukturen in Westeuropa. Kirchenhistoriker sprechen heute von der „Krise der bonifatianischen Reform". Nicht alle Geistlichen teilten den Enthusiasmus eines romtreuen Kirchenmannes wie Bonifatius. Vielen Kirchendienern gefiel vor allem die geforderte Abwendung vom weltlichen hin zum streng asketischen Leben nicht. Innerhalb des Klerus entstand eine breite Front gegen Bonifatius, welche angeblich sogar ein Mordkomplott plante, wie der friesische Chronist Liudger in seiner „Vita Gregorii" zu berichten wusste. Es kam zudem zu einer Entfremdung mit dem fränkischen Hof. Grund war Karlmanns Entschluss, seine Position als Hausmeier aufzugeben und Mönch zu werden. Der jetzt alleinregierende Pippin hatte Bonifatius nie so nahegestanden wie sein Bruder und war zudem mit dem Reformkurs des Missionars nie gänzlich einverstanden gewesen.

Die innerkirchlichen Schwierigkeiten ließen in Bonifatius den Wunsch reifen, sich aus der Kirchenpolitik zurückzuziehen. Nach intensiven schriftlichen Verhandlungen mit dem neuen Papst Zacharias stattete jener das im Jahr 744 von Bonifatius gegründete Fuldaer Kloster mit entsprechenden Privilegien aus, welche dieses aus der fränkischen Reichskirche herauslösten und direkt dem Heiligen Stuhl unterstellten. Eine Genugtuung für den gekränkten Bonifatius! Jener wurde als Abt des Fuldaer Klosters eingesetzt und widmete sich in den nächsten Jahren ausschließlich seinen klösterlichen Pflichten. Obwohl er mit seinen Aufgaben im Kloster vollends ausgelastet war, ließ sich Bonifatius regelmäßig von der Missionsarbeit in ganz Europa unterrichten.

Um 754 fasste der bereits etwa achtzigjährige Bonifatius den Entschluss, noch einmal auf Missionsreise zu gehen. Ziel dieser letzten Reise sollte Friesland sein. Die Chris-

tianisierung und der Aufbau des kirchlichen Netzwerkes waren dort praktisch zum Erliegen gekommen. Bonifatius sah es als seine heilige Pflicht, den Glaubensbrüdern im Norden noch ein letztes Mal mit seiner Erfahrung beizustehen. Im Frühjahr 754 reiste Bonifatius mit fünfzig Gefährten nach Friesland, wo er predigend und taufend durchs Land zog. Der greise Missionar konnte so am Ende seines bewegten Lebens noch einmal den eigentlichen Sinn seines Daseins verwirklichen.
Sein Lebensende hatte sich Bonifatius aber sicherlich ganz anders vorgestellt. Das Schicksal sollte ihn im friesischen Dokkum ereilen. Dort hatte Bonifatius eine seiner geliebten Massentaufen durchgeführt und plante für den 7. Juni 754 die Firmung der am Vortag getauften Friesen. Allerdings erschienen zum angegebenen Zeitpunkt nicht die erwarteten Firmlinge, sondern eine große Schar bewaffneter Männer. Laut Willibalds Chronik trat Bonifatius vor sein Zelt, als er den Lärm der ankommenden Männer hörte. Mit einer Reliquie in der Hand soll er versucht haben, den Angreifern Einhalt zu gebieten. Seinen eigenen Leuten gebot Bonifatius, sich nicht zu wehren, sondern dem Willen Gottes seinen Lauf zu lassen. Inwieweit wir den Worten des Chronisten Glauben schenken können, ist fraglich. Der Überfall der Friesen auf die Missionare erinnert schon stark an die Verhaftung von Jesus im Garten Gethsemane, wo Jesus seinen Gefährten ebenfalls befahl, sich nicht gegen die römischen Häscher zu wehren. Fakt ist, dass Bonifatius und alle seine Gefährten in Dokkum den Tod fanden.
Kleriker aus Utrecht erhielten bald Kunde von Bonifatius Tod. Sie ließen die sterblichen Überreste des Missionars in ihre Stadt überführen und zunächst dort bestatten. Als der Bischof von Mainz vom Tode Bonifatius erfuhr, veranlasste er sofort, dessen Leichnam über Mainz nach Fulda zu bringen, wo der Missionar nach eigenem Wunsch bestattet werden wollte. Seine prächtige Grabstätte kann heute noch im Dom von Fulda besichtigt werden.

6. Widukind

Beim Sachsenherzog Widukind handelt es sich um eine Person, welche historisch nur schwer greifbar ist. Wie bei seinem ärgsten Widersacher, Karl dem Großen, sind auch bei Widukind geschichtliche Fakten so stark mit heroischer Überhöhung vermischt, dass ein Lebensbild des sächsischen Herzogs nur schwer zu zeichnen ist. Wenn man sich die Überlieferungen von Widukind betrachtet, scheint es, als hafte eine Art von Göttlichkeit an dem Sachsenherzog. Im Kampfe stets an vorderster Front, folgten ihm seine Männer bedingungslos. Als er sich jedoch den Franken unterwarf, gaben auch die Sachsen ihren Widerstand gegen das fränkische Joch auf und nahmen das Christentum an.
Wer war jener charismatische Anführer, den seine treuen Gefährten für so gottgleich hielten?
Widukind entstammte einer wohlhabenden Familie der sächsischen Oberschicht. Sein Vater war ein Adliger namens Warnechin, so steht es zumindest auf Widukinds Grabplatte in der Kirche von Enger geschrieben. Als Mutter wird immer eine Gunhilde

von Rügen genannt, was historisch aber nicht belegbar ist. Die Familie gehörte zum sächsischen Teilstamm der Westfalen. Der Lebensmittelpunkt von Widukinds Familie lag wohl in der Ortschaft Wildeshausen, wo man über ausgedehnte Besitzungen verfügte.

Über Widukinds Jugend ist uns nichts überliefert. Auch sein Geburtsjahr ist nicht bekannt, lag wohl um 740. Aus volkstümlichen Überlieferungen wissen wir, dass er mit Geva, der Tochter des Dänenkönigs Siegfried, verheiratet war. Geva soll Widukind drei Töchter mit Namen Ida, Ravena und Tekla geschenkt haben.

Erste Erwähnung fand Widukind in den Fränkischen Reichsannalen, wo sei Name im Zuge der Kriege zwischen Sachsen und Franken genannt wurde. Zu Beginn jener Kriege war Widukind noch ein sächsischer Adliger unter vielen, wurde aber auf Grund seiner Führungsqualitäten später zum Herzog der Westfalen. Er stand damit auf Augenhöhe mit Hessi und Bruno, den Anführern der Ostfalen und Engern. Ob Widukind tatsächlich den Titel eines Herzogs führte, wissen wir nicht. Da sich jedoch der Ausdruck Sachsenherzog eingebürgert hat, werde ich ihn ebenfalls verwenden.

In den ersten Jahren der 772 beginnenden Sachsenkriege fand Widukind keine schriftliche Erwähnung. Erst im Rahmen der fränkischen Reichsversammlung in Paderborn im Jahr 777 wird sein Fernbleiben ausdrücklich erwähnt. Dort hieß es: „Alle waren zu ihm (Karl) gekommen, nur Widukind nicht, einer der westfälischen Großen, der im Bewusstsein seiner vielen Übeltaten, aus Scheu vor dem König zu Siegfried, dem Dänenkönig, geflohen war."[10] Aus jenen Worten können wir entnehmen, dass Widukind bei den Franken schon durchaus für seinen zähen Widerstand bekannt war. Er war einer der wenigen sächsischen Anführer, die treu zu ihrem Volk standen. Ein Großteil des Adels hatte sich schon in den ersten Kriegsjahren der Übermacht der Franken ergeben und war zum christlichen Glauben übergetreten.

Was die christlichen Missionare von Widukind hielten, wurde anschaulich in der „Vita Willehadi", der Lebensbeschreibung des angelsächsischen Missionars Willehad beschrieben: „Im folgenden Jahr (782) trat auf Anstiften des Teufels, der allem Guten abhold ist, ein gewisser Widukind auf, von verderblichen Rat, der in der Absicht, sich gegen König Karl zu erheben, eine große Anzahl Sachsen um sich scharte."[11]

Widukind, welcher nur die Freiheit und den Glauben seines Volkes verteidigen wollte, war also nach Ansicht der christlichen Kirche mit dem Teufel im Bunde. Wir haben hier ein anschauliches Beispiel dafür, dass jeder und alles, was nicht mit der Religion des gekreuzigten Heilands in Einklang stand, vom Klerus mit dem leibhaftigen Teufel gleichgesetzt wurde.

Die ersten Jahre der sächsisch-fränkischen Kriege waren von wechselseitigen Erfolgen geprägt. Im Jahr 778 führten die Sachsen unter Widukinds Führung ihren ersten großen militärischen Schlag gegen die fränkischen Unterdrücker. Ein Großteil des fränkischen Heeres war in Spanien gebunden, so dass Widukind die Möglichkeit sah, die fränkischen Besatzer aus ihrem Land zu jagen. Die Sachsen drangen sogar über

---

[10] Zitat entnommen aus Franz Kurowski „Die Sachsen".

[11] Zitat entnommen aus Kurt Dietrich Schmidt „Widukind".

die Grenzen des Frankenreiches und hinterließen eine Spur der Verwüstung. Aus Angst vor den Sachsen flohen die Fuldaer Mönche mit den sterblichen Überresten des verehrten Missionars Bonifatius aus der Stadt.
Nach dem fränkischen Gegenschlag floh Widukind wiederum zu seinem Schwiegervater nach Dänemark, was ihm die Franken natürlich als Feigheit auslegten. Es war jedoch schlaue Berechnung, was Widukind immer wieder an den Hof des Dänenkönigs fliehen ließ. Seine Freiheit war entscheidend für den sächsischen Widerstand. Die Herzöge Hessi und Bruno hatten sich schon lange dem fränkischen Joch ergeben und die Sachsen wären ohne Widukind führerlos gewesen. Zwischen 779 und 782 war es relativ ruhig um Widukind. Aus jenen Jahren ist uns auch aus fränkischen Chroniken nichts überliefert. Wir wissen heute allerdings, dass der Sachsenherzog in jenen Jahren seine größte militärische Aktion gegen die Franken plante. Widukind fand erst 782 wieder Erwähnung in den fränkischen Schriften, da er trotz Einladung wieder nicht auf der Reichsversammlung in Lippspringe erschienen war. Im selben Jahr kam es zur folgenschweren „Schlacht am Süntel" und dem daraus resultieren „Blutgericht von Verden". Beide Ereignisse habe ich bereits im Kapitel über Karl den Großen beschrieben, so dass ich an dieser Stelle nicht noch einmal darauf eingehen möchte.
Das „Blutgericht von Verden" hatte allerdings nicht den von Karl dem Großen erwünschten Erfolg. Das Massaker an den 4.500 Sachsen hatte den Kampfeswillen derer Landsleute nicht gebrochen, sondern noch mehr angestachelt. Widukind fand weitere treue Anhänger und es kam zu zwei gewaltigen Feldschlachten, wo sich Widukind und Karl der Große erstmals auf dem Gefechtsfeld gegenüberstanden. Beide Schlachten brachten aber immer noch keine Entscheidung in den Sachsenkriegen. Allerdings erschöpfte sich der sächsische Widerstand in den nächsten Jahren. Gegen Ende des Jahres 785 hatte sich Widukind mit einigen Getreuen, unter anderem auch seinem Schwiegersohn Abbio, an einen sicheren Zufluchtsort im heutigen Schleswig-Holstein zurückgezogen. Dorthin schickte der fränkische König ein Friedensangebot an den Sachsenherzog, was allerdings eine bedingungslose Unterwerfung von Widukind beinhaltete, welche dieser natürlich ablehnte. Wenig später bat Widukind jedoch selbst um Unterhandlungen.
Karl der Große und Widukind trafen sich in Attigny, um über das weitere Schicksal der Sachsen zu verhandeln. Überraschendes Ergebnis jener Verhandlungen war Widukinds Kapitulation und seine Bereitschaft sich taufen zu lassen. Laut volkstümlichen Berichten soll die Begegnung zwischen Karl dem Großen und Widukind von gegenseitiger Achtung und Anerkennung geprägt gewesen sein. Beide Männer waren Anführer ihres Volkes und hatten alles für den Sieg getan. Der Frankenkönig soll Widukind äußerst zuvorkommend behandelt haben und hat ihn nicht die Schmach der Niederlage spüren lassen. Trotzdem waren der sächsischen Kapitulation zähe Verhandlungen vorausgegangen. Widukind wollte zwar den Krieg beenden, versuchte aber die bestmöglichen Bedingungen für sein Volk zu erzielen. Er selbst bestand auf den Behalt seiner sämtlichen Güter, was ihm von Karl dem Großen letztendlich auch gewährt wurde. Für jenen war die Kapitulation und Taufe des Sachsenherzogs von

zwingender Bedeutung. Nur damit war die endgültige Herrschaft der Franken über das Sachsenland zu erreichen. Widukinds Tod hätte diesen zum Märtyrer gemacht und das sächsische Volk weiterkämpfen lassen. Der Frankenkönig soll höchstpersönlich die Taufpatenschaft von Widukind übernommen und ihm die ersten Unterweisungen in der neuen Religion erteilt haben. Gemeinsam mit Widukind ließen sich auch seine Frau Geva, sein Schwiegersohn Abbio und alle treuen Gefährten taufen.

Die inneren Kämpfe, welche Widukind mit sich selbst auszustehen hatte, bevor er sich zu Kapitulation und Taufe entschloss, können wir wohl nur schwer nachvollziehen. Er war die Seele des sächsischen Widerstandes und seine Männer standen bedingungslos hinter ihm. Mit seiner Entscheidung würde die Freiheit des Sachsenvolkes stehen oder fallen. Widukind wusste jedoch inzwischen, dass der Kampf gegen die übermächtigen Franken aussichtslos war und wollte nicht noch mehr sächsisches Blut vergießen.

Die Kapitulation und Taufe des Sachsenherzogs sorgte auch in Rom für Furore. Papst Hadrian ließ mehrere Dankesgottesdienste abhalten. Kein Wunder, dass man in Rom und im gesamten Klerus frohlockte. Die letzte Bastion des germanischen Heidentums war gefallen und das Christentum nun die vorherrschende Macht in Europa.

Über die Gründe für Widukinds Sinneswandel bis hin zur Beendigung der Kämpfe und seiner Taufe ist schon viel spekuliert worden. In Kirchenkreisen glaubt man bis heute, dass der Sachsenherzog durch verschiedene religiöse Wunder davon überzeugt wurde, seine heidnischen Götter zu verleugnen und zum Christentum überzutreten. Das halte ich für wenig glaubhaft. In erster Linie ging es Widukind wohl darum, den aussichtslosen Krieg gegen die Franken zu beenden. Verschiedene Historiker gehen davon aus, dass die Franken Familienmitglieder von Widukind gefangen hielten und jenen damit erpressten. Auch sein Schwiegersohn Abbio wurde schon von vermeintlichen „Experten" des Verrats an der sächsischen Sache verdächtig, was aber einer historischen Untersuchung nicht standhält.

Ein entscheidendes Detail bei der Suche nach Widukinds Beweggründen für Kapitulation und Taufe findet jedoch nur in den wenigsten Publikationen zum Thema Erwähnung: Das in der Kirche von Enger entdeckte Skelett eines etwa sechzigjährigen Mannes, welches als die Gebeine von Widukind betrachtet wird, weist drei große zackenförmige Auswüchse auf, welche auf eine schwere Spondylitis, eine schmerzhafte Wirbelentzündung hindeuten. Jene Erkrankung muss den sächsischen Herzog schon längere Zeit gequält haben. Reiten und kämpfen waren damit nicht mehr möglich. Der schwer angeschlagene Gesundheitszustand und die Sorge um sein Volk waren wohl die entscheidenden Gründe für Widukind, den Kampf gegen die Franken aufzugeben.

Nach der Taufe fand Widukind keine Erwähnungen mehr in den Fränkischen Reichsannalen. In Historikerkreisen geht man davon aus, dass er in einem Kloster, weit weg vom Sachsenland, untergebracht wurde, wo er nicht mehr gefährlich werden konnte. Dem spricht die Zusage Karls des Großen entgegen, dass Widukind seine Ländereien behalten durfte. Ich gehe davon aus, dass der fränkische König, den sächsischen Herzog Widukind, in ein Grafenamt einsetzte, wie er es schon mit vielen

sächsischen Adligen getan hatte, welche den Franken die Treue schworen. Darauf deutet auch eine Episode aus der Lebensbeschreibung des Missionars Liudger hin, in der ein gewisser Widukind dem Kirchenmann die Leiche eines verurteilten Pferdediebes zur Bestattung übergab.
Im Zusammenhang mit dem weiteren Leben Widukinds als freier Mann in Sachsen, müssen auch die sogenannten Sattelmeier betrachtet werden. Als Sattelmeier wurden im norddeutschen Raum spezielle Großgrundbesitzer genannt, welche sich ihrem Lehnsherren auch zu militärischer Unterstützung verpflichtet hatten. In volkstümlichen Überlieferungen über Widukind wurden auch Sattelmeier erwähnt, welche Widukind in seiner späteren Grafschaft treu zur Seite standen. Das jene Männer ehemalige Kampfgefährten Widukinds waren, wie in den Legenden behauptet wurde, ist eher fraglich. Das wäre den Franken sicherlich zu gefährlich gewesen. Wenn es die Sattelmeier schon zu Widukinds Zeiten gab, waren es wohl jene „zehn ehrenfesten fränkischen Ritter", in deren Obhut der Sachsenherzog nach seiner Taufe gegeben wurde.[12] Es waren sozusagen „Aufpasser" für Widukind.
Seinen Lebensabend soll Widukind in der Nähe von Enger verbracht haben, wo er auch begraben wurde. Sein Sterbejahr ist ebenso ungewiss wie sein Geburtsjahr, wird aber zwischen 794 und 807 vermutet.
An dieser Stelle möchte ich meine Ausführungen über den Sachsenherzog abschließen. Wie schon am Anfang des Kapitels erwähnt, sind bei Widukind die wenigen historisch belegten Fakten mit starker Legendenbildung vermischt. Ich hoffe, dass es mir gelungen ist, meinen geneigten Lesern trotzdem ein anschauliches Bild von Widukind vermittelt zu haben.

Freilichtmuseum Germanische Siedlung Klein Köris.

---

12 Zitat übernommen aus Karl Paetow „Die Wittekind-Sage".

Teil III - Die Entstehung des Hexen- und Teufelglaubens als Ergebnis der Christianisierung

1. Die Assimilierung heidnischer Bräuche durch das Christentum

Auch wenn es für gläubige Christen hart klingen mag, ist es doch nicht von der Hand zu weisen, dass es sich beim Christentum um eine Religion handelt, welche sich speziell in ihrer Entstehungsphase ungeniert bei anderen Religionen und Kulten bediente. Alles, was dem Ziel diente, aus dem Jerusalemer Urchristentum eine weltweite Religion zu errichten, wurde übernommen. Alles was nicht in diese Anschauung passte, galt gemeinhin als Aberglauben, Ketzerei und später gar als Hexerei.
Die Begriffe Heiden oder Heidentum haben auch heute noch bisweilen einen negativen Klang. Unter den sogenannten Heiden stellt man sich barbarische, gottlose Menschen vor, die erst von der christlichen Kirche auf den rechten Weg geführt wurden. Es war aber beileibe nicht so, dass die Menschen der vorchristlichen Epochen an nichts glaubten. Sie verehrten vielmehr eine große Anzahl an Göttern und nicht nur einen, alles überthronenden Gott wie das Christentum. Vergessen sollten wir ebenfalls nicht, dass Moslems auch heute noch Christen als Heiden betrachten, nur weil sie einer anderen Religion angehören. Es kommt immer auf den jeweiligen Blickwinkel an, was als heidnisch angesehen wird.
Das aufstrebende Christentum bediente sich in verschiedensten Bereichen bei seinen religiösen Vorgängern, um sich einen festeren Stand in der Bevölkerung zu sichern. So wurden unter anderem uralte Feste oder auch Feiertage nur ein wenig abgewandelt und mit christlichen Attributen versehen. Bekanntester Vertreter ist wohl unumstritten das besonders bei Kindern beliebte Osterfest. Nach christlichem Brauch wird am Ostersonntag die Auferstehung des gekreuzigten Heilands gefeiert. In unserer heutigen, mehr oder weniger religiösen Welt, gilt Ostern als Fest des Schenkens. Jedes Kind ist mit den Geschichten vom Osterhasen vertraut, welcher selbstbemalte Ostereier und andere Geschenke im Garten versteckt. Die wissenschaftliche Fachwelt kennt keinen endgültigen Ursprung des eierbringenden Hasen. Grenzwissenschaftliche Forscher sehen jedoch einen Zusammenhang mit der altgermanischen Frühlings- und Fruchtbarkeitsgöttin Eostrae. Der englische Kirchenhistoriker Beda Venerabilis erwähnte schon zu Beginn des 8. Jahrhunderts jene frühgeschichtliche Göttin. An die eintausend Jahre später griff Jacob Grimm das Thema auf, allerdings begegnet uns die germanische Göttin jetzt unter dem Namen Ostara. Traditionell gelten der Hase und das Ei als Symbole der Ostara, was ihre Rolle als Fruchtbarkeitsgöttin unterstreicht. Diese Symbole und die Namensähnlichkeit zwischen Eostrae/Ostara und Ostern stellen nach grenzwissenschaftlicher Vorstellung die ursprüngliche Bedeutung des Osterfestes dar. Anhänger der frühgermanischen Göttin feiern bis heute am 21. März das Ostarafest. Anzumerken sei an dieser Stelle noch, dass die streng wissenschaftlichen Gelehrten jenen Ursprung des Osterfestes kategorisch ablehnen.

Auch Teile der Bibel wurden viel älteren, vorchristlichen Schriften entlehnt. So beispielsweise auch die alttestamentarische Sintflutlegende. Dort erhielt Noah von seinem Schöpfergott den Auftrag, ein Schiff zu bauen. Damit sollte Noah seine Familie und von jeder Art Tier ein Pärchen in Sicherheit bringen. Gott wollte die Erde mit einer alles Leben verschlingenden Flut überziehen, da er mit dem Verhalten der Mensch unzufrieden war. Einzig allein Noah hatte Wohlwollen unter den strengen Augen Gottes gefunden. Ein fast identisches Szenario begegnet uns im altbabylonischen Gilgamesch-Epos, das etwa 2000 v. Chr. entstand. Das Epos handelt von den mystischen Erlebnissen des Königs Gilgamesch, welcher Mitte des 3. Jahrtausends v. Chr. Herrscher der Stadt Uruk war. Während Gilgamesch durch die Zeit reiste, begegnete er einem gewissen Utanapischtim aus der Stadt Schuruppak. Jener offenbarte sich als Überlebender einer riesigen Flut, welche vor langer Zeit die Erde überzogen hatte. Urheber dieser Flut war der altorientalische Göttervater Elil, welcher dem Göttergeschlecht der Anunnaki entstammte. Verschiedenste Vertreter der prä-astronautischen These, Außerirdische hätten einst die unbevölkerte Erde besucht und die menschliche Rasse geschaffen, sehen in den Anunnaki die Begründer der Menschheit. Ähnlich wie der biblische Schöpfergott waren auch die Anunnaki unzufrieden mit ihrem Ergebnis.
Das Gilgamesch-Epos zählt seit seiner Entdeckung Mitte des 19. Jahrhunderts zu den bekanntesten altorientalischen Erzählungen. Heute ist uns bekannt, dass jener Teil, welcher die Flutlegende behandelt, noch älter ist. Er wird dem altbabylonischen Schreiber Berosus zugerechnet, welchen ich bereits in meinem Kapitel „Die Verbreitung des Krodo-Mythos“ erwähnt habe. Tausende Jahre später waren es die Schöpfer der alttestamentarischen Schriften, welche die uralte Sintflutlegende wieder aufgriffen und sie in den biblischen Kontext einbrachten.
Ebenfalls im Alten Testament, genauer gesagt im 2. Buch Mose, findet sich die Geburtsgeschichte jenes Mannes, welcher später das Volk der Hebräer aus der ägyptischen Knechtschaft in das gelobte Land Kanaan führen sollte. Laut der Bibel waren ein gewisser Anram und seine Tante(!) Jochebed aus dem Stamme Levi die Eltern von Moses. Kurz vor dessen Geburt hatte der Pharao ein Gesetz verabschiedet, dass alle männlichen Neugeborenen der Hebräer sofort nach der Geburt zu töten seien.
In meinem Buch „Mysterium Heiliger Gral“ habe ich bereits die sogenannten Habiru als möglichen Ursprung des hebräischen Volkes identifiziert. Bei den Habiru handelte es sich um eine Art „Unterschicht“ im alten Ägypten. Es waren in der Mehrzahl Wanderarbeiter, Viehhirten und Tagelöhner mit ihren Familien, welche jener Volksgruppe zugerechnet wurden. Die vornehmeren Schichten des ägyptischen Volkes bezeichneten jedoch auch allerlei zwielichtiges Gesindel als Habiru, so dass jener Begriff sich zu einer Art Schimpfwort entwickelte. Der Pharao hatte wohl Angst, dass sich der ärmste Teil seines Volkes zu rasch vermehren würde und womöglich seine Macht gefährden konnte. Deshalb erließ er jenes drastische Gesetz. Jochebed wurde von Anram schwanger und gebar einen gesunden Knaben, den sie für drei Monate vor der Obrigkeit versteckte. Die Mutter lebte in ständiger Angst um ihr Kind und wusste sich keinen anderen Rat, als den Jungen in ein mit Harz und Pech verklebtes

Körbchen aus Schilfrohr zu setzen, um jenes dem Nil zu übergeben. Es war ein glücklicher Umstand, dass just an jenem Tage die Tochter des Pharaos ein Bad im Nil nahm. Sie wurde auf das Körbchen aufmerksam und ließ es von ihren Diener herausfischen. Die junge Dame staunte nicht schlecht, als sie das Kind erblickte, schlussfolgerte allerdings sofort, dass es sich um ein hebräisches Kind handeln musste, da sie ja den Befehl ihres Vaters kannte. Die Familie des Knaben hatte die Szenerie aus einiger Entfernung beobachtet und Jochebed bot sich an, dass Kind zu stillen. Die Tochter des Pharao nahm das Angebot gerne an, ahnte sie doch, dass es sich um die leibliche Mutter handelte. Sie verriet jedoch niemanden etwas davon und ließ den Knaben wie ihr eigenes Kind erziehen. Das Findelkind erhielt den Namen Moses, was so viel wie „aus dem Wasser gezogen" bedeutete.
Eine durchaus hübsche Geschichte, jedoch ist es erstaunlich, dass Sargon von Akkad ganz ähnliches widerfuhr. Nur wurde dessen Lebensgeschichte weitaus früher niedergeschrieben als der „Pentateuch", welcher die fünf Bücher Mose enthielt. Sargon regierte um 2300 v. Chr. das Akkadische Reich, welches auf dem Gebiet des heutigen Irak lag. Es handelte sich um eines der bedeutendsten Großreiche der modernen Zivilisation, welches heute in einem Atemzug mit dem Land Sumer und Babylonien genannt wird. Die militärischen und politischen Erfolge, welche Sargon von Akkad während seiner Regierungszeit errang, waren so nachhaltig, dass sich sein Andenken über Hunderte von Jahren hielt und auch Könige anderer Reiche beeinflussten. Beispielsweise Šarrum-ken II., welcher um 700 v. Chr. König des Neuassyrischen Reiches war und sich auch Sargon II. nannte.
Die mythologisch überhöhten Taten des Sargon von Akkad sind in verschiedenen Texten überliefert, welche heute als die Akkadische Sargonlegende bekannt sind. In einem dieser Texte wird auch die außergewöhnliche Geburtsgeschichte des akkadischen Königs beschrieben. Sargon stammte ursprünglich nicht aus einer königlichen Familie. Er war anscheinend das Kind einfacher Leute, womöglich sogar ein „Unfall", denn in einem überlieferten assyrischen Text heißt es: „Meine Mutter empfing mich; insgeheim gebar sie mich. Sie legte mich in einen Korb aus Schilf, und mit Pech versiegelte sie den Deckel. Sie warf mich in den Fluss, der nicht über mich stieg. Der Fluss trug mich hinauf und brachte mich zu Akki; jenem, der das Wasser schöpft." [13]
Laut meinen Nachforschungen war jener Akki eine Art Gärtner am Hofe König Ur-Zababa von Kisch. Akki zog das Findelkind groß und Sargon trat später selbst in den Dienst des Herrscherhauses. Er brachte es bis zu Mundschenk des Königs. Den überlieferten Geschichten nach, führte Sargon einen Staatsstreich aus und machte sich selbst zum König. Obwohl er auf eher unkonventionelle Art zur Herrscherwürde kam, gilt Sargon von Akkad bis heute als einer der überragendsten Könige der frühen Menschheitsgeschichte. Für uns ist er allerdings hauptsächlich auf Grund seiner Geburtsgeschichte von Bedeutung.

[13] Text übernommen aus „Das Geheimnis der Gralskönige" von Laurence Gardner.

Ein ganz ähnliches Szenario kennen wir auch aus der indischen Mythologie. Im Heldenepos „Mahabharata“ begegnet uns Kunti, die Frau Königs Pandu, welcher dem Herrschergeschlecht der Bharatas entstammte. Jene spätere Königin setzte in ihrer Jugend ebenfalls ein ungewolltes Kind aus. Das „Mahabharata“ ist der Grundpfeiler der indischen Mythologie. Über seine Entstehungszeit ist sich die Fachwelt uneins. Datierungen reichen von 400 v. Chr. bis 400 n. Chr., wobei man sich wiederum einig ist, dass der Inhalt des Epos auf weit ältere Texte zurückgeht.
Jene Kunti gab sich in einer Laune jugendlicher Unbekümmertheit dem Sonnengott Vishnu hin, worauf sie schwanger wurde und einen Knaben namens Karna empfing. Mit Hilfe eines Wunder wirkenden Mantra, welches sie einst von einem weisen Mann erhielt, gelang es Kunti, trotz der Geburt ihre Jungfräulichkeit zu behalten. Sie legte das ungewollte Kind in einen abgedichteten Korb und setzte diesen in einen Fluss in der Hoffnung, dass sich jemand des Kindes annehme. Und tatsächlich fischt der Wagenlenker Adhiratha das Kind aus dem Fluss und zog es mit seiner Frau auf. Dank seiner göttlichen Herkunft wurde Karna später einer der berühmtesten Helden der indischen Mythologie.
Die Geschichte von Kunti und der jungfräulichen Geburt ihres Sohnes kann durchaus auch als Quelle für die Evangelienschreiber des Neuen Testaments gedient haben. Auch Maria, die Mutter von Jesus, war nach der Geburt angeblich noch jungfräulich. Verschiedene Bibelexperten gehen heute allerdings davon aus, dass es sich beim Szenario von Jesus Geburt um einen Übersetzungsfehler handelt. In den ursprünglichen Texten hieß es wohl, dass Maria bei Jesus' Geburt noch eine junge Frau war, keine Jungfrau.
Es scheint so, als hätten sich die Verfasser der Bibeltexte im großen Stil bei den Mythen und Legenden weitaus älterer Völker bedient. An dieser Stelle möchte ich mich etwas weiter „aus dem Fenster lehnen“ und behaupten, dass die Geschichte von Jesus als Sohn Gottes ebenfalls aus einem anderen Kulturkreis entlehnt ist.
Im Jahr 323 v. Chr. eroberte Alexander der Große Palästina, worauf das jüdische Volk jahrhundertelang unter dem Einfluss der hellenistischen Kultur geriet. Obwohl Alexanders Herkunft hinlänglich bekannt war, verehrten ihn seine Anhänger als Sohn des Göttervaters Zeus. Ursache dieser Verehrung war Alexanders Besuch des „Orakels von Sima“ im heutigen Ägypten. Jenes Orakel offenbarte Alexander, dass er der Sohn des altägyptischen Gottes Amun sei. Ob es sich hierbei nur um eine Legende handelt oder die das Orakel ausführenden Priester zu dieser Aussage genötigt wurden, wissen wir nicht. Fakt ist, dass die angebliche Abstammung von Amun Alexander die Legitimation als Herrscher über Ägypten verschaffte. Da Amun bei den Ägyptern in etwa den gleichen Stellenwert genoss wie der griechische Göttervater bei den Hellenen, wurde es üblich, Alexander den Großen als „Sohn des Zeus“ zu bezeichnen. Die Messiasvorstellung des jüdischen Volkes vermischte sich möglicherweise mit dem hellenistischen Glauben an die göttliche Abstammung von Alexander dem Großen. Aus dieser Vermischung entstand dann der auf Erden wandelnde Sohn Gottes. Vielleicht machte sich Jesus diesen Glauben sogar bewusst zunutze und präsentierte sich dem Volk als eben dieser Sohn des Schöpfergottes. Die Evangelienschreiber taten

dann ihr Übriges, um Jesus göttliche Macht unter dem Volk zu verbreiten. Allerdings handelt es sich hierbei nur um meine persönlichen Vermutungen, welche nicht als geschichtliche Tatsachen verstanden werden sollten.
Auch bei dem von Seiten der Kirche geschürten Hexenwahn in Europa, bediente man sich gezielt des vorchristlichen Volksaberglaubens. Zauberkundige, schadenstiftende weibliche Wesen, welche die Männer verführten und durch die Lüfte fliegen konnten, kannten die Menschen schon lange vor Entstehen der christlichen Religion. Der tief im Volk verwurzelte Aberglaube an dämonische Wesen wurde zunächst von der Kirche bekämpft, fand aber später in den Hexenprozessen seine Verwendung. Heidnische Geistergestalten schienen dem Klerus plötzlich nicht mehr irreal, sondern wurden mit den neuen „Erzfeinden" der Kirche, den Hexen, gleichgesetzt.
Betrachten wir nun einige frühzeitliche „Schreckgespenster" etwas genauer und schauen, ob sich tatsächlich eine Verbindung zu den im Mittelalter verfolgten und ermordeten Frauen herstellen lässt.
Im osteuropäischen Raum waren die Legenden von den Strigen sehr beliebt, daher auch die polnische Bezeichnung „Strzyga". Doch auch die Römer kannten jenes unheimliche Vogelwesen, welches des Nachts Kindern ihre mit vergifteter Milch gefüllten Brüste reichten, um diese zu töten. Den toten Kindern saugten die Strigen dann Blut und Eingeweide aus, um sich zu nähren. Doch auch Erwachsene wurden von jenen Nachtwesen heimgesucht. Konnte ein Mann nicht mehr „seinen Mann stehen", war also impotent, hieß es sogleich, eine Strige hätte ihm heimlich Blut ausgesaugt. Auf Grund ihres Blutdurstes wurden die Strigen in einigen Teilen Europas auch mit Vampiren in Verbindung gebracht. Der Ursprung jener vogelartigen Wesen wurde verschiedentlich erklärt. So hieß es, dass Strigen zauberkundige Frauen waren, welche sich mit einer speziellen Salbe einrieben, um sich in jene „fliegenden Bestien" zu verwandeln. Eine andere Erklärung besagte, dass es sich dabei um ganz normale Frauen handelte, die durch einen Fluch verwandelt wurden. Die Strigen waren auf Grund ihrer Verwandlung so mit Hass auf die Menschen erfüllt, dass sie deren liebstes, ihre Kinder, töteten. Der Einzug der Strigenlegenden in die Anschuldigungen der Hexenprozesse ist hier klar erkennbar. Strigen verwendeten Zaubersalben, um zu fliegen und hatten es speziell auf Kinder abgesehen. Ähnliches taten angeblich auch die mittelalterlichen Hexen. Jene töteten Kinder oder gruben Kinderleichen auf dem Friedhof aus, um die sogenannte Flugsalbe herzustellen. Hexen raubten auch immer wieder Kinder, welche dann beim Hexensabbat verspeist wurden oder mit dem Teufel Unzucht treiben mussten.
Ebenso wie vor den Strigen fürchteten sich die Menschen des frühen Mittelalters vor den furchteinflößenden Lamien. Diese hatten ihren Ursprung in der griechischen Mythologie. Lamia war eine arabische Königin, mit welcher der griechische Göttervater Zeus ein Kind zeugte. Dessen Frau Hera war darüber so empört, dass sie jenes Kind tötete. Es heißt, dass Lamia über den Verlust ganz hässlich wurde und eine erschreckende Gestalt annahm. Sie trug seither ein medusenhaftes Schlangenhaupt und den Unterleib einer Schlange. Um sich für den Tod ihres geliebten Kindes zu rächen, raubte und tötete sie des Nachts die Kinder anderer Mütter. Lamia war in der

Antike ein beliebtes Schreckgespenst, mit dem Mütter und Kindermädchen unartigen Kindern Angst machten. Der frühmittelalterliche Aberglaube kannte Lamien als verführerische, weibliche Wesen, die allerdings einen Pferdefuß hatten. Sie waren ständig auf der Suche nach frischem Blut und bezirzten vor allem junge Männer mit ihrer Schönheit. Lamien konnten zwar nicht sprechen, sollen die Männer jedoch mit sirenenhaften Tönen in ihren Bann gezogen haben. Diese dämonischen Weiber saugten auch gerne kleinen Kindern das Blut aus, welches sie besonders schmackhaft fanden. Das Töten von jungen Männern und Kindern war wiederum der Grund, den Aberglauben an die Lamien in den mittelalterlichen Hexenglauben einfließen zu lassen. Dass jene unheimlichen Weiber angeblich einen Pferdefuß hatten, brachte sie auch in unmittelbare Nähe des Teufels, der in vielen Legenden meist in Verkleidung auftrat und nur an seinem Pferdefuß zu erkennen war.

Eine amüsante Geschichte, auf die ich während meiner Recherchen zu den Lamien stieß, möchte ich meinen geneigten Lesern nicht vorenthalten. Im Februar 1852 verfasste Lord Alfred Faversham einen Brief an seinen Freund C. Penforth Wright. Beide Männer waren Gründungsmitglieder der Kryptozoologischen Gesellschaft London. In jenem Brief berichtete der gute Lord Faversham seinem Freund, dass es Lamien tatsächlich gäbe. Die größte Population lebe in der Sahara, wo einsame Reisende ihre Opfer würden. Es waren also wohl nicht die lebensfeindlichen Bedingungen der Wüste, die so vielen Menschen das Leben kosteten, sondern jene unheimlichen Weiber. Dem Brief war eine Skizze von eben diesen Wesen beigelegt. Wenn sich die Kryptozoologie inzwischen zwar zu einem anerkannten wissenschaftlichen Nebenzweig entwickelt hat, kann man sich aber angesichts ihrer Anfänge wohl kaum ein wohlwollendes Schmunzeln verkneifen.[14]

Es waren jedoch nicht nur dämonische Nachtgestalten, welche in das mittelalterliche Hexenbild eingewoben wurden. Auch die „guten Geister" missbrauchte der Klerus, um das abschreckende Bild der „bösen Hexe" zu formen. Einige der mystischen Frauengestalten des vorchristlichen Europas möchte ich meinen Lesern hier vorstellen.

Jeder von uns kennt wohl das Märchen von „Frau Holle", welches zur Märchensammlung der Gebrüder Grimm gehört. Eher weniger bekannt ist, dass sich Frau Holle ursprünglich aus der heidnischen Sagengestalt der Holda entwickelte. Wenn Holda, wie auch die im Anschluss beschriebenen mystischen Frauen, nicht direkt eine göttlich verehrte Gestalt war, erfüllte sie bei den Völkern im heutigen hessisch-thüringischen Raum doch die Aufgabe einer Fruchtbarkeitsgöttin. Sie galt als Beschützerin der Natur sowie der Landwirtschaft und wachte über traditionell von Frauen ausgeführte Arbeiten wie den Flachsanbau und das Spinnen. In den Rauhnächten soll Holda auch an der „Wilden Jagd" teilgenommen haben, jenem unheimlichen Geisterzug am Nachthimmel, der die Menschen in Angst und Schrecken versetzte. In ihrer Funktion als Teilnehmerin der „Wilden Jagd" zeigte sich auch das beloh-

[14] Den kompletten Inhalt des Briefes sowie die erwähnte Skizze finden interessierte Leser in „Das große Buch der Ungeheuer", erschienen im Tosa Verlag.

nende wie strafende Wesen der Holda, was wir auch aus dem Märchen „Frau Holle” kennen. Fleißigen Frauen erschien sie als wunderschöne Dame im weißen Kleid, welche Geschenke brachte. Die eher weniger arbeitsamen Frauen erschreckte Holda als altes, hässliches Weib mit Buckel und riesiger Nase. Als solch hässliche Wesen stellten sich die Menschen im Mittelalter auch die Hexen vor. Eine direktere Verbindung zwischen Holda und dem späteren Hexenwahn stellt jedoch der Begriff „Unholda” dar, welcher allerlei dämonische, zauberkundige Weiber bezeichnete, die dann im Zuge der beginnenden Verfolgung unter dem Begriff Hexe zusammengefasst wurden.

Im Zusammenhang mit Holda wird auch gerne eine Göttin namens Jecha erwähnt, welche speziell beim Volk der Thüringer große Verehrung genoss. Da Holda auch als Beschützerin von Wald und Wiesen galt, war Jecha so eine Art „Kollegin”, da sie von den Thüringern als Göttin der Jagd verehrt worden sein soll. Kultstättenforscher vermuten das Heiligtum der Jecha auf dem Frauenberg bei Sondershausen. Ein möglicher Grund dafür scheint das alte Dorf Jechaburg, heute ein Ortsteil von Sondershausen. Eine mögliche vorchristliche Kultstätte auf dem Frauenberg ist angesichts der Bedeutung, welche der Klerus dem Berg beimaß, allerdings nicht von der Hand zu weisen. Bei Ausgrabungen stieß man auf die Reste einer Kapelle, deren Errichtung dem bekannten „Heidenbekehrer” Bonifatius zugeschrieben wird. Örtliche Legenden berichten, dass Bonifatius das Heiligtum der Jecha zerstören ließ und die Bewohner der Gegend mit Gewalt zur neuen Religion bekehrte. Da bekanntermaßen heidnische Kultplätze mit Vorliebe von der Kirche zu eigenen Zwecken missbraucht wurden, scheint eine religiöse Nutzung des Frauenberges in altgermanischer Zeit durchaus denkbar.

Die moderne Geschichtsforschung rechnet Jecha zu den sogenannten „zweifelhaften Göttern”, deren historische Bedeutung sich nicht zweifelsfrei nachweisen lässt. Für unsere Suche nach den Ursprüngen des mittelalterlichen Hexenglaubens erscheint sie mir doch sehr hilfreich.

Im alpenländischen Raum genoss eine der Holda ähnliche Gestalt Verehrung, welche ebenfalls zur Abrundung des klerikalen Hexenbildes beitrug. Frau Perchta bestrafte ebenfalls Faulheit und beschenkte die fleißigen Menschen. Für besonders arbeitsame Mägde soll sie beispielsweise Eimer voller Geldmünzen hinterlassen haben. Faule und „gefräßige” Zeitgenossen bestrafte Frau Perchta mit Alpträumen bis hin zum Aufschlitzen des Bauches. Ebenso wie Holda war Frau Perchta speziell in den Rauhnächte aktiv und konnte durch die Lüfte reisen. Sie wurde fast durchweg als alte Frau mit auffallend großer Nase dargestellt. Eine alte Frau, welche durch die Luft fliegen konnte und eine große Nase hatte, war natürlich prädestiniert dafür, in den Hexenglauben Einzug zu halten. Alpträume schicken und Bäuche aufschlitzen wurde wohl als Schadenszauber „verbucht”. Frau Perchta ist erstaunlicherweise bis heute nicht in Vergessenheit geraten. In Bayern und Österreich wird ihre Gestalt bei den Perchtenläufen, einem Umzug zum Austreiben des Winters, immer noch dargestellt.

Ähnliche weibliche Sagengestalten wie Holda, Jecha und Frau Perchta, kannte man im gesamten vorchristlichen Europa. Ich schließe mich der Ansicht der modernen

Geschichtswissenschaft an, dass all jene Frauengestalten ihren Ursprung in der römischen Mond- und Fruchtbarkeitsgöttin Diana haben. Diana galt auch als Beschützerin des Waldes und der Jagd. Sie blieb Zeit ihres Lebens unvermählt und soll sich niemals einem Mann hingegeben haben. Diana war so etwas wie der Prototyp der unabhängigen Frau, welche so gar nicht in das Weltbild der Kirche passte. Grund genug für die „Anheizer" des mittelalterlichen Hexenwahns, sie als Hexengöttin oder gar als Frau des Teufels darzustellen.

Die römische Diana weist durchaus Parallelen mit den griechischen Göttinnen Artemis und Hekate auf. Alle diese „göttlichen Damen" haben ihren Ursprung wohl in der „Magna Mater", der lebenspendenden Muttergottheit, deren Verehrung sich bis in die Jungsteinzeit zurückverfolgen lässt. Weibliche Göttinnen genossen bei unseren frühen Vorfahren traditionell große Verehrung, da sie auch über den Erhalt der menschlichen Rasse wachten. Erst mit dem Erstarken des patriarchalischen Systems der christlichen Kirche wurden jene weiblichen Götter zu Gunsten des monotheistischen Schöpfergottes dämonisiert und „verteufelt".

Es war gängige Praxis der Kirche, heidnische Kultplätze und Versammlungsorte, wie etwa die germanischen Thingplätze zu übernehmen und diese für ihre Zwecke zu nutzen. Oft wurden jene Plätze mit den steinernen Gotteshäusern der Christen überbaut. Die Kirche wollte es ihren neuen „Schäfchen" so leichter machen, sich an die neue Religion zu gewöhnen. Handelte es sich um Örtlichkeiten, welche dem Klerus unpraktisch erschienen oder eine Bebauung nicht möglich war, wurden jene heidnischen Kultstätten zum Teil mit christlicher Symbolik verziert. So versuchte der Klerus, die alten Religionen aus dem Gedächtnis der kommenden Generationen zu streichen. Es war Gregor I., von 590 bis 604 Papst der römischen Kirche, welcher im Jahre 601 seinen Missionaren den offiziellen Auftrag gab, heidnische Kultplätze nicht mehr zu zerstören. Vielmehr sollten diese durch Besprengen mit Weihwasser geweiht und mit christlichen Symbolen versehen werden. Später ging man dazu über, an jenen Stellen Kirchen und Kapellen zu errichten.

Nach welchen speziellen Gründen und Merkmalen sich unsere Vorfahren ihre religiösen Kultstätten auswählten, liegt heute weitestgehend im Dunkel der Geschichte verborgen. Die immer weiter fortschreitende Spiritualisierung der menschlichen Vergangenheit treibt gerade beim Thema vorchristlicher Kultplätze immer absurdere Blüten. Angebliche Kraftlinien, nebulöse Erdstrahlungen oder gar kosmische Einflüsse finden immer wieder Erwähnung in esoterischen Veröffentlichungen. Natürlich möchte ich nicht bestreiten, dass es Dinge zwischen Himmel und Erde gibt, die unser Geist nur schwer begreifen kann und in unserer übertechnisierten Welt kaum noch beachtet werden. Es ist allerdings eine Gratwanderung, zu entscheiden, was spiritueller „Firlefanz" ist und was wir dagegen in unsere Überlegungen mit einbeziehen können, um das religiöse Weltbild unserer Vorväter verstehen zu können. Ich selbst bin der Ansicht, dass die Menschen der Frühzeit sich ihre heiligen Plätze nach ganz speziellen Gesichtspunkten aussuchten. Sicherlich wurden wohl in erster Linie natürliche Gegebenheiten bevorzugt, wie etwa außergewöhnliche Felsformationen oder auch Waldstücke, die heute als Heilige Haine bekannt sind. Orte, welche eine gewisse magische Ausstrahlung hatten bzw. Ruhe und Geborgenheit vermittelten, wurden mit Sicherheit bevorzugt. Obwohl ich mich selbst für einen eher rational denkenden Menschen halte, habe auch ich an verschiedenen frühzeitlichen Kultplätzen eine gewisse mystische Aura verspürt. Vor allem am Klusfelsen in Goslar, über den ich in diesem Kapitel noch ausführlich berichten werde, habe ich bei jedem Besuch eine Art Gefühl von „heimkommen".

Versuchen Sie es doch selbst einmal, meine lieben Leser. Besuchen Sie eine der frühzeitlichen Anlagen und lassen Sie diese auf sich wirken. Es ist allerdings nicht immer leicht, seinen von der heutigen hektischen Welt geprägten Geist in Einklang mit der Stimmung zu bringen, welche jene Orte vermitteln, die unseren Vorfahren als rituelle Stätten dienten.

Ein für mich in besonderer Erinnerung gebliebenes Erlebnis möchte ich meinen geneigten Lesern an dieser Stelle nicht vorenthalten. Allerdings hat es nichts mit der europäischen Vergangenheit zu tun, denn die Begebenheit spielte sich im schönen Land Türkei ab. Der eigentliche Ort ist aber eher nebensächlich, denn alle Völker, die bisher unseren Erdball bewohnten, suchten sich ihre heiligen Stätten wohl nach ähnlichen Gesichtspunkten aus. Das Erlebnis, von dem ich berichten möchte, spielte sich auch nicht direkt auf einem religiösen Kultplatz ab, sondern auf einem uralten Friedhof, einer sogenannten Nekropole. Aber auch Friedhöfe wurden von den Menschen der Frühzeit nach ähnlichen Merkmalen ausgewählt wie die Kultstätten. Für unsere Hochzeitsreise im Jahr 2003 hatten sich meine Frau und ich eine Schiffsreise in der Türkei ausgesucht. Ausgangspunkt der Reise war der Hafen von Antalya, von wo wir dann eine Woche mit einer kleinen Reisegruppe sowie Kapitän und Bootsmann an der türkischen Riviera „entlang schipperten". An einem sonnigen Nachmittag ankerten wir bei dem kleinen Küstenörtchen Simena, welches von einer imposanten Burgruine überragt wird. Wir gingen an Land und machten uns an den Aufstieg zur Ruine. Allerdings kein leichtes Unterfangen, denn der schmale Weg war gesäumt von älteren Frauen, welche uns lautstark verschiedenste Handarbeiten zum Kauf anboten. Jede der Frauen wollte ihre Konkurrentinnen an Lautstärke überbieten, so dass uns während des gesamten Aufstiegs eine wahrhaft nervende Geräuschkulisse begleitete. Die Burgruine und speziell die Aussicht aus luftiger Höhe entschädigte uns jedoch für den vorangegangenen Lärm. Während meine Reisebegleiter hauptsächlich Augen für das wundervoll azurblaue Mittelmeer hatten, fielen mir mehrere, für diese Region typischen steinernen Sarkophage auf, welche in einem Wäldchen nahe der Burg standen. Ich machte meine Frau darauf aufmerksam und wir begaben uns zu dem Wäldchen. Was zunächst nur nach einigen wenigen Grabstätten aussah, entpuppte sich als weitläufige Nekropole. Eine Vielzahl der gruftartigen Steinsärge bedeckte die Flanke des Berges, auf dem die Burgruine steht. Der Friedhof, zudem von Olivenbäumen und verschiedensten Sträuchern bedeckt, bot einen idyllischen Anblick. Wir waren begeistert von unserer Entdeckung und durchstreiften die weitläufige Anlage. Auf dem Rückweg zu unserer Gruppe, welche sich noch in der Burgruine befand, machte mich meine Frau auf die eigenartige Atmosphäre des Friedhofs aufmerksam. Obwohl wir uns unweit der von Lärm erfüllten Ortschaft befanden,

herrschte hier buchstäblich „Totenstille". Kein Vogelgezwitscher war zu hören und auch vom nahegelegenen Meer waren keine Geräusche zu vernehmen. Eine erhabene Stille lag über der uralten Nekropole. Mit wenigen Schritten erreichten wir wieder den Rand des Dorfes und befanden uns im allgemeinen Getümmel, verbunden mit der dazugehörigen Geräuschkulisse. Ich machte noch einen Versuch und ging die wenigen Schritte zurück zum Rand des Friedhofs. Sofort befand ich mich wieder von vollständiger Ruhe umgeben. Die Menschen der Frühzeit, welche diesen Friedhof errichteten, hatten wahrlich den richtigen Platz ausgesucht, um ihre Toten in Frieden ruhen zu lassen.
Wie „verstaubte" Geschichtswissenschaftler versuchen, die von ihnen belächelte Kultstättenforschung ins Abseits zu drängen, zeigt sich besonders drastisch am Beispiel des 971 Meter hohen Wurmbergs bei Braunlage im Harz. Schon der Name Wurmberg ist eine Verunglimpfung der Traditionen unserer Vorväter. Der Kultstättenforscher Siegfried Hermerding und seine Mitstreiter fanden heraus, dass der Berg in früherer Zeit den wohlklingenden Namen Drachenberg trug. Drachen spielen in der nordisch-germanischen Mythologie eine nicht zu verachtende Rolle. Denken wir nur an den Drachen Nidhögg. Jener war ein fürchterliches Untier, dass unter den Wurzeln des Weltenbaumes Yggdrasil hauste, welcher nach der Vorstellung unserer Vorfahren das gesamte Universum verkörperte. Wenn Nidhögg nicht gerade Leichen fraß, stritt er sich mit dem Adler und dem Habicht, welche in der Krone des Baumes lebten. Der Drache liebte es auch, an den Wurzeln des Weltenbaumes zu knabbern. Vermutlich wollte er damit dem Universum Schaden zufügen.
Noch bekannter als Nidhögg ist der Drache Fafnir. Dieser war einst als Mensch geboren und Sohn eines Zauberers. Aus Habgier erschlug Fafnir seinen Vater Hreidmar. Seine Gier nach immer mehr Reichtümern wuchs ins Unermessliche. In einer Höhle bewachte Fafnir eifersüchtig seine zusammengerafften Schätze und verwandelte sich mit der Zeit in einen Drachen, um seinen Besitz besser vor Dieben schützen zu können. Der Drache Fafnir begegnet uns auch im Nibelungenlied, der wohl bekanntesten Sage der Deutschen. Dort ist es der strahlende Held Siegfried, welcher den Drachen tötet und so zu unsterblichem Ruhm gelangt.
Ab dem 13. Jahrhundert wurde erstmals statt des erhaben klingenden Namens Drachenberg, der Begriff Wormberch verwendet. Warum dies geschah, lässt sich leicht erklären. In jener Zeit hatte sich die christliche Religion so fest in Europa etabliert, dass der Klerus mit Nachdruck daran ging, auch die letzten Reste der alten heidnischen Religionen aus der Erinnerung der Menschen zu löschen. Nichts sollte mehr an die einstmals mächtigen Götter und die Stätten ihrer Verehrung erinnern. Auch nicht der Drachenberg, einstmals mit Sicherheit eine bedeutende Kultstätte unserer Ahnen. Auch wenn die Kirche die Bedeutung des ehemaligen Drachenberges zu verschleiern versuchte, blieb das Andenken an die einst mächtige Tempelanlage auf dem heutigen Wurmberg im Volke verwurzelt. Ab Mitte des 19. Jahrhunderts erschienen immer wieder Bücher über die Geschichte des Harzes, welche auch von einer bedeutenden Kultanlage auf dem Wurmberg berichteten. Bekanntestes Beispiel sind hier die „Harzsagen", gesammelt und herausgegeben von Heinrich Pröhle, einem Schüler

Jacob Grimms. Von 1949 bis 1956 führte der Archäologe Dr. Walter Nowothnig mehrere Grabungen auf dem Gipfel des Wurmberges durch, die sensationelle Ergebnisse lieferten. Dr. Nowothnig entdeckte tatsächlich die Überreste einer gewaltigen Tempelanlage, die zweifellos für kultische Zwecke verwendet wurde. Die archäologische Fachwelt der damaligen Zeit war begeistert und überbot sich mit der Datierung der Anlage. Erst wurde von einer Grabanlage aus der Bronzezeit gesprochen, dann wurden daraus die Reste einer Kirche aus dem 8. Jahrhundert bis man sich schließlich auf eine keltische Tempelanlage einigte, welche auf den Beginn der Zeitrechnung datiert wurde. Letzteres würde sich mit den überlieferten Geschichten des Volkes decken und wird auch heute noch von den meisten Heimatforschern angenommen. Nicht so die Wissenschaft. Wenn etwas nicht in deren Weltbild passt, muss natürlich das Gegenteil bewiesen werden. So auch bei der Tempelanlage auf dem Wurmberg. Von 1999 bis 2000 wurden wiederum archäologische Untersuchungen auf dem Plateau des Wurmbergs vorgenommen, welche zu einem verblüffenden Ergebnis führten. Auf einmal war die frühzeitliche Steinanlage das Fundament einer Hütte, die erst im Jahre 1820 von einem Förster namens Daubert errichtet wurde. Jener Förster soll auf dem Wurmberg mit Familie und Freunden rauschende Feste gefeiert haben. Jene Festlichkeiten kamen den Bewohnern der umliegenden Ortschaften angeblich wie kultische Zeremonien vor, woraus die Legenden von uraltem heidnischem Brauchtum auf dem Berg entstanden. Unseriöser kann Forschung wohl kaum sein!
Auf den Resten jener angeblichen Hütte wurde siebzig Jahre später ein Holzturm für trigonometrische Messungen errichtet. Die kreisrunde Steinformation soll dabei als Stütze für den Turm gedient haben. Gegen 1930 wurde der Turm wieder abgerissen und es blieben nur die Steine liegen, welche dann gerade mal zwanzig Jahre später von dem Archäologen Dr. Nowothnig angeblich völlig falsch als frühzeitliche Tempelanlage deklariert wurden. Es ist schon sehr erstaunlich, dass sich 1949 niemand mehr an den Turm bzw. die vorher dort stehende Hütte erinnert haben soll. Man könnte jetzt dagegenhalten, dass sich so kurz nach dem verheerenden 2. Weltkrieg keiner der Anwohner sonderlich für archäologische Ausgrabungen interessiert hat. Geradezu lächerlich ist allerdings die Behauptung, dass sich ein studierter Mann wie Dr. Nowothnig derart in der Datierung seiner Funde geirrt haben soll. Dr. Nowothnig entdeckte ebenfalls die Reste eines befestigten Weges im Bereich der Tempelanlage. Verlängert man diesen Weg, kommt man zu einer Treppenanlage, die aus dem Tal auf den Wurmberg führt. Im Volksmund wurde die Treppenanlage früher „Heidentreppe" genannt, was später in „Hexentreppe" geändert wurde. Ein weiteres Beispiel, wie die Überlieferungen unserer Vorfahren später verunglimpft wurden. Die „Heidentreppe" ist ein beeindruckendes Relikt der frühzeitlichen Besiedlung im Bereich des Harzes. Vermutlich wurden natürliche Gegebenheiten benutzt, um die Treppenanlage zu errichten. Wozu sollten aber die früheren Bewohner jener Gegend so eine Treppe auf den Wurmberg errichtet haben? Sie werden wohl sicherlich nicht des Öfteren wegen der schönen Aussicht auf den Berg gestiegen sein. Die Steinanlage mit der dazugehörigen „Heidentreppe" lässt eine religiöse Nutzung des Wurmberges durchaus möglich erscheinen. Doch auch für die Entstehung der fälschlicherweise als „Hexentreppe"

bezeichneten Stufenanlage hat die moderne Wissenschaft eine Erklärung bereit. Jene Treppe soll ebenfalls von Förster Daubert und seinen Freunden errichtet worden sein. Grund für diese Behauptung ist ein Hosenknopf englischen Fabrikats, der angeblich unter einem Stein der Treppe gefunden wurde. Datiert wurde der Knopf auf etwa 1800 und schon stand der wackere Förster auch als Erbauer der Treppe fest. Jenen Knopf kann aber jeder beliebige Besucher des Wurmberges verloren haben. Ganz so sicher scheinen sich die „Ausgräber" von 1999/2000 wohl auch nicht gewesen zu sein, denn der beteiligte Dr. Michael Geschwinde gestand der auf den Wurmberg führenden Treppe im Rahmen eines Vortrages in Wolfenbüttel ein „mystisches Geheimnis" zu. Hört, hört!
Auch auf der Tafel, welche am Rande der Steinanlage steht, kann der Besucher einige vorsichtige Annäherungen an eine mögliche frühzeitliche Nutzung des Bergplateaus ausmachen. So werden noch einige weitere Steinsetzungen im Bereich des Wurmbergs erwähnt, die sich bisher einer zeitlichen Bestimmung entzogen haben. Seit 2003 wird das Wurmbergplateau auf Grund seiner Spuren frühzeitlicher menschlicher Nutzung sogar als archäologisches Schutzgebiet geführt. Die Existenz einer heidnischen Tempelanlage wird jedoch weiterhin vehement bestritten.
Wenn der Kirche zwar keine direkte Beteiligung an der Verschleierung der Geschichte des Wurmberges angelastet werden kann, ist es jedoch im Sinne des Klerus, wenn das Bestehen heidnischer Kultstätten durch die Wissenschaft angezweifelt wird.
Ein anschauliches Beispiel für eine nachweisliche Übernahme einer vorchristlichen Stätte durch die Kirche bietet der Klusfelsen in Goslar mit dem dazugehörigen Petersberg. Am Rande von Goslar, nahe der Bahnlinie, liegt hinter einigen Einfamilienhäusern und einer Seniorenresidenz versteckt der beeindruckende Klusfelsen, welcher auch unter der Kurzbezeichnung Klus bekannt ist. In seiner majestätischen Pracht muss er wohl auf unsere frühen Vorfahren einen magischen, ja heiligen Eindruck gemacht haben, so dass sie ihn zweifelsohne als religiöse Kultstätte nutzten. Menschliche Bearbeitungsspuren am und auch im Felsen legen Zeugnis davon ab. Heute ist der Klus vor allem wegen seiner Felsreliefs bekannt. Speziell für Anhänger der grenzwissenschaftlichen Geschichtsforschung stellt die Felsformation geradezu ein „Paradies" dar. Besondere Verdienste um den Klusfelsen hat sich der Kultstättenforscher Dr. Siegfried Hermerding gemacht. In der erstmals 1987 herausgegebenen Broschüre „Die Magier vom Klus" stellt er die Anlage und ihre Geschichte ausführlich vor. Mit Hilfe Siegfried Hermerdings Ausführungen lassen sich tatsächlich eine Vielzahl von verschiedenen Felsenreliefs erkennen. Ein Großteil davon ist natürlich gewachsen oder entstand durch altersbedingte Verwitterung. An anderen Stellen lassen sich jedoch Bearbeitungsspuren erkennen, wie beispielsweise die „Gralsträgerin", die eindeutig von Menschenhand geschaffen wurde.
Wann und von wem der Klusfelsen erstmalig für religiöse Zwecke verwendet wurde, können wir heute nicht mit Bestimmtheit sagen. Siegfried Hermerding ist der Ansicht, dass es nicht erst unsere germanischen Vorfahren waren. Er spricht von „atlantischen" Zeiten, in denen bereits Menschen ihren Göttern am Klus huldigten. Der Kultstättenforscher nimmt hier eindeutig Bezug auf die Ausführungen von Ernst Beta, dessen

1913 erschienenes Buch „Die Erde und unsere Ahnen” auch im Literaturverzeichnis von Hermerdings Broschüre erwähnt wird. Auf Ernst Betas ziemlich verworrenes, für grenzwissenschaftliche Nachforschungen aber nicht uninteressantes Werk werde ich an späterer Stelle noch eingehen.

Die im Harz siedelnden germanischen Stämme werden aber zweifelsohne den Klusfelsen für religiöse Zwecke genutzt haben. Im oberen Teil des Felsens befanden sich mehrere vermutliche Kulträume, welche seit Mitte des 12. Jahrhunderts als Einsiedlerklause verwendet wurden. Daher auch der Name Klusfelsen. Einer der Kulträume beherbergt heute eine christliche Höhlenkapelle mit Altar und Marienstatue. Sitzgelegenheiten runden das Bild ab, so dass die Kluskapelle ohne weiteres für Gottesdienste oder andere christliche Zeremonien genutzt werden kann. An der Wand der Kapelle befindet sich ein heute zugemauerter Durchgang, welcher zu den anderen Räumen führte. Rechts neben dem Zugang zur Kapelle ist eine ebenfalls zugemauerte Öffnung zu erkennen. In seiner 1982 veröffentlichen Broschüre „Die Kluskapelle in Goslar” schreibt der Forscher Günther Machalett folgendes: „Gleich rechts neben der Tür, nur wenig über dem Boden sehen wir die zugemauerte Lücke des Sonnenloches. Schräg durch den Raum, dieser Lücke gegenüber sehen wir eine Wandfläche, die ebenfalls vermauert ist.” Möglicherweise wurde hier der bei den Germanen beliebte Sonnenkult betrieben. Die beiden heute vermauerten Öffnungen in der Kluskapelle könnten bei den Sonnenwendfeiern Verwendung gefunden haben. Die Öffnungen haben unsere Vorfahren wohl einstmals so geschaffen, dass bei den Sonnenwendfeiern zu bestimmten Tageszeiten die Sonne hindurch strahlte. Die heutige Kluskapelle war also möglicherweise eine Art Sonnenkammer, wie wir sie auch von den Externsteinen kennen. Dort gibt es einen „Sacellum” genannten Raum, mit steinernem Podest und kreisrundem „Sonnenloch”. Das „Sacellum” wurde später zu einer christlichen Kapelle ausgebaut. Genau das Gleiche geschah mit der „Sonnenkammer” am Klusfelsen, welche heute die Kapelle beherbergt. Wir haben hier erneut zwei schöne Beispiele, wie die Kirche Kultstätten unserer heidnischen Vorfahren veränderte und für ihre Zwecke nutzte.

Durch den schriftlichen Nachlass von römischen Schreibern wie Tacitus oder Cassidor sowie den Aufzeichnungen Reisender aus der Frühzeit, können wir uns heute ein ungefähres Bild von den religiösen Stätten der Germanen machen. Wenn wir nun die Externsteine als „inoffizielles” Beispiel für eine vorchristliche Kultstätte mit heranziehen, wird es immer augenscheinlicher, dass es sich beim Klusfelsen ebenfalls um ein religiöses Zentrum unserer frühen Vorfahren handelt. Neben der bereits beschriebenen „Sonnenkammer” befindet sich am Klus ein Felsengrab, in welches sich die Priester legten, um ihre Visionen zu empfangen. Das Felsengrab ist heute mit Beton ausgegossen. Angeblich zur Sicherheit der Besucher. Vielleicht will man aber auch etwas verbergen.

Außerdem gibt es am Klusfelsen, wie auch bei anderen Kultstätten, eingemeißelte Reliefbilder und uralte Treppenanlagen. Nicht zu vergessen der von Menschenhand geschaffene Raum im unteren Teil des Klusfelsens. Solcher Art Kulträume finden sich an den Externsteinen gleich mehrere. Im oberen Teil des Klus gibt es mit Sicherheit ebenfalls weitere Räume, deren Zugang aber zugemauert ist. Für die Kultstättenforschung wäre es von enormem Wert, dürfte man die vermauerte Wand in der Kluskapelle aufbrechen. Die Genehmigung hierfür wird aber schwerlich zu bekommen sein, da die geschichtswissenschaftliche Forschung keinerlei Interesse am Klusfelsen zeigt. Heimat- und Kultstättenforscher hegen allerdings keinen Zweifel daran, dass es sich bei der Anlage um ein vorchristliches Heiligtum handelt. Winfried Katholing schreibt beispielsweise in seinem Buch „Die Groß-Steinskulpturen-Kultplätze der Steinzeit", dass es sich beim Klusfelsen um eine Art „Kleinausgabe" der Externsteine handelt. Dieser Aussage kann ich mich nur anschließen.

Die Nutzung des Klusfelsens als christliche Stätte wird offiziell Agnes, der Frau von Kaiser Heinrich III. zugeschrieben. Angeblich war sie es, die den Kaiser dazu bewegte, auf dem Petersberg das Kloster St. Peter zu errichten. Eine Sage weiß zu berichten, dass die Kaiserin einst ihr kostbares Geschmeide vermisste. Der Verdacht fiel auf ihren Kammerdiener, welcher verurteilt und hingerichtet wurde. Wenig später wurden die Schmuckstücke im Nest einer Elster entdeckt, was die Unschuld des Kammerdieners bewies. Dies nützte dem armen Mann allerdings wenig. Um für sein Seelenheil beten zu können, bat Agnes den Kaiser, auf dem Petersberg ein Kloster zu errichten. Wann das Kloster genau errichtet wurde, ist unklar, da die Stiftungsurkunde nicht erhalten ist. Eine erste schriftliche Erwähnung von St. Peter findet sich 1062.

Da die Errichtung des Klosters natürlich Zeit brauchte, wurde auf Agnes Wunsch im nahegelegenen Klusfelsen eine Kapelle eingerichtet, wo Agnes für ihren Kammerdiener beten konnte. Warum Agnes so erpicht darauf war, unbedingt auf dem Petersberg die Sühnestätte für das begangene Unrecht an ihrem Kammerdiener zu errichten, wissen wir nicht. Ein Kloster namens St. Peter auf dem Petersberg zu errichten, würde Sinn machen, doch diesen Namen erhielt der Berg angeblich erst durch die Klosteranlage. Vorher wurde er Kalkberg genannt. Günther Machalett ergeht sich in der Vermutung, dass der Name Petersberg sich auf den Göttervater Wodan bezieht. Bei einem überaus interessanten Telefonat mit Herrn Machalett erfuhr ich Genaueres darüber. Im Rahmen der Christianisierung der germanischen Stämme war es gängige Praxis, deren oberste Gottheiten mit den Aposteln der Evangeliengeschichten gleichzusetzen. Bekanntermaßen war der Kirche jedes Mittel recht, ihre Religionsvorstellungen den Heiden mit aller Macht aufzuzwingen. Neben körperlicher Gewalt wurden auch psychologische Maßnahmen ergriffen. Den Menschen wurde eingeredet, dass es falsch sei, noch an die alten Götter zu glauben. Angeblich drohte jedem ewige Verdammnis, der nicht seinem heidnischen Glauben abschwor und sich zum alles überthronenden Gott des Christentums bekannte. Die jeweiligen Verehrungsstätten der vorchristlichen Gottheiten wurden in feierlichen Zeremonien verschiedensten Gestalten der biblischen Geschichte geweiht. Theoretisch hätte man die oberste germanische Gottheit mit Jesus gleichsetzen müssen. Das ging den Klerikern dann aber wohl doch etwas zu weit. Immerhin wurde aus Wodan St. Peter gemacht, bei dem es sich um Simon Petrus handelte, neben Jesus die wichtigste männliche Person der Evangelien.

Siegfried Hermerding deutet den Petersberg ebenfalls als frühzeitliche Kultstätte. Aus diesem Blickwinkel betrachtet, macht der ehemalige Kalkberg als Standort der Klosteranlage St. Peter durchaus Sinn. Die Kirche war darauf aus, alle noch im Verborgenen vorhandenen Glaubensansätze an Göttervater Wodan zu unterbinden. Möglicherweise wurden auf dem Kalkberg heimlich noch heidnische Rituale praktiziert. Mit dem Bau des Klosters wurde dies nun unterbunden.

Kaiser Heinrich III. war ein sehr frommer Mann, der sich während seiner Regierungszeit unablässig für die Stärkung der Kirche einsetzte. Seine Kirchenpolitik gilt bis heute als legendär. Wir können also davon ausgehen, dass die Geschichte von seiner Frau als Stifterin des Klosters St. Peter tatsächlich eine Legende ist. Zwar wurde 1869 tatsächlich am Klusfelsen ein Grab mit einer Urne entdeckt, ob es sich hierbei aber um die Ruhestätte jenes unglücklichen Kammerdieners handelt, scheint eher fraglich.

Ebenso „schleierhaft" wie der Bau des Klosters ausgerechnet auf dem Petersberg, erscheinen die Gründe für die Errichtung der Kluskapelle. Der bereits angesprochenen Legende nach konnte es Agnes gar nicht schnell genug gehen, Buße für das dem Kammerdiener zugefügte Unrecht zu tun. Warum es gerade der Klusfelsen sein musste, ist die eine Frage. Viel verwunderlicher finde ich es allerdings, warum man sich für einen vorübergehenden Gebetsort die Mühe machte und die Kapelle aus dem Stein schlug. Viel einfacher wäre es doch gewesen, auf dem Gelände des Klusfelsens eine kleine Kapelle im herkömmlichen Stil zu errichten. Wir können also daraus nur schlussfolgern, dass die Räumlichkeiten im Felsen bereits vorhanden waren und zu einer Kapelle umfunktioniert wurden. Diese Möglichkeit wird aber von der sogenannten wissenschaftlichen Geschichtsforschung gar nicht erst in Betracht gezogen. Eine vorchristliche Nutzung der Anlage wäre damit nicht mehr auszuschließen und mit dieser Tatsache tut sich die Wissenschaft ja bekanntlich schwer. Ich selbst bin mir ziemlich sicher, dass Klusfelsen und Petersberg ein bedeutendes Zentrum der vorchristlichen Religionen waren.

Meinen Recherchen zufolge, gehört die Kluskapelle heute besitztechnisch der Stadt Goslar. Das Kanzelrecht liegt bei der Kirchengemeinde St. Stephani. Eine Nutzung der Kapelle von anderen Kirchengemeinden bedarf der Zustimmung vom Pfarramt St. Stephani. Zu Ostern wird die Kluskapelle regelmäßig genutzt. Meinem Wissen nach finden gelegentlich auch Taufen und Trauungen statt. Auch privat wird der Klusfelsen gern für religiöse Zwecke genutzt. Davon zeugen die Rußspuren neben dem Eingang zur Kapelle. In einer kleinen Felsnische entzünden Menschen immer wieder Kerzen und Teelichter. Welchen Göttern jene Menschen huldigen, weiß ich nicht. Vielleicht sind es auch solche, die schon unsere germanischen Vorfahren kannten.

Wie versprochen möchte ich an dieser Stelle auf das Buch „Die Erde und unsere Ahnen" eingehen. Ernst Bethas Buch mit knappen Worten zu beschreiben, ist ob der behandelten Themenvielfalt nicht leicht. Zusammenfassend kann man sagen, dass der Autor der Meinung ist, dass sich ein großer Teil der menschlichen Frühgeschichte ganz anders abgespielt hat, als wir sie heute kennen. Lassen wir den Autor am besten selbst zu Wort kommen. Im Vorwort schreibt Betha: „Nicht nur das Original der Edda sondern auch die Originale vom Alten und Neuem Testament sind sehr viel früher verfasst worden, als bisher angenommen wurde."

Bethas Ausführungen sind durchweg sehr gewagt, aber interessant. Problematisch erscheint mir nur, dass der Autor keinerlei Angaben über die Quellen seiner Forschung macht. Wir können also nicht mit Bestimmtheit sagen, ob sich Betha alles nur ausgedacht hat oder tatsächlich ein Funken Wahrheit in seinem Buch enthalten ist.

Obwohl von der wissenschaftlichen Welt seit jeher mitleidig belächelt und der Allgemeinheit fast gänzlich unbekannt, ist „Die Erde und unsere Ahnen" für unsere Betrachtungen der vorchristlichen Religionen mehr als beachtenswert. Wenn Bethas Ausführungen auch reichlich verworren und weit hergeholt scheinen, beschäftigen sie sich doch indirekt mit dem heidnischen Einfluss auf die Entstehung der christlichen Religion. Besonders interessant für diese Thematik ist Bethas Behauptung, dass die Kreuzigung von Jesus nicht in Jerusalem sondern in Jöruvalla, dem heutigen Goslar geschah!

Ja, Sie haben richtig gelesen, Ernst Betha behauptet tatsächlich, dass der „Stützpfeiler“ der christlichen Religion in Goslar, genauer gesagt am Klusfelsen gekreuzigt wurde.

Der Klusfelsen und der dazu gehörige Petersberg werden vom Autor als die eigentlichen Stätten der in den Evangelien beschriebenen Kreuzigungsgeschichte identifiziert. Der Petersberg wird zur Kreuzigungsstätte Golgatha, der Felsenkeller im unteren Teil des Klusfelsen zu Jesus Felsengrab.

Starker Tobak!

Dann gehe ich doch gleich noch weiter und sehe in dem nahegelegenen Klusteich den See Genezareth. Aus dem Osterfeld in Goslar wird dann die Stätte, an der Jesus seine Auferstehung zelebrierte.

Doch zurück zu Ernst Betha. Bei ihm ist es ein Jöten genanntes Volk, welches für die Kreuzigung von Jesus verantwortlich war. Die Verwechslung der Jöten mit dem Volk der Juden war laut Betha der Grund für deren jahrhundertelange Verfolgung. Die Jöten kennen wir aus der Edda als Volk von Riesen. Ob diese Riesen mit Bethas Jöten identisch sind, erschließt sich aus der Lektüre seines Buches nicht. Ich bin mir ziemlich sicher, dass es nicht Jesus war, der auf dem Petersberg gekreuzigt wurde. Es war wohl auch keine Kreuzigung im eigentlichen Sinne. Denken wir an die Geschichte von Odin, der sich neun Tage lang an den Weltenbaum Yggdrasil hängen ließ, um zu tieferer Erkenntnis über das Universum zu gelangen. Die Edda erzählt in „Odins Runenlied" wie Odin neun Tage in einem Baum hing und ihm das Geheimnis der Runen zuteilwurde. In der Dichtung wird nicht ausdrücklich erwähnt, dass es der Baum Yggdrasil war, an dem Odin hing. Allerdings deutet die Textzeile „Am Ast des Baumes, dem niemand ansieht aus welcher Wurzel er spross" darauf hin, dass es sich um den Weltenbaum handelte, der das gesamte Universum symbolisierte.

Wir wissen heute recht wenig über die religiösen Rituale unserer germanischen Vorfahren. Möglicherweise war das Baumhängen Teil eines kultischen Rituals, welches auch auf dem Petersberg vollzogen wurde. Der Opfernde wurde dann möglicherweise in der unteren Kammer des Klusfelsen gepflegt, um sich von den Strapazen des Rituals zu erholen. In diesem Zusammenhang sei auch an die Steinskulptur „Der

Hängende" an den Externsteinen erinnert, wo vielleicht ähnliche Kulthandlungen durchgeführt wurden.
Ob zwischen diesem möglichen Ritual und einer etwaigen Kreuzigung von Jesus eine Verbindung besteht, erscheint mir allerdings mehr als fraglich. Ernst Betha hat wohl von vorchristlichen Ritualen am Klus in Goslar gehört und voreilige Schlüsse gezogen.
Bei meinen weiteren Recherchen stieß ich auf eine heute fast gänzlich vergessene vorchristliche Religion, in deren Zentrum ein gewisser Baldur-Krestos stand. Bei Baldur-Krestos ist eine gewisse Ähnlichkeit mit dem christlichen Heiland erkennbar. Auch er wurde von seinen Feinden ans Kreuz geschlagen. Und jetzt raten Sie mal wo? – Auf dem Petersberg bei Goslar! Nun könnte man der Einfachheit halber von einer weiterführenden Ausschmückung der Thesen von Ernst Betha ausgehen. Aber an der Geschichte von Baldur-Krestos muss mehr dran sein, denn sie fußt auf den Erkenntnissen eines der bedeutendsten Altertumsforscher des frühen 20. Jahrhunderts, Karl Maria Wiligut.[15]
Der aus einer österreichischen Offiziersfamilie stammende Wiligut absolvierte eine bemerkenswerte militärische Karriere, um sich nach dem Ausscheiden aus dem aktiven Dienst ganz seiner Passion, der Altertumsforschung, hinzugeben. Laut Wiliguts eigenen Angaben war er Nachkomme einer gewissen ASA-UANA-Sippe, welche zur Volksgruppe der Wiligoten gehörte. Jene Wiligoten betrachteten einen gewissen Gott Wili aus dem nordischen Göttergeschlecht der Asen als ihren Urvater. Die ASA-UANA verschlüsselten ihre Familiengeschichte seit jeher in sogenannten Erberinnerungen, welche sie Halgarita-Sprüche nannten. Alle männlichen Nachkommen sollen einen geistigen Schlüssel besessen haben, um jene Erbinformationen abzurufen. In den Halgarita-Sprüchen soll sich außerdem die gesamte Entwicklungsgeschichte der Menschheit befunden haben. Rudolf J. Mund, so etwas wie der geistige Nachlassverwalter von Wiligut, hat einen Großteil dessen schriftlicher Aufzeichnungen ausgewertet und in dem Buch „Fragmente einer verschollenen Religion" zusammengefasst. Meine nachfolgenden Ausführungen beziehen sich zum größten Teil auf dieses Buch.
Die Frühgeschichte der Menschheit war laut Wiligut von anhaltenden kriegerischen Auseinandersetzungen verschiedener Urstämme gekennzeichnet.
Im 10. Jahrhundert v. Chr. hatte sich eine blutige Fehde zweier Stämme herauskristallisiert. Es waren einerseits die Wotanisten, welche einer frühzeitlichen Urreligion der Gottheit Wotan anhingen. Bei dieser Religion muss es sich um eine eher gewalttätige und dogmatische Form des Glaubens gehandelt haben. Im Gegensatz dazu stand der Glaube an Irmin, dem sich all jene anschlossen, die sich nicht mit dem düsteren Wotanismus identifizieren konnten. Die Anhänger des Irminglaubens sahen nicht Wotan als den göttlichen Urvater an, sondern einen gewissen Tuisto, dessen Enkel Irmin eine Art Lichtgott war. Den Krieg zwischen Irministen und Wotanisten können wir als so etwas wie das Urprinzip des Kampfes zwischen Gut und Böse betrachten.

[15] Ausführliche Informationen zum Lebenslauf von Karl Maria Wiligut finden interessierte Leser in meinem Buch „Mysterium Heiliger Gral".

Im Jahre 9600 v. Chr. soll es zur gewaltigsten Schlacht der beiden Stämme bzw. Religionsgemeinschaften gekommen sein. Zu jener Zeit war Baldur-Krestos Anführer und religiöses Oberhaupt der Irministen. Wann er geboren wurde, wissen wir nicht genau. Wiligut gibt jedoch an, dass Baldur-Krestos Mutter Nanna im Jahr 10500 v. Chr. geboren wurde. Sein Vater war der bereits erwähnte Ase Wili, den Wiliguts Vorfahren als ihre Ahnherren betrachteten. Nanna gebar ihren Sohn in einer Art unbefleckten Empfängnis, was stark an die Geburt von Jesus erinnert. Dank seines göttlichen Vaters war Baldur-Krestos ein übermenschlich langes Leben beschert. So ist es nicht verwunderlich, dass er 9600 v. Chr. noch Anführer der Irministen war. Diese lange Lebensspanne lässt mich unweigerlich an die Protagonisten des Alten Testaments denken, welche ebenfalls mehrere hundert Jahre alt wurden.
Es hat den Anschein, als hätten sich die Verfasser der biblischen Schriften auch ungeniert an der germanischen Frühgeschichte bedient, um ihre Texte interessanter zu machen. Wiederum sei angemerkt, dass ich hier nur persönliche Vermutungen anstelle und mit Sicherheit die Anhänger des christlichen Glaubens nicht beleidigen möchte.
Zentrum des Irminglaubens war Jöruvalla, das heutige Goslar, genauer gesagt der Klusfelsen, wo Baldur-Krestos die Lehren des wahren Glaubens verkündete. Das war auch der Grund, warum die Wotanisten nach der blutigen Einnahme Jöruvallas, Baldur-Krestos auf dem nahegelegenen Petersberg ans Kreuz schlugen. Der Prophet des Gottes Irmin sollte dort sterben, wo er die Lehren des Lichtgottes verkündet hatte. Baldur-Krestos überlebte die Kreuzigung und floh über mehrere Stationen bis in die damals noch fruchtbare Wüste Gobi. Dort begründete er eine Glaubensschule und verkündete weiterhin die Lehren des Irminglaubens. Sein Weiterleben in Asien zeigt erneut eine Verbindung zu Jesus, da unorthodoxe Stimmen behaupten, auch jener hätte die Kreuzigung überlebt und sei nach Indien gezogen.
Laut den Aufzeichnungen Wiliguts scheinen die Auseinandersetzungen zwischen Wotanisten und Irministen nach der Kreuzigung und Flucht von Baldur-Krestos weitergegangen zu sein. Die Anhänger des Irminglaubens sollen erst um 1200 v. Chr. nach der völligen Zerstörung ihres Heiligtums am Klusfelsen die Gegend verlassen haben. Die Religion des Gottes Irmin verlor sich anscheinend im Dunkel der Geschichte. Ob die vermeintliche Religionsschule von Baldur-Krestos in der Wüste Gobi Einfluss auf die dortigen Völker hatte, ist möglich, aber nicht nachweisbar. Allerdings fand Baldur-Krestos als der Lichtgott Balder Einzug in die heute allgemein gültige nordische Mythologie. Auch die religiösen Lehren der Wotanisten flossen in die nordische Mythologie ein, denken wir nur an den Göttervater Odin/Wodan. Erstaunlicherweise ist Balder dort Odins Sohn und Nanna nicht seine Mutter, sondern seine Frau.
Was sollen wir nun von den teilweise recht fantastischen Ausführungen Wiliguts halten?
Zugegeben, die Sache mit den Erberinnerungen klingt ziemlich weit hergeholt. Doch was wissen wir denn wirklich Genaueres über die frühe Geschichte der germanischen Völker. Die meisten Informationen wurden aus den Niederschriften von römischen Chronisten übernommen. Jene aber waren Kinder ihrer Zeit und haben sicherlich so

manches in ihren Niederschriften „zurechtgebogen", um ihren Dienstherren zu gefallen. Ich persönlich bin der Ansicht, dass wir Wiliguts Geschichten durchaus einen gewissen Grad an geschichtlicher Wahrheit beimessen sollten. Es war ja beileibe nicht so, dass er alle seine Informationen aus jenen Erberinnerungen zog. Wiligut betrieb Zeit seines Lebens auch herkömmliche Geschichtsforschung. Leider werden bis heute seine Forschungen bezweifelt und teilweise ins Lächerliche gezogen.
Grund dafür ist in erster Linie seine zeitweilige Mitgliedschaft in Heinrich Himmlers Schutzstaffel. Der Reichsführer SS begeisterte sich bekanntlich seit frühester Jugend für mittelalterliche Geschichte, Mystik und germanisches Brauchtum. Himmler und Wiligut lernten sich auf einer Tagung der Nordischen Gesellschaft kennen. Der charismatische Wiligut zog Himmler sofort in seinen Bann und wurde schnell sein engster Berater in geschichtlichen wie esoterischen Angelegenheiten. Auf Betreiben Himmlers wurde Wiligut im November 1933 in die SS aufgenommen und mit der Erforschung der germanischen Frühgeschichte betraut. Offiziell war Wiligut zwar der „Forschungsgemeinschaft Deutsches Ahnenerbe", einer Forschungseinrichtung der SS, unterstellt, doch fungierte er während seiner gesamten Dienstzeit als persönlicher Berater Himmlers. Obwohl Wiligut die schwarze Uniform trug, hatte er nichts mit den Männern der Waffen-SS oder den Totenkopfverbänden gemein.
Wiliguts erklärtes Ziel war es, die Religion des Irminglaubens mit ihrem vorchristlichen Heiland Baldur-Krestos neu zu erschaffen. Für diese Zielsetzung waren ihm Himmlers religiöse Ansichten durchaus recht. Der Reichsführer hatte sich schon lange von der römischen Kirche abgewandt und eine Anordnung herausgegeben, dass alle SS-Angehörigen in ihren Akten als Religion lediglich „gottgläubig" anzugeben hatten. Möglicherweise planten Himmler und Wiligut, aus der SS einen Orden des Irminglaubens zu machen. Diese Art Religionsgründung stand allerdings im krassen Gegensatz zum Rest der NS-Elite, welche im zukünftigen Deutschland eher ein neues „Heiliges Römisches Reich Deutscher Nation" sahen. Meiner Ansicht nach wäre es wohl nach einem gewonnenen Krieg zu starken religiösen Diskrepanzen in der NS-Führung gekommen. Allerdings ist es angesichts des Ausganges des 2. Weltkrieges müßig, solche Gedankengänge weiter zu verfolgen.
Der Irminglauben ist heute weitestgehend unbekannt und wird als Fantasieprodukt Karl Maria Wiliguts abgetan. Dabei wird aber gerne vergessen, dass sich das Thema einer vorchristlichen Religion mit Zentrum im Harz bei einigen Autoren Anfang des 20. Jahrhunderts großer Beliebtheit erfreute. Rudolf John Gorsleben schreibt beispielsweise in seinem Hauptwerk „Hochzeit der Menschheit" darüber. Allerdings vermischt Gorsleben die uns bekannten Versionen von Betha bzw. Wiligut und spricht von einem Balder-Christus.
Ob es im frühzeitlichen Europa tatsächlich die Religion eines Gottes Irmin mit seinem Propheten Baldur-Krestos gab, ist nur schwer nachweisbar, da zugegebenermaßen wirklich stichhaltige Beweise fehlen.
Doch halt, einen möglichen Beweis gibt es!
Denken wir an die Irminsul, auch bekannt als Irminsäule. Lange Zeit galt das geschichtliche Dogma, dass die Irminsul ein zentrales sächsisches Heiligtum in der

Nähe der Eresburg war, welches Karl der Große 772 zerstörte. Als entscheidender Beweis wurden die „Fränkischen Reichsannalen“ angeführt, welche die Zerstörung eines zentralen Irminsul-Heiligtums beschreiben. Inzwischen hat sich die Geschichtswissenschaft jedoch ein wenig geöffnet und stellt Vermutungen an, dass es Irminsäulen an verschiedenen germanischen Kultstätten gab. Und bitte schön, was ist eine Irminsäule? Eine Säule zu Ehren von Irmin!

Kommen wir nun zur wohl bekanntesten „verheimlichten“ vorchristlichen Kultstätte Deutschlands, den Externsteinen. Die beeindruckende Felsformation im Teutoburger Wald, nahe der Ortschaft Horn-Bad Meinberg ist so etwas wie das „Mekka“ aller Kultstättenforscher. Obwohl ein wenig Sachverstand ausreicht, um die Externsteine als vorchristliches Heiligtum zu identifizieren, wurde diese Tatsache bis vor einigen Jahren von der Wissenschaft noch vehement geleugnet. In einer an den Externsteinen erhältlichen Broschüre des Landesverbandes Lippe werden inzwischen zaghafte Hinweise gegeben, die auf eine frühzeitliche religiöse Nutzung hindeuten. An Informationen über die Bedeutung der Anlage für die christliche Kirche mangelte es allerdings nie. Wie die Kultstätte unserer Ahnen genau aussah, kann heute niemand mehr mit Bestimmtheit sagen, da die Anlage von Karl dem Großen im Zuge der Sachsenkriege zerstört worden sein soll. Der Theologe und Historiker Hermann Hamelmann gab bereits 1564 in seinen Schriften erste Hinweise auf die Zerstörung des Externsteinheiligtums im Jahre 772. Da die Anlage trotz ihrer Zerstörung bei den bekehrten Heiden immer noch große Bedeutung genoss, siedelten sich ab dem Jahr 814 Benediktinermönche in der Gegend an. Dass diese christliche Besiedlung genau im Todesjahr Karls des Großen geschah, kann Zufall sein, andererseits aber auch auf die enorme Bedeutung der Steine als heidnische Kultstätte hindeuten. Zu jener Zeit entstand auch das berühmte Kreuzabnahmerelief, um den Externsteinen einen christlichen Anstrich zu geben.

Da die Christianisierung der Sachsen auch in den folgenden Jahrhunderten nicht den von der Kirche erwünschten Erfolg brachte, richteten die Mönche des Paderborner Klosters Abdinghof an den Externsteinen eine Art „Zweigstelle“ ein. Die Mönche versuchten alle noch verbliebenen Hinweise auf die vorchristliche Kultstätte zu vernichten und machten aus den Externsteinen eine Heilig-Grab-Gedenkstätte welche als Ersatzwallfahrtsort für alle Pilger dienen sollte, welche nicht nach Jerusalem reisen konnten.

Im Zuge der Reformation kam es zwischen der Kirche und dem westfälischen Herrscherhaus „Zur Lippe“ zu einem jahrzehntelangen Streit um die Besitzansprüche der Externsteine. Das Haus „Zur Lippe“ ging erfolgreich aus diesem Streit hervor und Graf Hermann Adolf zur Lippe begann 1659 mit dem Bau eines Schlosses, in welches Teile der Felsformation mit einbezogen wurden.

Die jahrhundertelange Vorherrschaft der Kirche an den Externsteinen hatte schon viele der noch vorhandenen Hinweise auf eine vorchristliche Nutzung der Anlage vernichtet. Die Errichtung des herrschaftlichen Schlosses sorgte schließlich dafür, dass die vorchristliche Kultstätte fast gänzlich in Vergessenheit geriet. Die vielfachen

baulichen Veränderungen der Anlage sind auch der Grund, warum die frühzeitliche Nutzung der Externsteine bis heute nicht offiziell anerkannt wird.
Abgesehen von Wilhelm Teudt's 1929 erschienener Veröffentlichung „Germanische Heiligtümer“, welche die Externsteine als zentrales Thema beinhaltet, fristete die Felsformation im Teutoburger Wald einen jahrhundertelangen „Dornröschenschlaf“. Es waren die Nationalsozialisten Deutschlands, welche die imposanten Externsteine in das Gedächtnis der Öffentlichkeit zurückholten. Die führenden Köpfe des Dritten Reiches strebten nach einer neuen Religion für ihr Volk, welche sich auf die Ursprünge der alten Germanen gründen sollte. In dieser neuen Glaubensrichtung sollte rein gar nichts mehr an Jesus oder den jüdischen Schöpfergott Jahwe erinnern. Ein beliebter Slogan der damaligen Zeit war: „Ohne Juda ohne Rom, bauen wir Germaniens Dom.” Jener Ausspruch geht auf Georg von Schönerer zurück, einem österreichischen Politiker, welcher zu Beginn des 20. Jahrhunderts das Sprachrohr der neuentstandenen „Los-von-Rom-Bewegung“ war. Deren Anhänger forderten einen konsequenten Wechsel von der römisch-katholischen zur evangelischen Kirche. Die nationalsozialistischen Machthaber gingen noch weiter und wollten die christliche Religion gänzlich abschaffen. Zu dieser Zeit wurde auch der Begriff der „Gottgläubigkeit“ erfunden, welchen all jene verwendeten, die zwar an einen Schöpfergott glaubten, allerdings die bestehenden Konfessionen aus privaten oder politischen Gründen ablehnten.
Reichsführer SS Heinrich Himmler war die treibende Kraft bei der Neubegründung einer vermeintlichen germanischen Urreligion. Da der bereits erwähnte Externsteinforscher Wilhelm Teudt zu den Mitbegründern der „Forschungsgemeinschaft Deutsches Ahnenerbe“ gehörte, rückte die Felsformation recht schnell in den Fokus der SS. Himmler ließ das Gebiet um die Externsteine zu einer „weltanschaulichen Interessensphäre der SS“ erklären. Noch vor Entstehen des „Ahnenerbe“ regten Himmler und Teudt die Gründung einer Externstein-Stiftung unter der Schirmherrschaft der Landesregierung Lippe an. Diese Stiftung beauftragte 1934 Professor Julius Andrée von der Universität München mit der wissenschaftlichen Untersuchung der Externsteine. Die von Andrée gemachten Funde und deren Auswertungen gelten heute als umstritten. So geht es aber fast allen in der Zeit des deutschen Nationalsozialismus gemachten wissenschaftlichen Nachforschungen. Natürlich ist nicht zu leugnen, dass die Wissenschaft vom damaligen Zeitgeist geprägt war. Es ist meiner Ansicht nach allerdings falsch, alle Erkenntnisse aus jener Zeit als „Gefälligkeitswissenschaft“ an die nationalsozialistischen Machthaber zu werten.
Eine genauere Beschreibung von Professor Andrées Funden würde hier zu weit führen. Die für mich erstaunlichste Entdeckung möchte ich meinen Lesern aber nicht vorenthalten. Auf dem sogenannten Sacellumfelsen wurde ein fast kreisrundes Loch mit einem Durchmesser von 27 cm und einer Tiefe von 26 cm entdeckt. Das Loch weist Meißelspuren auf und ist eindeutig von Menschenhand geschaffen. Form und Ort des ausgemeißelten Loches deuten darauf hin, dass es zur Aufnahme einer Holzsäule diente. Wenn auch keine eindeutigen Beweise vorliegen, ist die Möglich-

keit nicht auszuschließen, dass die Externsteine ebenfalls Standort einer Irminsäule waren.
Das von mir schon kurz erwähnte Kreuzabnahmerelief steht meiner Ansicht nach in direktem Zusammenhang mit der späteren Nutzung der Externsteine als Heilig-Grab-Gedenkstätte Interessanterweise ist in dem Steinrelief eine umgebogene Irminsäule dargestellt. Der Künstler wollte hier wohl der Nachwelt einen versteckten Hinweis darauf geben, dass die Externsteine Standort einer Irminsul waren, welche von Karl dem Großen zerstört wurde.
Nachdem Professor Andrée seine Nachforschungen abgeschlossen hatte, verbot die SS alle weiteren wissenschaftlichen Untersuchungen. Die Gründe für dieses Verbot sind bis heute strittig. Ich bin der Ansicht, dass die wissenschaftlichen Mitarbeiter sicherstellen wollten, dass die wenigen noch erhaltenen Hinweise auf eine heidnische Kultstätte geschützt werden sollten. Nach dem Ende des Dritten Reiches, genauer gesagt im Jahre 1948, wurden jene Hinweise endgültig beseitigt. Eine merkwürdige Form der Entnazifizierung!
Lange Jahre wurde es ruhig um die Felsen im Teutoburger Wald. Zu erneuten Untersuchungen kam es erst wieder 1990, welche eine vorchristliche Nutzung der Externsteine nicht ausschlossen. Das letzte Wort war jedoch noch nicht gesprochen. Die eineinhalb Jahre dauernden Nachforschungen der Heidelberger Akademie der Wissenschaften gipfelten am 20. Oktober 2005 in einer Pressekonferenz, in deren Rahmen den Ergebnissen von 1990 gänzlich widersprochen wurde. Die in den Grotten vorhandenen Feuerstätten wurden zeitlich zwischen der zweiten Hälfte des 8. Jahrhunderts und Ende des 15. Jahrhunderts datiert. Anhand dieser Ergebnisse wurde von der Heidelberger Akademie die vorchristliche Nutzung der Externsteine ausgeschlossen. Für mich ist es allerdings schleierhaft, wie man auf Grund einiger untersuchter Feuerspuren auf die zeitliche Nutzung der gesamten Anlage schließen kann.
Der Streit um die Geschichte der Externsteine dauert bis heute an und wird wohl auch in Zukunft nicht beigelegt werden. Kultstättenfreunde wie Heimatforscher sind sich allerdings einig, dass die Externsteine seit frühester Menschheitsgeschichte für religiöse Zwecke genutzt wurden. Die obligatorischen Kulträume sowie das Felsengrab für die priesterlichen Visionen sind noch vorhanden. Neben dem möglichen Standplatz der Irminsul ist das beeindruckende Kreuzabnahmerelief für mich ein eindeutiger Hinweis auf eine heidnische Kultstätte. Solch eine kunstvolle „Markierung“ wurde sicherlich nicht an einer unbedeutenden Felsformation angebracht. Den wohl eindeutigsten Hinweis auf eine vorchristliche Nutzung der Externsteine stellt wohl die als „Sacellum“ bekannte Sonnenkammer dar. Wenn sich die moderne Geschichtswissenschaft zwar schwer tut, die Externsteine als vorchristliche Kultstätte anzuerkennen, mehren sich jedoch die Stimmen, welche den Raum mit dem germanischen Sonnenkult in Verbindung bringen. In der vom Landesverband Lippe herausgegebenen Broschüre findet sich sogar ein vager Hinweis auf die Sonnenkammer. Das „Sacellum” wird heute kurzerhand meistens als „Obere Kapelle“ bezeichnet. Die Sonnenkammer als Kapelle ohne eine vorherige andersartige Nutzung zu betrachten, macht

wenig Sinn. Wer sollte auf die Idee kommen, an so einer beschwerlich zu erreichenden Stelle eine Kapelle für Pilger zu errichten? Außerdem hat der Altar eine völlig untypische Form und ist viel zu klein für christliche Verrichtungen. Renommierte Astronomen, wie beispielsweise Wolfhard Schlosser, weisen immer wieder auf die Bedeutung des „Sacellum" als frühzeitlichen Observatorium hin.
Eine mögliche andere Verwendung der Sonnenkammer bzw. der gesamten Externsteine vermutet Gernot L. Geise. Herr Geise ist Mitglied der „Europäischen Gesellschaft für frühgeschichtliche Technologie und Randgebiete der Wissenschaft e. V." (EFODON) sowie Autor verschiedener grenzwissenschaftlicher Publikationen. Er sieht in den Externsteinen den Knotenpunkt eines komplexen keltischen Nachrichtensystems. Nachweislich sind verschiedene keltische Höhenfestungen entlang des Teutoburger Waldes bekannt, so dass eine zeitweilige keltische Besiedlung des Gebietes um die Externsteine nicht auszuschließen ist. Es handelte sich dann aber vermutlich um die nördlichste Ausdehnung der sogenannten Hallstattkultur. Auf jenes vermeintliche Nachrichtensystem werde ich an späterer Stelle noch einmal ausführlich zurückkommen.
Anhand meiner bisher gemachten Ausführungen werden meine geschätzten Leser vermuten, dass die Vereinnahmung heidnischer Kultplätze durch die Kirche relativ zeitnah mit der Verbreitung des Christentums geschah. Dem ist allerdings nicht so. Bestes Beispiel dafür, dass wir bei diesem Thema gar nicht so weit in der Geschichte zurückgehen müssen, ist der Götterfelsen bei Meißen. Das den Berg krönende Felsplateau soll dem Volke der Hermunduren einst als ritueller Platz gedient haben. Die Hermunduren waren ein frühgermanischer Volksstamm, welcher schon zu Zeiten von Julius Caesar den Römern bekannt war. Der römische Geschichtsschreiber Tacitus weiß nur Gutes über jenen Stamm zu berichten. In seiner „Germania" schreibt er, dass die Hermunduren den Römern treu ergeben waren und sich als einzige Germanen frei im römischen Territorium bewegen durften. Die Hermunduren gehörten also zweifelsohne zu den ersten germanischen Verbündeten der Römer. Das freundschaftliche Verhältnis sollte jedoch nicht von Dauer sein. Grund dafür war die bei den Römern so beliebte Umsiedlungspolitik ihrer Verbündeten und Untertanen. Die Ansiedlung von Teilen der Hermunduren in einem unbewohnten Gebiet am Main rückte diese in die räumliche Nähe des Stammes der Markomannen. Die so entstandene Allianz fühlte sich stark genug, ihren römischen Herren Paroli zu bieten und gipfelte einige Generationen später in den sogenannten Markomannenkriegen, welche zu den größten militärischen Auseinandersetzungen zwischen Römern und Germanen gehörten. Nach dem Friedensschluss im Jahre 180 lösten die Hermunduren ihre Verbindungen zu den Markomannen auf und zogen Richtung Thüringen. Teile des Stammes siedelten sich zeitweilig in der Gegend des heutigen Meißens an. Der dortige Götterfelsen muss den Hermunduren als idealer Platz für ihre religiösen Handlungen erschienen sein. Das Felsplateau hoch über dem Fluss Elbe übt auch heute noch einen erstaunlichen Reiz auf den Besucher aus. Die naturbelassene Schönheit jenes Ortes wurde im Jahre 1843 nachhaltig gestört. Zum 300. Jubiläum des Sächsisches Landesgymnasiums Sankt Afra wurde auf dem Götterfelsen ein schmiedeeisernes Kreuz auf einem Steinsockel

errichtet. Das Gymnasium für hochbegabte Schüler wurde bereits im 16. Jahrhundert im ehemaligen Kloster der Augustiner-Chorherren Sankt Afra errichtet. Die frühchristliche Märtyrerin Afra von Augsburg wurde als Namensgeberin beibehalten, da die Schüler im Sinne des evangelischen Glaubens und Humanismus erzogen werden sollten. Der ehemalige heidnische Kultplatz wurde als Andachtsstätte für die Schüler ausgewählt. Bis heute finden Wanderungen der Schüler zum Götterfelsen statt. Dass die Vereinnahmung des ehemaligen hermundurischen Kultplatzes durch ein auf christlichen Grundwerten gegründetes Gymnasium bis heute umstritten ist, bezeugt ein Vorfall aus dem Jahr 2010. In der Nacht vom 20. zum 21. März wurde das Kreuz auf dem Götterfelsen von Unbekannten abgesägt. Einen versuchten Metalldiebstahl schloss die Polizei aus, auch ein Fall von Vandalismus erscheint auf Grund der Lage des Platzes unwahrscheinlich. Vielleicht waren es ja Anhänger der germanischen Religion, welche ein Zeichen gegen den christlichen Glauben setzen wollten. Aber das ist nur eine Vermutung meinerseits.
Skeptiker könnten jetzt behaupten, dass die Übernahme heidnischer Kultplätze durch die Kirche zwar eine weitverbreitete These ist, welche sich jedoch nur schwerlich beweisen lässt. Lassen Sie mich daher zum Ende dieses Kapitels noch ein Beispiel bringen, das die Behauptungen von zahlreichen Grenzwissenschaftlern und Heimatforschern stützt. Bei meinen Recherchen stieß ich auf eine geschichtliche Überlieferung aus dem 8. Jahrhundert. Protagonist jener Geschichte ist Bonifatius, der uns wohlbekannte „Apostel der Deutschen". Um das Jahr 723 versuchte Bonifatius mit recht zweifelhaften Mitteln, dem Volk der Chatten, welche damals Teil des fränkischen Königreiches waren, den Glauben der römischen Papstkirche nahezubringen. Die Chatten, welche in der Gegend des heutigen Hessen lebten, hatten zu jener Zeit bereits das in Europa weitverbreitete arianische Christentum übernommen, verehrten aber zum Teil auch noch ihre alten germanischen Götter. Bonifatius, der bereits das Zentralheiligtum der Chatten, die Donareiche hatte fällen lassen, stieß bei seiner Missionierungstätigkeit in Hessen auch auf einen Kultplatz zu Ehren des Gottes Wodan. Zentrum jener heiligen Stätte war ein gewaltiger Menhir von ehemals über sechs Metern Höhe, bekannt als der „Lange Stein". Da ihm die technischen Möglichkeiten fehlten, diesen gewaltigen Stein zu zerstören, bediente sich Bonifatius einer anderen Taktik. Er ließ direkt neben dem Menhir eine Kapelle errichten und zwang die Bewohner der Gegend mit Gewalt zum neuen Glauben. Die aller Wahrscheinlichkeit nach hölzerne Kapelle wurde in den folgenden Jahrhunderten durch mehrere steinerne Kirchen ersetzt. Die Bauherren der heutigen Kirche verwendeten einen technischen Kunstkniff, um die vorchristliche Religion noch mehr zu schmähen. Sie ließen die Kirchhofsmauer direkt bis an den „Langen Stein" verlegen, um den alten heidnischen Kultplatz sichtbar „auszugrenzen". Die Kirche der heutigen Ortschaft Langenstein ist sozusagen ein steinernes Beispiel dafür, wie die alte germanische Religion von der römischen Kirche ins Abseits gedrängt wurde.

2. Hexen

Hören wir das Wort Hexe, denken wir meist unweigerlich an ein altes, buckliges Weib mit einem Gesicht voller Warzen und einer krummen Nase, welches eine schwarze Katze auf der Schulter trägt. Aber was ist denn eigentlich eine Hexe?
Lassen wir an dieser Stelle den französischen Juristen Jean Bodin zu Wort kommen, der im Jahre 1580 den Begriff Hexe folgendermaßen definierte: „Jemand, der, obwohl er Gottes Gesetze kennt, dennoch versucht, durch einen Pakt mit dem Teufel einen bestimmten Zweck zu erreichen."[16]
Im Grunde genommen vereint der Begriff Hexe ein buntes Sammelsurium von Gestalten aus uralten Volksmärchen, dem Zauber- und Gespensterglauben aus frühester Menschheitsgeschichte, sowie Figuren der vorchristlichen Mythologie, welche in mittelalterlichen Zeiten durch die Kirche verunglimpft und herabgewürdigt wurden. Schon im Alten Testament begegnen uns Frauengestalten, die über magische Fähigkeiten verfügen. So die Totenbeschwörerin aus dem 1. Buch Samuel, die im Volksmund als „Hexe von Endor" bekannt war. König Saul suchte jene geheimnisvolle Frau um Rat, da ihm sein Gott Jahwe die Antwort verwehrte, wie er in der Schlacht die übermächtigen Philister besiegen konnte.
Betrachten wir nun den Ursprung des Wortes „Hexe".
Im frühen Mittelalter war zunächst noch der Begriff „Unholda" üblich, mit dem dämonische Weiber, Zauberinnen und andere unheimliche Wesen weiblichen Geschlechts bezeichnet wurden. Das Wort „Hexe" setzte sich erst im Laufe der Hexenprozesse etwa ab dem 16. Jahrhundert durch. Die Fachwelt ist sich nicht ganz einig, welchen genauen Ursprung der Begriff hat.
Wir wissen, dass schon die ostgermanischen Goten zauberkundige Frauen kannten, welche sie als „Haliurunae" bezeichneten. Die heute gebräuchlichste Herleitung stammt von „Hagazussa", was in etwa „Zaunreiterin" oder auch „feindselige Waldfrau" bedeuten soll. Die Wortschöpfung „Hagazussa" setzte sich nach Expertenmeinung wahrscheinlich ursprünglich aus dem germanischen „Hag" und dem aus nördlicheren Gefilden stammenden „tysja" zusammen. Unter einem Hag, früher Haga, verstand man eine Umzäunung oder ein Gehege. „Tysja" bezeichnete einerseits eine Elfe, aber auch einen bösen bzw. guten Geist. Zusammengenommen also ein auf Hecken hockendes, unheimliches Wesen, was „Zaunreiterin" erklären würde. Es gibt jedoch auch Hexenforscher, welche diese Herleitung als völlig falsch ansehen. Jene sehen den Begriff „Hagedise" als Ursprung des heute gebräuchlichen Wortes Hexe. In diesem Zusammenhang ist Hag oder Haga als begrenztes Naturgebiet zu sehen, in dem spezielle Pflanzen und Kräuter wuchsen.
Bei den Disen handelte es sich um so etwas wie weibliche Schutzgeister aus der nordischen Mythologie. Eine „Hagedise" war also eine zauberkundige Frau, die sich mit Kräutern auskannte. In Hinsicht auf die sogenannten mittelalterlichen Kräuterfrauen, welche als Hexen gebrandmarkt wurden, eine durchaus ernstzunehmende

---

[16] Zitat aus „Teufelsglaube und Hexenprozesse", herausgegeben von Georg Schwaiger.

Wortkombination. In diese Richtung deutet auch das Wort „Herbaria”, was eine alte Bezeichnung für Kräuterfrau war. Wenn wir an dieser Stelle bei kräuterkundigen Frauen sind, gleich weiter im Text.

Das Behandeln von Krankheiten oblag bei den germanischen Stämmen zum größten Teil heilkundigen Frauen. Gerne werden jene Frauen von den Anhängern der heidnischen Frühzeit gar zu Priesterinnen hochstilisiert. Wir wollen sie lieber Kräuterfrauen nennen, was sie ja auch waren. Das Wissen um die Kräfte der Natur war entscheidend, um Kranke heilen zu können. Es gab aber auch schon immer Frauen, die ihr Wissen um die Wirkung von Pflanzen und Kräutern einsetzten, um anderen Menschen zu schaden. Berta Dulz schrieb 1937 in ihrem Aufsatz „Der Ursprung des Hexenwahns” von sogenannten „Bölviskona“, im Schadenstiften bewanderte Frauen, und den „Seidhkona“, welche die Sudkunst beherrschten. Jene Frauen hatten aber beileibe keine übernatürlichen Kräfte, sondern nutzten lediglich ihre Kenntnisse über die Kräfte der Natur, um Schaden zu stiften. Natürlich wurden solche Frauen auch schon früher für ihr übles Tun bestraft. Allerdings bei weitem nicht so drakonisch wie in den späteren Hochzeiten der mittelalterlichen Hexenverfolgung. In einem der ältesten europäischen Gesetzbücher, der „Pactus Legis Salicae“, auch bekannt als die „Einung der Salfranken“, von 511 ist genauestens festgelegt, wie die verschiedensten Taten zu bestrafen waren. Auftraggeber jenes frühmittelalterlichen Gesetzbuches war der Merowingerkönig Chlodwig I. Auf seine Anordnung hin wurden die bis dahin nur mündlich überlieferten Rechtsgepflogenheiten erstmals schriftlich festgehalten. Der „Pactus Legis Salicae“ ist zu entnehmen, dass „hexerische“ Straftaten, welche in späteren Jahrhunderten mit dem Tode bestraft wurden, lediglich mit Geldstrafen geahndet wurden. Besonders beachtenswert finde ich, dass auch Strafen verhängt wurden, wenn jemand einen Mitmenschen der Hexerei beschuldigte, dieses aber nicht stichhaltig beweisen konnte. Die Rechtsprechung im 6. Jahrhundert war also zweifellos bedeutend fortschrittlicher als in den folgenden Jahrhunderten. Allerdings sollte diese gemäßigte Rechtsauffassung nicht von langer Dauer sein. Karl der Große, der wohl einflussreichste europäische Herrscher des frühen Mittelalters, vertrat schon ganz andere Ansichten. Ein auf der Synode von Paderborn beschlossenes Dekret bestimmte, dass der Glaube an Hexerei mit dem Tode zu bestrafen sei. Jenes Dekret wurde daraufhin von Kaiser Karl bestätigt und in mehrere der von ihm erlassenen Gesetzestexte aufgenommen.

In der Zeit zwischen dem 8. und 12. Jahrhundert betrachtete die Kirche den Hexenglauben noch als Bestandteil vorchristlicher Religionen, den es zu bekämpfen galt. Brutales Vorgehen gegen die der Hexerei verdächtigten Personen war allerdings zu dieser Zeit noch nicht an der Tagesordnung. Noch 1080 rügte Papst Gregor VII. den Dänenkönig Harald, dass jener nichts gegen den Brauch seiner Untertanen unternahm, alte Frauen für Unwetter und Krankheiten verantwortlich zu machen und auf grausamste Art zu Tode zu bringen. Der Papst vertrat die Ansicht, dass solche Katastrophen die Strafe Gottes seien und die Bestrafung Unschuldiger den Zorn Gottes noch verstärken würde.

Bis zum Ende des ersten Jahrtausends hatte das aufstrebende Christentum gebraucht, seine religiöse Vormachtstellung in Europa zu festigen. Aufbauend auf das Wirken Karls des Großen hatte es die Religion des gekreuzigten Heilands geschafft, alle heidnischen und alternativen Glaubensrichtungen fast vollständig zu verdrängen. Ab diesem Zeitpunkt begann die christliche Kirche systematisch alle religiösen Abweichler zu verfolgen. Mitte des 12. Jahrhunderts begann die Verfolgung der sogenannten Ketzer mit dem Entstehen der Inquisition konkrete Züge anzunehmen. Es waren vorwiegend Mitglieder des Dominikanerordens, welche von der Kirche mit den Inquisitionsverfahren beauftragt wurden. Trauriger Höhepunkt der Ketzerverfolgung war wohl der Kreuzzug gegen die katharische Glaubensbewegung im Süden Frankreichs. Dort wurden tausende von Christen niedergemetzelt und verbrannt, nur weil sie eine andere Form des Glaubens praktizierten als die Kirche vorschrieb. [17]

Im Zuge der Ketzerverfolgung kam es auch zu ersten Prozessen, welche bereits Züge der Hexenverfolgung trugen. Die Inquisitoren vertraten die Ansicht, dass die Ketzerei ein Werk des Teufels sei. Der Glaubensabfall von Gott wurde automatisch mit der Verehrung des Teufels gleichgesetzt. Weiblichen Angeklagten wurde der sexuelle Umgang mit dem Teufel vorgeworfen, ein entscheidender Anklagepunkt der späteren Hexenprozesse. Der Dominikaner Nicolaus Jacquier legte 1448 eine mögliche Verbindung von Ketzer- und Hexenprozessen schriftlich nieder. In seiner als „Ketzergeißel" bekannten Schrift behauptete er, dass Ketzerei nicht selten mit Schaden verursachender Zauberei einherging.

Da der Übergang der Ketzerverfolgung zu den Hexenprozessen fließend war, ist der Beginn der mittelalterlichen Hexenjagden zeitlich nur schwer festzulegen. Der erste Fall eines dokumentierten Hexenprozesses stammt aus dem Südwesten Frankreichs. Der dominikanische Inquisitor Hugo von Boniols klagte 1275 eine sechsundfünfzigjährige Frau des sexuellen Kontakts mit dem Teufel an. Nachbarn hatten die Frau beschuldigt, jede Nacht Verkehr mit dem „Leibhaftigen" zu haben, woraus ein monströses Wesen, halb Wolf halb Schlange entstanden sei. Jenes abscheuliche Wesen habe sie mit Kindern gefüttert, welche sie bei nächtlichen Ausfahrten geraubt hatte. Das Rauben und Töten von Kindern war bei späteren Hexenprozessen ebenfalls ein üblicher Vorwurf. Wenn jener Prozess von 1275 für viele Experten noch zur Verfolgung der katharischen Ketzer zählt, trug er doch schon unübersehbare Zeichen der späteren Hexenjagden.

Die Hexenverfolgung im Mittelalter zog sich durch alle christlichen Länder sowie deren unterschiedliche religiöse Ausrichtungen. Allerdings gab es durchaus territoriale und konfessionsbedingte Unterschiede. Diese Unterschiede im Einzelnen zu beleuchten, würde hier allerdings zu weit führen.

Mit unseren heutigen kulturellen und wissenschaftlichen Vorstellungen erscheint uns die Hexerei weitestgehend absurd. Vor fünfhundert Jahren sah es jedoch anders aus. Es waren vor allem ältere Frauen, die in den Verdacht der Hexerei gerieten. Neben

[17] Umfassende Informationen über den Leidensweg der Katharer finden interessierte Leser in meinem Buch „Mysterium Heiliger Gral", erschienen im Bohmeier-Verlag.

den bereits erwähnten Kräuterfrauen war es vor allem der Berufsstand der Hebamme, welcher verdächtigt wurde, mit den dunklen Mächten im Bunde zu stehen. Wenn die Hebamme als Geburtshelferin zwar eine entscheidende Rolle in der Gesellschaft spielte, hatte sie jedoch auch immer mit Anfeindungen zu kämpfen. Starb ein Kind bei der Geburt, suchte die verzweifelte Mutter nicht selten die Schuld bei der Hebamme. Schnell machte dann das Gerücht die Runde, die Hebamme sei eine Hexe, die das Kind getötet hatte. Es war allgemein bekannt, dass Hexen die Teile von Kinderleichen für ihre Zaubertränke und Salben brauchten. In den hysterischen Zeiten der Hexenverfolgung war es bald eine feststehende Tatsache, dass sich Hexen als Hebammen ausgaben, um einfacher an die benötigten Säuglinge zu gelangen. Das spezielle Interesse der angeblichen Hexen an Kindern werde ich an anderer Stelle noch ausführlich erörtern.

2.1. Die mittelalterliche Hexenverfolgung

Als im Juni 1749 in Würzburg ein Scheiterhaufen entzündet und die kurz vorher enthauptete Nonne Maria Renata Singer verbrannt wurde, neigte sich eines der dunkelsten Kapitel der Menschheitsgeschichte seinem Ende zu. Das Verfahren gegen die Würzburger Nonne gilt allerdings nicht als der letzte Hexenprozess in Europa. Diese zweifelhafte „Ehre" kommt einer gewissen Anna Göldin aus dem schweizerischen Glarus zu. Der Prozess gegen Maria Renata Singer war aber der letzte spektakuläre Hexenprozess in Europa, der weitverbreitetes Interesse erregte. Deshalb wird Maria in der Hexenforschung auch gern als „die letzte deutsche Hexe" bezeichnet.
Maria trat mit neunzehn Jahren auf den Wunsch ihrer Mutter in das Kloster Unterzell bei Würzburg ein, wo sie fünfzig Jahre ein Leben im Sinne der christlichen Lehren führte und das Amt der Superiorin bekleidete. Nachdem die Klostervorsteherin ein halbes Jahrhundert ihrer Religion gedient hatte, geriet sie plötzlich in den Verdacht, eine Hexe zu sein. Grund für diese Anschuldigungen war wohl das strenge Regime, das Maria in ihrem Kloster führte und bei den anderen Nonnen unbeliebt machte. Gegen Ende ihrer Dienstzeit mehrten sich die Vorwürfe gegen die Superiorin, die dazu führten, alle im Kloster herrschenden Missstände allein auf Maria zurückzuführen. Die unter permanentem Druck stehende Maria litt zunehmend unter hysterischen Zuständen, welche sich wiederum auf die anderen Nonnen übertrugen, so dass es zu einer zunehmenden Besessenheitsepidemie im Kloster Unterzell kam. Kurzerhand wurde Maria beschuldigt, die anderen Nonnen verhext zu haben und wurde verhaftet. Zur Verwunderung der Richter gestand sie bereitwillig und ohne Folter, schon im Alter von dreizehn Jahren einen Pakt mit dem Teufel geschlossen zu haben. Grund für dieses seltsame Verhalten war die zunehmende geistige Umnachtung der Nonne. Maria hatte schon seit einiger Zeit ein vermehrt seltsames Verhalten an den Tag gelegt. Beispielsweise hatte sie sich des Nachts in die Zellen der anderen Nonnen geschlichen, worüber jene natürlich sehr erschrocken waren. Nach heutigen wissenschaftlichen Maßstäben, war Maria wohl eine Schlafwandlerin, ein Phänomen, welches im Mittelalter als „Teufelswerk" betrachtet wurde. In der Zelle der Nonne fand man angeblich auch allerlei Zauberutensilien und einen gelben Rock, welchen sie

beim Hexensabbat getragen haben soll. Maria gestand alle ihr vorgeworfenen Untaten und gab auch zu Protokoll, dass ihr eigentlicher Name Ema Renata lautete, was sich vom lateinischen Mea Renata herleitete, was „meine Wiedergeborene“ bedeutete. Jenen Namen soll ihr der Teufel gegeben haben. Auf Grund der eher fadenscheinigen Beweislage wurde Maria Renata Singer wegen Hexerei zum Tode verurteilt und am 21. Juni 1749 hingerichtet.

Ich habe mit Absicht ein personenbezogenes Beispiel an den Anfang dieses Abschnittes gestellt, um meinen Lesern einen Eindruck der mittelalterlichen Hexenhysterie zu vermitteln. An dieser Stelle möchte ich noch anmerken, dass neben Frauen auch Männer, die sogenannten Hexenmeister, Opfer der Verfolgung wurden. Da es in der Mehrzahl jedoch unschuldige Frauen waren, welche in die Mühlen des Gesetzes gerieten, werde ich bei meinen weiteren Ausführungen den Begriff Hexen für alle unschuldig Verfolgten verwenden.

Gegen Mitte des 18. Jahrhunderts waren die Hexenprozesse in Europa so gut wie zum Erliegen gekommen. Das genaue Ende der Hexenprozesse kann allerdings nicht mit Bestimmtheit datiert werden. Genauso fließend wie das Ende der mittelalterlichen Prozesswellen war auch der Beginn der Hexenverfolgung.

Jahrhundertelang waren sich die Menschen des Mittelalters einig, dass es eine vom Teufel initiierte Verschwörung gab, die Christenheit ins Verderben zu stürzen und die Herrschaft über die Erde zu erlangen. Neben allerlei Dämonen und anderen bösartigen Wesen hatte er auch menschliche Helfer, die wir heute als Hexen kennen.

Bei meiner intensiven Beschäftigung mit dem Thema Hexenverfolgung, beschlich mich des Öfteren der Gedanke, dass die heutige Wissenschaft die Hexerei als eine Art Volksaberglauben darstellen möchte. Der Glaube an spezielle Kräfte, welche Frauen in sich trugen, war bei den meisten frühgeschichtlichen Völkern weit verbreitet. Die Große Göttin, auch Große Mutter genannt, war die meist verehrte Gottheit der vorchristlichen Volksgruppen. Später waren es Feen, Dämonen und eine Vielzahl unheimlicher, nachtfahrender Weiber, welche das abstrakte Bild der Hexe formten. Der Aberglaube an solche furchteinflößenden Wesen wurde von den erpressten Geständnissen der vermeintlichen Hexen im Volke noch verstärkt. Schnell kann man den Eindruck gewinnen, dass die Bevölkerung der Kirche dankbar war, dass die Kirche die vermeintlichen Hexen verfolgte. Wir dürfen aber nicht vergessen, dass es hauptsächlich die Vertreter der Kirche waren, welche die Hexenhysterie im Volk schürten. Es ging dem Klerus darum, seine Macht über die Bevölkerung zu festigen. Die männlich dominierte Kirche des Mittelalters sah in den Frauen eine Bedrohung, da Frauen in vorchristlichen Zeiten eine entscheidende Rolle in der Gesellschaft gespielt haben. Der Klerus sah in dem Bibelzitat „Die Zauberinnen sollst du nicht am Leben lassen.“ (2. Buch Mose 22. 17) die Rechtfertigung für sein Handeln.

Ich persönlich bin der Ansicht, dass die Hexenverfolgung im Grunde ein Jahrhunderte andauernder Propagandafeldzug der Kirche mit dem Ziel war, endgültig alle ketzerischen und heidnischen Elemente der Bevölkerung auszumerzen. Außerdem brauchte die Kirche ein negatives Gegengewicht, um ihre Anhänger noch enger an sich zu binden.

Was war es nun genau, was den der Hexerei verdächtigten Frauen zur Last gelegt wurde?
Bei den vier Grundsäulen der Anklage handelte es sich um den Teufelspakt und die damit einhergehende Teufelsbuhlschaft, die Teilnahme am Hexensabbat, den Schadenszauber sowie den Hexenflug. Um meinen Lesern die eigentlichen Gründe für die Verfolgung unschuldiger Frauen verständlich zu machen, möchte ich nun näher auf diese vier Punkte eingehen.

Der Teufelspakt und die Teufelsbuhlschaft

Da die Menschen des Mittelalters der festen Überzeugung waren, dass der Teufel sein Weltreich auf Erden errichten wollte, gingen sie auch davon aus, dass er dazu eine Vielzahl an loyalen Verbündeten brauchte. Jene band er durch den Teufelspakt an sich, welcher mit der Teufelsbuhlschaft, der geschlechtlichen Vereinigung, besiegelt wurde. Männliche Mitstreiter wurden von den sogenannten Succubi umgarnt, weiblichen Dämonen von betörendem Äußeren, die in allen Künsten der Liebe bewandert waren. Der Zisterziensermönch Caesarius von Heisterbach beschrieb bereits im Jahre 1225 in seinen „Mirakeldialogen" jene dämonenhaften Weiber, welche des Nachts Männer heimsuchten, um diese für den Teufel zu rekrutieren. Verschiedene mittelalterliche Kleriker waren auch der Ansicht, dass der Teufel die Gestalt einer Frau annehmen konnte, um sich die sogenannten Hexenmeister dienstbar zu machen.
Um seine weiblichen Anhänger kümmerte sich der „Fürst der Finsternis" natürlich in männlicher Gestalt. Oft trat er als fein gekleideter, reicher Fremdling auf, dem die meist armen Frauen der einfachen Bevölkerung nicht widerstehen konnten. In den Augen des Klerus waren Frauen geradezu prädestiniert, den Versuchungen des Teufels zu verfallen. Schon Eva hatte den Einflüsterungen der Schlange nicht widerstehen können, welche niemand anders als der Teufel selbst war.
Der Teufel war ein geschickter Verführer, die Frauen erkannten ihn erst, wenn es bereits zu spät war. Seinen Pferdefuß verdeckte er mit weiten Hosen, die Hörner wurden unter einem schicken Hut verborgen. Sobald die Frau sich einverstanden erklärte, dem Teufel bei seinem schändlichen Tun behilflich zu sein, wurde die Teufelsbuhlschaft vollzogen. Anscheinend war aber der Verkehr mit dem Teufel kein wirkliches Vergnügen, denn der Akt wurde von den verhörten Frauen fast ausnahmslos als „kaltes Werk" beschrieben. Ansonsten kümmerte sich der Teufel gut um seine Hexen. Er besuchte sie immer wieder, um mit ihnen zu verkehren. So manche Angeklagte gab sogar zu Protokoll, dass ihr „Meister" sie im Gefängnis besuche. Wenn der Teufel so besorgt um seine Hexen war, frage ich mich allerdings, warum er sie nicht vor Verfolgung und Hinrichtung bewahrte.
Die Vorstellung von der geschlechtlichen Vereinigung von Frauen mit dem Teufel trägt für mich eindeutige Züge von gestörter männlicher Fantasie. Jene war unter anderem auch das Ergebnis von unterdrücktem sexuellem Verlangen der Kirchendiener durch das verordnete Zölibat.
Die Ankläger in den Hexenprozessen waren der Ansicht, dass Hexerei und Gottesverleugnung Hand in Hand mit sexueller Perversion einhergingen. Wer also nur im

Geringsten von der sexuellen Norm abwich, geriet unweigerlich auch in den Verdacht, mit unheimlichen Mächten im Bunde zu stehen. Da nach Ansicht der Hexenjäger der erste Kontakt mit dem Teufel fast immer aus sexuellen Handlungen bestand, war eine Anklage wegen Hexerei gleichbedeutend mit einem sexuellen Fehlverhalten der Angeklagten. Ich bin der Ansicht, dass die meisten in den Prozessen geschilderten sexuellen Kontakte mit dem Teufel in natürlichen geschlechtlichen Aktivitäten wurzelten. Die von der Kirche verbreitete übertriebene Moral war der Grund, dass sich die angeklagten Frauen für ihr natürliches sexuelles Verlangen schämten und sich diese Schuldgefühle in den Prozessen in unbedachten Aussagen entluden.

In den Zeiten der Hexenverfolgung herrschte auch die weitverbreitete Vorstellung, dass der Teufel von der weiblichen Monatsblutung angelockt wurde. Grund für diese irrwitzige Behauptung war wohl die Tatsache, dass Männer während der Periode nicht mit ihren Frauen verkehren wollten und sich die „verdorbenen" Weiber dann dem Teufel hingaben. Die in den Schriften der führenden Hexenjäger immer wieder erwähnte unersättliche Wollust der Frauen, die im Verkehr mit dem Teufel gipfelte, hatte wohl sicherlich vorchristliche Wurzeln. In den heidnischen Religionen suchte die Große Göttin, die Ur-Mutter allen Lebens, sich selbst ihre Gefährten aus. Das war für den Klerus natürlich eine unvorstellbare Sache, da man der Ansicht war, dass die Frau dem Manne untertan sei. Dass Hexen so stark sexualisiert wurden, lag auch in dem vorchristlichen Volksaberglauben von unheimlichen Weibern begründet, welche des Nachts die Männer verführten.

Gerade für heranwachsende Jugendliche war die von der Kirche propagierte Teufelsbuhlschaft sicherlich problematisch. Ihre eigene erwachende Sexualität erschien sicherlich so manchem der jungen Menschen als „teuflisches" Tun.

Experten der mittelalterlichen Hexenjagden gehen heute davon aus, dass die Vorstellung von Frauen, welche mit übernatürlichen Wesen, wie beispielsweise dem Teufel, geschlechtlich verkehrten, ihren Ursprung im Alten Testament hatte. Im 1. Buch Mose 6. 1-4 wird beschrieben, wie die Gottessöhne von der Schönheit der Töchter der ersten Menschen bezaubert waren und diese zu ihren Frauen machten. Die Kinder jener ungleichen Beziehungen waren Riesen, welche vor Urzeiten die Erde bevölkerten. Die pervertierten sexuellen Vorstellungen von frühzeitlichen Klerikern ließen jene Bibelstelle in einem anderen Licht erscheinen. Aus den Gottessöhnen wurden Teufel und die vermeintlichen Riesen wurden zu missgestalteten, scheußlichen Kreaturen umgedeutet. In diesem Zusammenhang ist vor allem der Dominikanermönch und Kirchenlehrer Thomas von Aquin zu nennen. Jener trug im 13. Jahrhundert mit seinen Schriften entscheidend dazu bei, die Verbindung von Menschen mit dämonenhaften Wesen der breiten Masse der mittelalterlichen Bevölkerung bekanntzumachen.

Durch den abgeschlossenen Teufelspakt kamen die Hexen zu ihren übernatürlichen Fähigkeiten, wie beispielsweise die Macht, ihren Mitmenschen durch Zauberei Schaden zuzufügen.

Der Schadenszauber

Ihren Mitmenschen durch Zauberei Schaden zuzufügen war die Hauptaufgabe der Hexen. Der Teufel wollte damit die Welt in Chaos und Verzweiflung stürzen, um sein Weltreich errichten zu können. Der Schadenszauber konnte vielfältige Formen annehmen. Durch die Verwendung von Zaubertränken, speziellen Salben oder dem Aufsagen von Zaubersprüchen war es den Hexen angeblich möglich, bei anderen Menschen Krankheiten zu verursachen. Mit dem zunehmenden Hexenwahn entstand im Volke die Ansicht, dass Kräuterweiber und heilkundige Frauen erst Krankheiten verursachten, um diese anschließend heilen zu können. So versuchten der Teufel und seine Hexen die Menschen von sich abhängig zu machen. Sicherlich gab es auch Kräuterfrauen, welche ihr Wissen für unlautere Zwecke benutzten. Die sich entwickelnde Universitätsmedizin begann in zunehmendem Maße die Naturheilkunde zu verdrängen. So manche heilkundige Frau wird sich für diese Zurücksetzung wohl gerächt haben und verabreichte „schlechte" Heilmittel. Die Vorstellung, wie Hexen ihre Mitmenschen mit Krankheiten zu schädigen versuchten, nahm teilweise obskure Formen an. In Sachsen erschien 1573 eine anonyme Schrift mit dem Titel „Kurtzes Tractätlein über Zauberei". Dort wurde behauptet, dass Hexen giftige Eier legten, welche sie dann auf dem Markt verkauften, um die Menschen zu vergiften.
Bevorzugtes Ziel für das unheilvolle Tun der Hexen war auch das Nutzvieh ihrer Mitmenschen. Für viele der in Armut lebenden Menschen war eine Ziege oder eine Kuh der einzige Besitz. Starb das Tier, wurde nicht selten ein Schuldiger gesucht, um den Schaden vor Gericht geltend zu machen. So manche Nachbarin wurde völlig zu Unrecht beschuldigt und geriet in die Fänge der Gerichtsbarkeit.
Natürlich glaubte man in den Zeiten der Hexenverfolgung, dass die „Teufelsweiber" auch das Wetter beeinflussen konnten. Wenn widrige Umweltbedingungen für schlechte Ernten sorgten, musste natürlich ein Schuldiger gefunden werden. Die starken klimatischen Veränderungen in der Zeit zwischen 1560 und 1630, heute auch als „Kleine Eiszeit" bekannt, sorgten für ein verstärktes Aufflammen der Hexenverfolgung. Die verheerenden Auswirkungen jener Klimaveränderungen wie Missernten, Teuerungen, Hungersnöte und Seuchen wurden den Hexen angelastet. Es war generell so, dass sich die Hexenhysterie besonders in wirtschaftlich schlechten Zeiten verstärkte. Dass ihr guter Gott sie strafte, konnten die Menschen nicht glauben, dafür sorgte schon die Kirche. Also musste ein Anderer zum Sündenbock gemacht werden. War erst einmal der Verdacht der Hexerei ausgesprochen, war es ein Leichtes, „Beweise" zu finden. Es wurden einfach alle Unglücksfälle der letzten Zeit herangezogen und der vermeintlichen Hexe angelastet.
Ein anschauliches Beispiel, wie alltägliche Missgeschicke als Hexerei gedeutet wurden, zeigt der Fall von Christina Stohr, genannt die „Schieß-Stohr", aus der sächsischen Stadt Leisnig. Während der Zeit des Dreißigjährigen Krieges hatten die Bewohner der Stadt Leisnig und der umliegenden Gegend so manchen schweren Schicksalsschlag zu erleiden. Zu den fürchterlichen Auswirkungen der jahrzehntelangen Kriegshandlung gesellten sich immer wieder gefährliche Seuchen. Sogar die todbringende Pest brach mehrere Male aus. Durch immer neue Besatzungen ver-

schiedener kriegführender Parteien, welche Stadt und Land mit Plünderung, Mord und Vergewaltigungen überzogen, war die einheimische Bevölkerung am Ende ihrer Kräfte. Zusätzlich zu den durch Krieg und Krankheiten verursachten Unbilden, verstärkten sich auch die persönlichen Unglücks- und Krankheitsfälle der Menschen in und um Leisnig. Die Bewohner der Stadt klagten verstärkt über Schmerzen in Rücken, Knien und Fingern. Ein sicherlich übliches Krankheitsbild, zurückzuführen auf die altersbedingte gesundheitliche Entwicklung der Menschen, wohl aber auch Ursache von schlechter medizinischer Versorgung und Mangelernährung während des Krieges. Auch unter den Nutztieren wie Pferden und Rindern häuften sich tödliche Krankheiten. Nur wenige der Tiere hatte man vor den Plünderern verstecken können und nun wurden jene auch noch von rätselhaften Krankheiten dahingerafft. Wie so oft in Zeiten besonders großer Not, wurde nun bald hinter jeglichen Missgeschicken ein böser Zauber vermutet.

Aus Angst vor dem Krieg hatten sich viele Menschen aus ihren Dörfern in die Stadt geflüchtet, wo sie am Rande von Leisnig in einfachen Behausungen lebten und mehr schlecht als recht versuchten, ihr Auskommen zu bestreiten. Die angestammten Stadtbewohner waren wenig begeistert über die Flüchtlinge und erzählten sich gar wunderliche Dinge über die neue „Unterschicht". Auch Christina Stohr und ihr Mann gehörten zu diesen Außenseitern der Gesellschaft. Sie wohnten in einer armseligen Hütte im Elendsviertel der Stadt und hatten kaum genug zu essen. Da ihr Mann als Tagelöhner nur selten Arbeit fand, musste Christina für den Unterhalt der Familie sorgen. Ihr Hauptverdienst bestand im Verkauf einer selbst hergestellten „Schmiere", mit welcher man angeblich Tierkrankheiten heilen konnte. Allerdings hatten die Käufer wenig Vertrauen zu ihr und bald hieß es, dass Christina die Tiere erst krank machte, um sie anschließend heilen zu können. Man nannte sie auch eine „Schießhure", da gemunkelt wurde, sie „schieße" die Leute, sprich, sie verursachte Schmerzen, wenn sie beleidigt wurde. Christina Stohr fühlte sich durch die Gerüchte, welche über sie verbreitet wurden, zunehmend bedrängt, so dass sie sich am 9. Juli 1641 an den Stadtrichter wandte. Sie gab zu Protokoll, dass die Fleischersfrau Christina Gaudlitz sie am Festtag Mariä Heimsuchung (2. Juli) unzählige Male als „Schieß-Stohrn" beschimpft hatte und sie auch mehrfach als „Schießhure" bezeichnete. Bei ihrer Vernehmung gab Frau Gaudlitz an, dass sie diese Beleidigungen ausgestoßen hatte, weil Christina Stohr ihre Kuh mit einer Krankheit belegt hatte. Einen „triftigen" Grund für die angebliche Hexerei konnte die wackere Fleischersfrau auch benennen. Einige Wochen zuvor hatte sich die „Schieß-Stohrn" an den Fleischer Gaudlitz gewandt, um sich von ihm Geld zu borgen. Er lehnte dies jedoch ab und Christina Stohr ging schweigend davon. Just am nächsten Tag erkrankte die beste Kuh der Familie Gaudlitz. Ihre Besitzer behaupteten nun, dass sich die Kuh immer bester Gesundheit erfreut hätte und erst seit dem Besuch der Christina Stohr krank wurde. Nachbarn rieten den Fleischersleuten, von der „Kräuterhexe" zu verlangen, sie solle die Krankheit wieder von der Kuh nehmen. Jene lehnte das Ansinnen jedoch ab, wodurch es zu einem wochenlangen Streit kam, der schließlich vor dem Richter endete. Das Gericht wurde hellhörig. Der Name Christina Stohr war in Leisnig nicht unbekannt. Die Frau

hatte keinen guten Ruf in der Stadt. Sogar zwei angesehene Mitglieder der gehobenen Gesellschaft hatten schon ihren Verdacht geäußert, dass die Frau mit bösen Mächten im Bunde sei. Maria Zscheiper, die Frau des ehemaligen Bürgermeisters und das Ratsmitglied Rudolf Eschke wurden daraufhin vom Gericht vernommen. Beide gaben an, dass sie die Christina Stohr nach Streitigkeiten in den Finger „geschossen" hätte. Das Gericht vermerkte dies als Verdachtsmoment auf mögliche Hexerei. Dass es sich möglicherweise nur um harmlose Insektenstiche handelte, wurde von niemandem in Erwägung gezogen. Wie schon gesagt, hatten sich die Unglücksfälle in der Stadt gehäuft und die „Schieß-Stohrn" erschien der Bevölkerung als passende Übeltäterin.
Nachdem zwei angesehene Bürger aus Leisnig ihren Verdacht gegen Christina geäußert hatten, fühlte sich noch eine weitere Person berufen, alle ihre Missgeschicke der armen Frau anzulasten. Maria Dietmann habe sie ebenfalls eine Kuh „zu Tode gehext", ihrer Schwester sei ein Pferd gestorben, weil sie sich mit Christina über den Verkauf von Äpfeln gestritten hatte. Außerdem habe Christina einer Magd der Familie ebenfalls nach einem Streit in den Finger „geschossen". Auf Grund der dreifachen Zeugenaussage vermerkt der Gerichtsschreiber in den Akten folgendes: „dass auf Christina, Georg Stohrs Eheweib, der Zauberei wegen ein böses Gerücht gefallen und allerhand Indicia sich ergeben."[18]
Am 30. Juli 1641 erließ das Leisniger Gericht den Beschluss, dass Christina Stohr am 2. August 1641 zu den Vorwürfen verhört werden sollte und würde sich der Verdacht der Hexerei bestätigen, solle ein Prozess anberaumt werden. Für das Verhör und den möglichen Prozess erarbeiteten die Gerichtsdiener extra einen aus dreißig Fragen bestehenden Fragenkatalog, der sich speziell auf die angeblichen Verbrechen der Angeklagten bezog. Das Gericht war anscheinend fest dazu entschlossen, ein für alle Mal die „Schuldige" zu bestrafen, welche für das Unheil in der Stadt verantwortlich war. Christina war sicherlich keine liebenswerte Person, ihr sozialer Status hatte sie an den Rand der Gesellschaft gedrängt. Die Familie war arm, musste sich mit Betteln und kleinen Gaunereien durchs Leben schlagen. Die „Schieß-Stohrn" war der ideale Sündenbock und schien das auch erkannt zu haben. Sie war sich anscheinend sicher, dass bei dem anberaumten Gerichtstermin nichts Gutes für sie herauskommen würde. Gemeinsam mit ihrem Mann floh sie des Nachts aus der Stadt.

Der Hexensabbat

Dreh- und Angelpunkt jedes mittelalterlichen Hexenprozesses war der sogenannte Hexensabbat. Hierbei handelte es sich nach Ansicht der Kirchenoberen um eine ausschweifende Festlichkeit, bei der sich der Teufel mit seinen Hexen traf. Neben essen, trinken und feiern verkehrte der Teufel während des Hexensabbats auch sexuell mit seinen Hexen. Der Teufel muss wohl ein ganz besonders potenter Kerl gewesen sein, wenn er sich mit allen seinen Hexen in einer Nacht vergnügte. So manch einem wackeren, vom Zölibat geplagten Kirchenmann wird wohl beim Gedanken an solch eine Gruppensexparty, wie wir den Hexensabbat heute nennen würden, der Schweiß ausgebrochen sein. Doch Spaß beiseite. Die vorgebliche Teilnahme am

---

[18] Zitat aus „Hexen müssen brennen" von Regina Röhner, Chemnitzer Verlag 2000.

Hexensabbat war ein schwerwiegender Anklagepunkt in den Hexenprozessen. Nach Ansicht der Richter „buhlten" und feierten die Hexen nämlich nicht nur ausgelassen mit ihrem Herren, sie begingen auch unsägliche Verbrechen. Geraubte Kinder wurden getötet, um sie gesotten und gebraten zu verspeisen. Aus dem Kinderfett wurden verschiedenste Salben und Tränke gebraut, welche für den Schadenszauber vonnöten waren. Auch die berüchtigte Flugsalbe wurde hergestellt, die für den Hexenflug gebraucht wurde. Wenn uns diese Vorstellungen heute auch völlig abstrus erscheinen, wurden solcherlei Anschuldigungen bei den Prozessen tatsächlich vorgebracht.

Der Hexensabbat galt als Höhepunkt im Leben einer Hexe. So manch eine der in den hochnotpeinlichen Verhören gepeinigte Frau gestand, bei diesen Feierlichkeiten ihren Bund mit dem Teufel geschlossen zu haben.

Die Bedeutung des Hexensabbats veränderte sich in den Zeiten der Hexenverfolgung merklich. Zunächst schienen die Feiern eine eher fantastische Erfindung der Angeklagten als Ausgleich für den tristen Alltag. Der Klerus stilisierte die Geschichten über den Hexensabbat jedoch immer mehr zu einer Art „teuflischem" Gottesdienst mit abartigen sexuellen Praktiken. Solche „Teufelsgottesdienste" verliefen immer nach einem ähnlichen Schema ab. Nach der inbrünstigen Begrüßung ihres Herren und Meisters brachten die Hexen ihre mitgebrachten Opfer dar. Hierbei handelte es sich in der Regel um geraubte Kinder oder auf dem Friedhof ausgegrabene Kinderleichen. Diese abstoßenden Opfergaben wurden dann, wie bereits erwähnt, zum Verzehr zubereitet. Nachdem der Teufel und seine Hexen ausgiebig gespeist und getrunken hatten, gaben sie sich allen nur denkbaren sexuellen Vergnügungen hin. Wenn sich der Teufel gerade nicht mit ihnen beschäftigte, trieben es die Hexen untereinander oder vergingen sich an Tieren. Zumeist waren auch Kinder an diesem abartigen Betreiben beteiligt, die von der magischen Ausstrahlung des Teufels betört, sogar Unzucht mit den eigenen Eltern trieben.

Wir können uns heute ziemlich sicher sein, dass solcherlei abartige Vorstellungen vom Hexensabbat nur der krankhaften Fantasie sexuell gestörter Geistlicher entsprungen sein können.

Der Hexensabbat fand mehrere Male im Jahr statt. Bis heute wird immer wieder speziell auf die Nacht auf den 1. Mai hingewiesen. Interessanterweise ist dies auch das Datum des alten keltischen Frühlings- und Fruchtbarkeitsfestes Beltane. Laut keltischer Mythologie erwählte die „Große Göttin" in dieser Nacht ihren neuen Gefährten. Der christlichen Kirche war das Beltanefest ein besonderer Dorn im Auge. In jener Nacht waren gewisse sexuelle Freiheiten erlaubt, was der Moralvorstellung des Klerus zuwiderlief. Kurzerhand wurde die Nacht auf den 1. Mai zur Nacht der Hexen erklärt und jeder, der in dieser Nacht feierte, wurde verdächtigt, mit dem Teufel im Bunde zu stehen. Heute ist diese Nacht als Walpurgisnacht bekannt. Der Name geht auf die wundertätige Walburga zurück, welche am 1. Mai 870 von Papst Hadrian II. heiliggesprochen wurde. In vielen Ländern wird heute noch in der sogenannten Walpurgisnacht gefeiert. Allerdings sind diese Festlichkeiten eher zu einem kommerziellen Mummenschanz verkommen, die mit dem keltischen Beltane nicht mehr das Geringste zu tun haben.

Bekanntester Platz für den Hexensabbat war und ist der Brocken im Harz, auch bekannt als der Blocksberg. Johann Wolfgang von Goethe, der ein begeisterter Harzbesucher war, setzte dem Brocken in seinem „Faust" ein literarisches Denkmal. Berge waren ein bevorzugter Platz für die angeblichen Hexensabbate. Eine bemerkenswerte Ausnahme ist das schwedische Blokulla. Hierbei soll es sich um eine große Wiese gehandelt haben, auf der ein Steinhaus stand. Dieses Haus war als Zufluchtsort für die Hexen am Tag des Jüngsten Gerichtes gedacht. Die schwedischen Hexen scheinen besonders dreist gewesen zu sein, da sie ihre Sabbate immer zu Ostern abhielten, dem höchsten Feiertag der Christenheit.

Es gab aber auch gänzlich anders geartete Örtlichkeiten, an denen die Hexen ihre Feierlichkeiten abhielten. Vor der Südostküste der Insel Rügen befindet sich, etwa 350 Meter vom Strand entfernt, der im Wasser der Ostsee liegende Buskam. Es handelt sich hierbei um einen großen Findling, der von weiteren, kleineren Findlingen umgeben ist, welche sich allerdings fast ständig unter Wasser befinden. Der Name Buskam ist möglicherweise eine Verballhornung des altslawischen „bogis kamien", unheiliges Tun, welches sich jedes Jahr zur Walpurgisnacht hier abspielte. Eine örtliche Legende weiß nämlich zu berichten, dass sich just in jener Nacht der Teufel und seine Hexen auf dem Buskam versammelten, um den Hexensabbat zu feiern. Bei einem Besuch auf der Insel Rügen besichtigte ich vom Strand aus natürlich jenen bemerkenswerten Findling. Vom Teufel und seinen Hexen war nichts zu sehen. Dafür hatte sich eine Unmenge von Kormoranen den Buskam als Ruheplatz ausgesucht.

Der Hexenflug

Der vierte elementare Vorwurf, welcher den vermeintlichen Hexen gemacht wurde, war untrennbar mit dem eben beschriebenen Hexensabbat verbunden. Die Zusammenkunft mit dem Teufel wurde nur an einigen auserwählten Orten durchgeführt. Da die Teilnehmerinnen an jenen unheiligen Treffen mitunter weit entfernt wohnten, musste der Teufel ihnen ermöglichen, schnellstmöglich zu reisen. Der Flug durch die Lüfte war die geeignetste Methode. Durch den Abschluss des Teufelspaktes hatten die Hexen von ihrem Herrn und Meister auch das Rezept für die sogenannte Flugsalbe erhalten. Über die Zutaten jener Salbe stritten sich schon die mittelalterlichen Kleriker. Neben Pflanzen und Kräutern sollen zu ihrer Zubereitung auch so unappetitliche Zutaten wie ausgekochtes Kinderfett und Fledermausblut gehört haben. Oft hieß es auch, dass die Hexen jene Flugsalbe nicht selbst herstellen mussten, sondern sie höchstpersönlich vom Teufel erhielten. Mit der Flugsalbe wurden dann die unterschiedlichsten Gegenstände und Lebewesen eingeschmiert, um sie zum Fliegen zu bringen. Beliebtestes Fluggerät war ein einfacher Besen. Jeder von uns hat wohl schon einmal eine Abbildung einer durch die Lüfte fliegenden Hexe auf ihrem Besen gesehen. Im Harz gehört die auf einem Besen reitende Hexe traditionell zu den beliebtesten Souvenirs.

Es gab jedoch jede Menge anders gearteter Fluggeräte, wie beispielsweise Katzen oder Ziegenböcke. Man nahm an, dass die Hexe ihr Haus durch verschiedene Öffnungen verlassen konnte. Beliebt war vor allem der Schornstein. War die Hexe ver-

heiratet, musste sie Vorkehrungen treffen, dass ihr Mann nichts von der Abwesenheit seiner Frau bemerkte. So legte sie einen Stock an ihrer Stelle ins Bett und betupfte die Ohrläppchen ihres Mannes mit einer speziellen Salbe, welche ihn in einen tiefen Schlaf versetzte. Manche Hexen konnten sich auch in Vögel oder Fledermäuse verwandeln, um zum Hexensabbat zu fliegen. Der Hexenflug wurde auch für die Verbreitung des Schadenszaubers verwendet. Durch ihre Flugkünste war es den Hexen möglich, in einer Nacht möglichst vielen Menschen Schaden zuzufügen.
Ihren Ursprung hat die fliegende Hexe sicherlich im Volksaberglauben von den nachtfahrenden, Unheil stiftenden Kreaturen aus vorchristlicher Zeit. Über jene unheimlichen Kreaturen habe ich bereits ausführlich in meinem Kapitel „Die Assimilierung heidnischer Bräuche durch das Christentum" berichtet. In diesem Zusammenhang möchte ich auch auf die Fruchtbarkeits- und Ritualfeiern der vorchristlichen Völker eingehen. Bei solchen Festlichkeiten war es durchaus üblich, sich mit Salben und Tränken zu berauschen, welche solch giftige Zutaten wie Fliegenpilz, Alraune, Tollkirsche, Stechapfel und Bilsenkraut enthielten. In der richtigen Menge konnten diese Zutaten eine enorme Auswirkung auf die menschliche Wahrnehmung und Psyche haben. Die so ausgelösten Halluzinationen konnten die unterschiedlichsten Formen annehmen. So manche Frau fühlte sich in ein Tier verwandelt oder glaubte, an einer infernalischen Orgie teilzunehmen.
In den mittelalterlichen Hexenprozessen wurden jene frühzeitlichen Kultfeiern zum Hexensabbat verunglimpft. Mancherorts hielt man solche „heidnischen" Feste wohl auch noch im Verborgenen ab, was den Hexenjägern bei ihren Anschuldigungen natürlich zum Vorteil gereichte.
Wenn wir die vier Bestandteile der Anklage auf Hexerei betrachten, erscheint es unvorstellbar, wie die mittelalterlichen Hexenverfolger auf solcherlei abstrakte Anschuldigungen kamen. Wir dürfen aber nicht vergessen, dass die Glaubensvorstellungen und das Wissen um unheimliche Mächte zu jener Zeit völlig anders waren als heute. Die Existenz des Teufels war für die Menschen eine Tatsache, genauso wie die Vorstellung, dass es Frauen gab, welche mit Zauberei Schaden anrichten konnten. Die mittelalterlichen Hexenprozesse waren also eine Folge ihrer Zeit, welche bei näherer Betrachtung fast unvermeidbar erscheinen. Aberglauben, Existenzängste und nicht zuletzt der absolute Machtanspruch der Kirche führte zur Verfolgung und Ermordung unzähliger unschuldiger Frauen, Männer und Kinder.
Wie so ein Hexenprozess im Allgemeinen ablief, möchte ich im folgenden Abschnitt beschreiben.

2.2. Die Prozesse

An dieser Stelle muss ich zuerst mit einem weitverbreiteten Irrtum aufräumen. Im Zusammenhang mit der Hexenverfolgung wird immer wieder von der Inquisition gesprochen. Das ist so nicht richtig. Bei der Inquisition handelte es sich um eine kirchliche Institution, die zum Aufspüren und Verurteilen von religiösen Abweichlern, sprich Ketzern, gegründet wurde. Die Inquisition beschäftigte sich mit dem Thema Hexerei nur dann, wenn sich Ketzer- und Hexenprozesse überschnitten, was mitunter

vorkam. Die Verurteilung von Hexen war jedoch immer den weltlichen Gerichten vorbehalten.
Am Beginn jedes Hexenprozesses stand zunächst die Anzeige wegen Hexerei. Solche Beschuldigungen konnte jeder, ohne Ansehen von Geschlecht oder Alter, äußern und sie der zuständigen Stelle melden. Meistens wurden Gerichtsdiener über etwaige Hexen informiert, mitunter waren aber auch kirchliche Würdenträger involviert. Daher übernahm die bereits erwähnte Inquisition in manchen Fällen die „Vorarbeit", überließ die eigentliche Untersuchung aber später der weltlichen Gerichtsbarkeit. Der Grund für die Denunzierung einer angeblichen Hexe konnte vielfältige Ursachen haben. Missgunst, Neid, Rache oder auch religiöser Fanatismus waren nur einige Auslöser dafür, ungeliebte Mitmenschen der Hexerei zu verdächtigen. Speziell letzteres wurde von der Kirche im Volk geschürt. Bei jeder sich bietenden Gelegenheit schärften die „Diener Gottes" den Menschen ein, jeglichen Verdacht auf Hexerei unverzüglich zu melden. Doch auch die kleinsten Abweichungen von der allgemeinen Ordnung, wie Krankheiten von Menschen oder Tieren, wurden sofort als Hexerei gedeutet. Auch Wetterphänomene, schlechte Ernten oder alltägliche Missgeschicke wurden unliebsamen Personen angelastet. Meistens waren es gesellschaftliche Außenseiter, auf die der Verdacht viel. Selbst die eigentlichen Prozesse waren eine Quelle von weiteren Denunziationen. Die angeblichen Hexen wurden bei Verhören und Folterungen immer wieder nach dem Kontakt zu anderen Hexen befragt. So manche der gemarterten Angeklagten beschuldigte andere Frauen, nur um von der eigenen Pein erlöst zu werden.
War der Verdacht auf Hexerei erst einmal formell ausgesprochen, wurden die Gerichtsdiener aktiv. Man verhaftete die vermeintliche Hexe und kerkerte sie ein. Die Haftbedingungen waren zumeist menschenunwürdig, Vergewaltigungen durch die Wächter an der Tagesordnung. Nicht wenige Frauen nahmen sich aus diesen Gründen im Kerker selbst das Leben. Dieses wurde dann dem Teufel angelastet und die Schuld der Frauen galt als erwiesen.
Bei den Verhören wurde meisten ein allgemeiner Fragenkatalog verwendet, was die stereotype Ähnlichkeit der Aussagen in den erhaltenen Prozessakten erklärt. Ein besonders entwürdigender Teil des Verhöres war die Suche nach den möglichen Hexenmalen, da man davon ausging, dass der Teufel seine Anhängerinnen mit einem unauslöschlichen Mal, dem sogenannten „Stigma Diabolicum" kennzeichnete. Die Angeklagten mussten sich vollständig entkleiden, damit sie auf solcherart Male untersucht werden konnten. War die vermeintliche Hexe jung und schön, regte sich bei so manchem Richter oder anwesenden, vom Zölibat gepeinigten Vertreter der Kirche, der sexuelle Appetit. Solche Verlockungen wurden dann natürlich als Einflüsterungen des Teufels betrachtet und bestätigten den Verdacht der Hexerei. Entdeckte man an den Körpern der Frauen Muttermale oder Warzen, wurden diese sofort als Hexenmale identifiziert. Solche Teufelszeichen galten als schmerzunempfindlich und wurden daraufhin mittels Nadelprobe getestet. Spürte die Angeklagte keinen Schmerz und floss kein Blut, war ihre Schuld so gut wie bewiesen. Da die Frauen natürlich auch an diesen Körperstellen auf Nadelstiche empfindlich reagierten, bedienten sich

die Gerichtsdiener infamer Tricks. An Stelle der Spitze wurde das Hexenmahl nur ganz leicht mit dem Nadelkopf berührt, so dass die Angeklagte keinen Schmerz verspürte. Mitunter wurden auch Gerätschaften verwendet, bei denen eine stumpfe Nadel verwendet wurde, die sich zudem noch bei der leisesten Berührung in den hohlen Schaft zurückschob und so keinen Schmerz oder Blutung auslösen konnte.

Neben der Nadelprobe gab es noch andere Hexenproben, um die Schuld der Frauen zu beweisen. Besonders beliebt bei der Gerichtsbarkeit war die Wasserprobe. Die sogenannten „Hexenbäder" wurden meist öffentlich durchgeführt. Man fesselte die Frauen und warf sie in ein Gewässer. Gingen sie im Wasser unter, waren sie unschuldig, trieben sie oben, galt dieses als Teufelswerk. Die Bewertung der Wasserprobe ging auf den Aberglauben zurück, dass der Hexe vom Teufel eine körperliche Leichtigkeit „geschenkt" wurde, damit sie besser fliegen konnte. Oft ertranken die Angeklagten, was dann in den Prozessakten lapidar als Verfahrensfehler notiert wurde. Wie auch bei der Nadelprobe wurde bei den „Hexenbädern" oft betrogen. Entweder war das Gewässer nicht tief genug, so dass die Frauen gar nicht untergehen konnten oder sie wurden mit einem Seil nur so weit ins Wasser gelassen, dass es den Anschein hatte, als trieben sie darauf. Allerdings wurde die Wasserprobe verhältnismäßig selten durchgeführt, da sie ursprünglich ein Gottesurteil war. Die Gottesurteile stammten noch aus vorchristlichen Zeiten und waren daher bereits Anfang des 13. Jahrhunderts von der Kirche für ihre eigenen Verfahren verboten worden. Dieses Verbot wurde zunehmend auch auf die weltlichen Gerichte ausgeweitet.

Die Wiegeprobe ging von derselben Voraussetzung wie die Wasserprobe aus, dass Hexen möglichst leicht sein mussten, um fliegen zu können. Die nackte Angeklagte wurde von mehreren Gerichtsdienern „begutachtet" und ihr mögliches Gewicht festgelegt. Anschließend wurde die vermeintliche Hexe gewogen. War die Frau leichter als das angesetzte Gewicht, galt der Hexereivorwurf als bewiesen. Die Wiegeprobe konnte natürlich leicht manipuliert werden, indem das geschätzte Gewicht einfach viel zu hoch angesetzt wurde. Hatte sich das Gericht tatsächlich einmal vertan und die Hexe war schwerer als angenommen, wurde einfach behauptet, der Teufel hätte die Waage verstellt.

Bei der Feuerprobe mussten die Frauen ein glühendes Stück Eisen in die Hände nehmen oder sich mit nackten Füssen darauf stellen. Zeigten sich nach einer festgelegten Zeit noch Verbrennungen, galten die Frauen als unschuldig. Da Verbrennungen nur schwer verheilen, wurde die Feuerprobe nur selten angewendet.

Beliebter war dagegen bei den Richtern die Tränenprobe. Ausgehend von der Annahme, dass Hexen nicht weinen könnten, wurden die Beschuldigten aufgefordert, grundlos zu weinen. Da nur wenige Frauen dazu in der Lage waren, wurde diese Probe oft zur „Wahrheitsfindung" herangezogen.

Die verschiedenen Hexenproben wurden zu Beginn der Hexenverfolgung angewendet, verloren aber mit der Zeit an Bedeutung. Das lag zum Teil am ungewissen Ausgang, aber auch an den zunehmenden Verboten durch die Kirche, die solche Proben zumeist als Relikte aus heidnischen Zeiten betrachtete.

Das Ziel jedes Hexenprozesses war die Verurteilung und Hinrichtung der Angeklagten. Schon bei den Verhören wurde mit allerlei Tricks gearbeitet, um die Frauen zu einem Geständnis zu bewegen. Oft wurden Versprechungen gemacht, welche dann nicht eingehalten wurden. Gängige Praxis war es auch, dass ein Richter für das Geständnis begangener Hexerei ein mildes Urteil versprach und die Angeklagte nach ihrer Aussage anschließend von einem anderen Richter zum Tode verurteilt wurde. Insgesamt brachten die Verhöre aber meistens nicht die von der Gerichtsbarkeit erwarteten Erfolge. Zwar beschuldigten die Frauen vielfach andere Personen der Hexerei, Vorwürfe gegen die eigene Person wurden aber fast generell zurückgewiesen. Da auch die bereits beschriebenen Hexenproben nicht immer den erhofften Erfolg versprachen, wurde im Laufe der sich immer mehr verstärkenden Hexenverfolgung zunehmend zum Mittel der Folter gegriffen. In eigens dafür eingerichteten Folterkammern mussten die Beschuldigten unbeschreibliche Qualen erdulden, welche nicht selten mit dem Tod endeten.
Die Hochnotpeinliche Befragung, wie die Folterung in mittelalterlichen Zeiten genannt wurde, begann mit der sogenannten „Schreckung“. Den Angeklagten wurden die Folterwerkzeuge gezeigt und auch zum Teil angelegt, um ihnen die zu erwartenden Qualen aufzuzeigen. Bei der verschärften Form der Schreckung mussten die Frauen bei der Folterung anderer bedauernswerter Opfer zuschauen. Bei „zartbesaiteten“ Frauen reichte dies meistens schon aus, ihre angeblichen Verfehlungen zu gestehen. Brachte auch die Schreckung nicht das von den Richtern erwartete Ergebnis, begannen die Folterknechte mit der eigentlichen Tortur. Als Folterknechte wurden nicht selten bekannte Sadisten ausgewählt, denen es Freude und sexuelle Befriedigung brachte, unschuldige Frauen zu quälen. Es gab so viele unterschiedliche Foltermethoden, dass es zu weit führen würde, sie alle zu erwähnen. Meist wurde mit Daumen- und Beinschrauben begonnen, welche im Jargon der Hexenrichter als „leichte Folter“ bezeichnet wurden. Bei besonders verstockten Opfern kam die Streckbank zum Einsatz oder auch die berüchtigte „Eiserne Jungfrau“. Viele Folterknechte bevorzugten auch die Brandfolter, wobei die Frauen mit glühenden Metallgegenständen oder brennendem Schwefel traktiert wurden.
Die Hochnotpeinliche Befragung brachte so gut wie alle Beschuldigten dazu, die ihnen zur Last gelegten Taten zu gestehen. Die meist mehr tot als lebendigen Frauen wurden dann vor den zuständigen Richter gezerrt, welcher sogleich das Urteil sprach, in den meisten Fällen das Todesurteil. Gängige Praxis war das Verbrennen der Hexe, was mit der vorherigen Enthauptung auf Anordnung des Richters abgemildert werden konnte. Es gab jedoch auch genügend Fälle, in denen das Opfer bei lebendigem Leib den Flammentod erleiden musste. Hab und Gut der Hingerichteten wurde zur Tilgung der Prozesskosten eingezogen, besaß das Opfer noch Verwandte, mussten jene perfiderweise diese Kosten übernehmen.
Hexen waren bekanntermaßen die Helferinnen des Teufels. Diese hatten wiederum dienstbare Geister, welche sie bei ihren „Untaten” tatkräftig unterstützten. Jene Kreaturen möchte ich meinen geneigten Lesern nun vorstellen.

Hilfsgeister

Bei den sogenannten Hilfsgeistern handelte es sich in der Hauptsache um verschiedene Arten von Tieren. Wenn wir das Wort Hexe hören, denken wir unweigerlich an ein altes, buckliges Mütterlein, das eine schwarze Katze auf der Schulter trägt. Katzen galten schon immer als bevorzugte Helfer der Hexenweiber. In verschiedenen vorchristlichen Kulturen und Epochen wurde der Katze höchste Verehrung zuteil. Denken wir nur an das alte Ägypten, wo Katzen als besonders heilig galten. Aus der ägyptischen Mythologie ist uns auch die Göttin Bastet bekannt, welche die Tochter des Sonnengottes Ra war, der zu den einflussreichsten Gestalten der altägyptischen Glaubenswelt zählte. Bastet wurde entweder als Katze oder als Mischwesen, halb Mensch halb Katze dargestellt. Sie galt als Göttin der Liebe und Fruchtbarkeit, sowie als Beschützerin der schwangeren Frauen. Interessant ist, dass immer wieder mumifizierte Katzen gefunden wurden, was als eindeutiger Beleg für die Bedeutung dieser Tiere im alten Ägypten zu sehen ist.

Auch aus der nordischen Mythologie sind uns Katzen wohlbekannt. Hier wurden sie mit der Göttin Freya in Verbindung gebracht. Wie die ägyptische Katzengöttin Bastet stand auch Freya für Fruchtbarkeit und Liebe. Sie gehörte zum Göttergeschlecht der Wanen, welche im ständigen Streit mit den Asen, dem andern Göttergeschlecht der nordischen Mythologie lagen. Nachdem Frieden geschlossen wurde, zogen Freya, ihr Bruder Freyr und deren Vater Njörd als Geste der neugeschlossenen Freundschaft nach Asgard, um bei den Asen zu leben. Verschiedenste Auslegungen der nordischen Mythologie gehen davon aus, dass Freya nach dem Friedensschluss die Frau von Odin wurde, welcher Herrscher der nordischen Götter war. Die Namensähnlichkeit von Odins Frau Frigga mit Freya sowie Freyas Gatten Odur mit Odin lässt eine mögliche familiäre Beziehung der beiden Gottheiten durchaus glaubhaft erscheinen. Bekanntermaßen brachte Odin die in der Schlacht gefallenen Krieger in seine Ruhmeshalle Walhall. Weniger bekannt dürfte sein, dass Freya ebenfalls solch eine Örtlichkeit besaß, die Sessrumnir genannt wurde. Erwähnung findet die Ruhmeshalle Sessrumnir in der sogenannten Prosa-Edda, neben der Lieder-Edda das wichtigste Handbuch der nordischen Mythologie. Erstmals wurden diese beiden Werke im 13. Jahrhundert niedergeschrieben und enthielten alle wichtigen Götter-und Heldensagen der nordischen Völker.

Freya brachte die gefallenen Krieger in einem von Katzen gezogenen Wagen nach Sessrumnir. Uns sind heute auch Darstellungen der Göttin bekannt, welche sie auf Katzen reitend zeigen, beispielsweise im Dom der Stadt Schleswig.

Katzen wurden also in vorchristlicher Zeit bei verschiedensten Völkern als Symbole der Fruchtbarkeit, Liebe und somit auch menschlicher Sexualität verehrt. Grund genug für die römische Kirche, diese so anmutigen Geschöpfe mit negativen Assoziationen zu verbinden. Die christliche Kirche hatte scheinbar schon immer ein gespanntes Verhältnis zu unseren liebeswerten „Mäusefängern". So wurde behauptet, dass sich der Name der von Rom so verdammten Glaubensgemeinschaft der Katharer vom lateinischen „Catus" herleitete. Grund für diese Behauptung war die Unterstellung,

dass die Katharer das Hinterteil einer Katze küssen würden, in deren Gestalt ihnen der Teufel erschien.[19]
Auch von den Kanzeln der christlichen Gotteshäuser hagelte es immer wieder Schmähungen für das bis heute so beliebte Haustier. Der Bußprediger Berthold von Regensburg tat sich dabei besonders hervor. In seinen flammenden Reden verglich er immer wieder das verderbte Wesen der Ketzer mit dem von Katzen. Kirchenmann Berthold schien sich mit dem Verhalten der ihm so sehr verhassten Tiere bestens auszukennen, denn er schilderte anschaulich, wenn auch unappetitlich, wie Katzen den Menschen schadeten. Laut seinen Ausführungen würde die Katze an einer Kröte lecken, bis diese anfing zu bluten. Die Katze wurde daraufhin ungeheuer durstig und stillte ihren Durst mit Wasser, welches auch die Menschen tranken. Das mit dem Gift der Kröte verunreinigte Wasser mache dann die Menschen krank. Langwierige Krankheiten oder gar der Tod waren die Folge.
Konrad von Marburg, einer der berüchtigtsten Ketzerjäger des frühen Mittelalters besaß wohl eine ähnlich krankhafte Fantasie wie sein Glaubensbruder Berthold. Auf Marburgs verleumderische Berichte geht die im Juni 1233 erlassene päpstliche Bulle „Vox in Roma audita" zurück, welche bis in das 17. Jahrhundert hinein in der Hexenverfolgung Verwendung fand. Auch in dieser Bulle finden Katzen und Kröten Erwähnung. Bei ketzerischen Ritualen werden diese auf Maul und Hinterteil geküsst. Solcherlei Behauptungen lassen eher an perverseste Sexualfantasien denken und nicht an kirchliche Gesetzesvorschriften.
Da wir schon von Kröten gesprochen haben, weiter im Text mit diesem wichtigen „Hexentier".
Kröten gehörten unbestritten zum Inventar jedes „guten" Hexenhaushalts. Sie erfüllten verschiedenste Aufgaben im Hexenwesen. So dienten sie als körperliche Hülle verschiedenster Hilfsgeister, denen sich die Hexen bedienten. Krötenteile und auch das Gift dieser Tiere waren ein unverzichtbarer Bestandteil der Tränke und Salben, welche die Hexen herzustellen pflegten. Es war vor allem das von der Mehrzahl der verschiedenen Krötenarten produzierte Hautgift, welches für die Hexentränke so wichtig war. (Produziert wird das giftige Sekret in den Hautdrüsen der Tiere und dient als passives Abwehrmittel gegen mögliche Fressfeinde). Schon im frühen Mittelalter wurde Krötengift als Medizin verwendet.
Es waren vor allem die heute als Kräuterweiber bezeichneten, heilkundigen Frauen, die Krötengift zu medizinischen Zwecken verwendeten. Und jene Kräuterweiber waren es bekanntermaßen auch, welche als erste in das Visier der Hexenjäger gerieten. In den Behausungen der heilkundigen Frauen fanden sich zwangsläufig auch Kröten oder Krötenteile, was den Angeklagten zum Nachteil ausgelegt wurde. Unter der Folter gestand auch so manche der angeblichen Hexen, dass sie sich in eine Kröte verwandeln könne, um ihren Schadenszauber ungehindert betreiben zu können. Auch vom Teufel hieß es, dass er des Öfteren in Form jenes Tieres erschien. Diesem Aber-

[19] Wer sich genauer über die Gemeinschaft der Katharer informieren möchte, dem sei mein Buch „Mysterium Heiliger Gral" empfohlen.

glauben setzte John Milton in seinem Epos „Paradise Lost" ein unsterbliches Denkmal. In Miltons Werk nähert sich der Satan in Form einer Kröte der schlafenden Eva, um sie durch nächtliche Einflüsterungen zum Sündenfall zu verführen.
Die Kröte als Hexen- oder Teufelstier fand auch Einzug in die Sagenwelt. Als Beispiel sei hier die Geschichte vom Unkenstein in Duisburg genannt. Um den in der Nähe der ehemaligen Stadtmauer von Duisburg gelegenen Findlingsblock rankte sich schon immer eine Vielzahl von Sagen. Wohl ursprünglich ein alter Grenzstein, hieß es, dass der Teufel höchst selbst den Stein herbeigeschleppt hatte, um eine in der Nähe liegende Kirche zu zerstören. Noch ehe er sein Ziel erreichte, entfiel dem „Fürsten der Finsternis" jedoch der Stein und er konnte ihn nicht mehr weitertragen. Seit jener Zeit galt die Gegend um den Unkenstein als unheimlicher Ort. Seinen Namen erhielt der Findling daher, dass manche Leute des Nachts eine Kröte mit glühenden Augen zu sehen glaubten. Sie bewachte angeblich einen unter dem Stein vergrabenen Schatz. Ihre lauten Unkenrufe hallten so schauerlich durch die Nacht, dass sich niemand in die Nähe des Steines wagte. Doch auch am Tage ereigneten sich an jenem Ort merkwürdige Dinge. So hieß es, dass der Stein sich beim Mittagsläuten der Kirchenglocken dreimal im Kreise drehte. Zur Mittagsstunde soll auch des Öfteren ein Ziegenbock auf dem Unkenstein gesessen haben. In manchen Nächten trieb auch der Teufel mit vielerlei tanzenden Gestalten hier sein Unwesen. Aus diesem Grund war der Unkenstein auch als Platz des Hexensabbats bekannt.
Die enge Verbindung, welche der Kröte mit dem Teufel nachgesagt wurde, lässt mich unweigerlich an die Geschichte von Karl dem Großen und dem „Krodenduvel" denken. Sicherlich ist es tatsächlich nur eine Legende, dass Kaiser Karl dem lokalen Gott Krodo jenen Namen verpasste. Es waren wohl eher spätere Anhänger des erstarkenden Christentums, welche alle heidnischen Bräuchen und Gottheiten in etwas Dämonisches, ja Teuflisches umdeuteten. Die Gegner des Krodo-Mythos behaupteten schon immer, dass Krodo vom althochdeutschen Wort Krota für Kröte kommt. Wenn es sich also um einen Krötengott handelte, den die alten Sachsen verehrten, war es nicht weit bis zur Teufelsverehrung. Wer also trotz der neuen Religion des einen wahren Gottes noch immer die alten Götter verehrte, war im Grunde genommen ein Teufelsanbeter. So einfach machten es sich die Streiter des Christentums. Eine der wenigen überlieferten Darstellungen Krodos zeigt ihn mit reptilhaftem Kopf auf einem menschlichen Körper. Der Kupferstecher und Verleger Matthäus Merian d. J., welcher jene Darstellung schuf, gehörte also auch eindeutig zu Jenen, die Krodo mit dem Teufel in Verbindung bringen wollten.
Neben den bereits erwähnten Katzen und Kröten wurde noch eine Vielzahl von anderen Tierarten mit der Hexerei verbunden, wie etwa Eulen oder Wölfe. Zusammenfassend kann man sagen, dass bis auf jene Tiere, die mit christlicher Symbolik behaftet waren, wie etwa das Lamm und die Taube, so ziemlich jedes Tier in Verdacht geriet, Hexen bei ihrem schändlichen Tun zu unterstützen.
Da der Übergang von der Ketzerverfolgung zu den mittelalterlichen Hexenjagden bekanntermaßen fließend war, gab es zu Beginn der Hexenprozesse noch keine einheitliche Vorgehensweise. Das änderte sich im Jahre 1484, als Papst Innocenz VIII.

die sogenannte Hexenbulle „Summis desiderantes affectibus" veröffentlichen ließ. Mit dieser Bulle nahm der Papst direkten Einfluss auf die Hexenverfolgung und stellte damit konkrete Verhaltensmaßregeln für die Gerichtsprozesse auf. Der päpstliche Erlass sollte wenig später eine massenhafte Verbreitung erfahren, da er dem 1486 erschienenem „Hexenhammer" als Vorwort beigefügt wurde. Der „Hexenhammer" war zweifelsohne die bekannteste mittelalterliche Veröffentlichung zum Thema Hexenverfolgung. Es wäre an dieser Stelle müßig, die Entstehung und die fatale Wirkung des „Hexenhammers" ausführlich zu beschreiben. In so gut wie jeder Publikation zum Thema Hexen finden interessierte Leser ausführliche Beschreibungen jenes Machwerkes. Deshalb möchte ich an dieser Stelle nicht näher darauf eingehen. Es sei nur so viel gesagt, dass die Verfasser Heinrich Institoris und Jacob Sprenger zum Dominikanerorden gehörten. Erstaunlicherweise waren es nicht selten Dominikanermönche, welche mit ihren Schriften entscheidenden Einfluss auf die sich immer mehr verstärkende Hexenverfolgung hatten. Wenn auch die Verurteilung von angeklagten Hexen ausschließlich weltlichen Gerichten oblag, bediente man sich doch gerne der inquisitorischen Erfahrung des Dominikanerordens. Der bedeutendste kirchliche Vertreter der frühen Hexenjagden, Konrad von Marburg, gehörte ebenfalls zum Orden der Dominikaner. Konrad von Marburg hatte sich schon zu Beginn des 13. Jahrhunderts als Kreuzzugprediger hervorgetan und wurde später zum Großinquisitor für Deutschland bestellt. Durch die sogenannte Ketzerbulle von Papst Gregor IX., in der erstmals eine offizielle Verbindung von Ketzerei und Hexerei hergestellt wurde, bekam der Großinquisitor 1233 so etwas wie einen „Freibrief", nun auch gegen vermeintliche Hexen vorzugehen. Er legte es vor allem darauf an, Adlige und reiche Bürger in Verfahren zu verstricken, da solche finanziell besonders lohnenswert waren. Das sollte sich für Konrad als fataler Fehler erweisen. Noch im selben Jahr fand man ihn in der Nähe von Marburg erschlagen auf. Wie sich in der anschließenden Untersuchung herausstellte, waren es tatsächlich Adlige, welche die Tat begangen hatten, allerdings nie dafür rechtlich belangt wurden.
Sein geistiges Werk wurde von seinem Ordensbruder Thomas von Aquin fortgesetzt, welcher heute zu den einflussreichsten Kirchenlehrern gezählt wird, die für die Entwicklung des Christentums verantwortlich waren. In seinen Schriften stellte Thomas von Aquin detailliert die Verbindung vom Teufel zu seinen Hexen dar und sprach die verschiedensten Praktiken an, wie jene Weiber ihren Mitmenschen schaden konnten. An die zweihundert Jahre sollten Konrad von Marburgs und Thomas von Aquins Vorstellung von Hexerei entscheidenden Einfluss auf die Verfolgung unzähliger unschuldiger Menschen haben. Auf dem ab 1431 einberufenen Konzil von Basel wurden dann die Grundlagen für Hexenprozesse eindeutig festgelegt. Die auf den mehrere Jahre andauernden klerikalen Versammlungen geäußerten Ansichten zum Wesen der Hexerei hatten auch indirekten Einfluss auf die im Jahre 1458 erschienene „Ketzergeißel" des Dominikaners Nicolaus Jacquier aus Frankreich. Die „Ketzergeißel" gehörte mit dem einige Jahre später erschienen „Hexenhammer" während der gesamten Dauer der mittelalterlichen Hexenverfolgung zu den Handbüchern der verantwortlichen Gerichte.

Ihren traurigen Höhepunkt hatte die Hexenverfolgung in Europa etwa zwischen Mitte des 16. bis Mitte des 17. Jahrhunderts. Die Zentren der Hexenverfolgung befanden sich in Deutschland, Frankreich, den Alpenländern Österreich und Schweiz, den Beneluxländern und auch in Schottland. In den skandinavischen Ländern sowie osteuropäischen Staaten wie Polen oder auch Ungarn kam es nur zu einer verhältnismäßig geringen Anzahl an Hexenprozessen.

Heute finden sich in ganz Europa Gedenkstätten für die Opfer jenes dunklen Zeitalters. In Winningen an der Mosel, unweit der Stadt Koblenz, entdeckte ich beispielsweise einen Gedenkstein auf dem sogenannten Hexenhügel, wie die ehemalige Richtstätte im Volksmund noch heute genannt wird.

In ihren Hochzeiten nahm die mittelalterliche Hexenverfolgung Züge an, die für uns heute kaum vorstellbar sind. Die Hysterie führte dazu, dass manche Gemeinden geradezu entvölkert wurden, wie etwa die Kleinstadt Oppenau. Dort waren von den 650 Einwohnern zeitweise an die zweihundert Personen in Hexenprozesse verwickelt. Solcher Art Massenprozesse war keine Seltenheit. Bekanntestes Beispiel ist wohl das bayrische Schongau, wo zwischen 1589 und 1592 insgesamt 63 Menschen Opfer der Hexenverfolgung wurden. Besonders unrühmlich tat sich hierbei der Scharfrichter Jörg Abriel hervor, welcher bei der Bevölkerung Angst und Schrecken verbreitete.

Mit dem Vorwurf der Hexerei konnte man auch ganze Familienverbände loswerden, welche der Obrigkeit ein Dorn im Auge waren. So geschehen im sogenannten „Pappenheimer Prozess“ von 1600 in München. Die Familie Pämb, welche auch „Pappenheimer“ genannt wurde, gehörte zu jener Art Wanderfamilien, welche im Mittelalter keine Seltenheit waren. An der untersten Grenze des Existenzminimums lebend, zogen diese Familien durch das Land, wobei sich die Mitglieder für einfache Arbeiten verdingten. Wenn das Geld nicht zum Überleben reichte, wurde geraubt und gestohlen. Da solche Wanderfamilien keine feste Bleibe hatten und sie sich durch ihr ständiges Umherziehen dem Gesetz entzogen, versuchte die Gerichtsbarkeit mit allen Mitteln, gegen diese Art von „familiären Räuberbanden“ vorzugehen. An den „Pappenheimern“ wurde ein Exempel statuiert. Obwohl sie bereits diverse Verbrechen wie Kirchenraub, Mord und Brandschatzung gestanden hatten, was für die Verurteilung zum Tode gereicht hätte, wurde noch der Vorwurf der Hexerei mit einbezogen. Durch Folter wurden die entsprechenden Aussagen erpresst und in München ein großer Schauprozess abgehalten, der zur Abschreckung von anderem „Gesindel“ dienen sollte. Ergebnis des Prozesses waren die Verurteilung und Hinrichtung von insgesamt elf Personen, darunter acht Männer und drei Frauen.

Wir sehen an diesem Beispiel, dass der Vorwurf der Hexerei zu vielfältigen Zwecken herangezogen wurde. So auch bei verschiedenen Sekten, welche, trotz der religiösen Vormachtstellung der Kirche in jener Zeit, noch archaischen Kulten anhingen. Da der Kirche daran gelegen war, alle Reste der vorchristlichen Religionen aus dem kollektiven Gedächtnis der Menschen zu verdrängen, sahen die Kleriker in der Verfolgung angeblicher Hexen ein gutes Mittel, gegen solche Kulte vorzugehen. Im Verborgenen abgehaltene Kultfeiern wurden als Hexensabbat gedeutet und die gerade bei Fruchtbarkeitskulten vollzogenen sexuellen Riten zur Teufelsbuhlschaft erklärt.

Es gab jedoch auch Gruppen oder ganze Familienverbände, welche schwarze Magie praktizierten, ihre Rituale jedoch nicht geheim hielten. Im englischen Lancashire wurden Anfang des 17. Jahrhunderts zwei befreundete Familien der Hexerei angeklagt, welche sich in der Abgeschiedenheit eines Waldes häuslich niedergelassen hatten und angeblich satanische Rituale vollzogen. Gerüchte hatte es in der Bevölkerung der umliegenden Ortschaften schon lange gegeben, doch erst ein Streit zwischen den zwei Familien ließ die Gerichtsbarkeit tätig werden. Die zerstrittenen Familien ließen keine Gelegenheit aus, sich in der Öffentlichkeit über die angeblichen Missetaten der ehemaligen Freunde auszulassen. Die Gerichtsdiener konnten somit eine große Menge an „belastendem" Material sammeln. Im Jahre 1612 kam es dann zu den ersten Prozessen, in denen sich die Angeklagten gegenseitig beschuldigten und sich auch ohne peinliche Verhöre schuldig bekannten. Die Mitglieder der „satanischen Familien" überboten sich mit immer schaurigeren Geschichten über ihr unheimliches Tun im Schutze des Waldes. Anscheinend glaubten jene Menschen tatsächlich an ihre unheimlichen Kräfte und schienen die gerichtlichen Konsequenzen zu ignorieren. Aber anscheinend war es mit den übermenschlichen Kräften nicht weit her. Das Gericht verurteilte insgesamt zehn der Angeklagten zum Tode und ließ diese hinrichten.

Das Ende der Hexenverfolgung war ebenso fließend wie ihr Beginn. Allgemein gilt heute das ausgehende 18. Jahrhundert als Ende der massiven Hexenjagden. Es kam zu jener Zeit nur noch zu vereinzelten Prozessen, welche die Hexerei als Anklagepunkt beinhalteten. Es gab jedoch große territoriale Unterschiede. Gerade in Gegenden Europas, die zeitweilig als Zentren der Hexenverfolgung galten, versiegte das Interesse der Gerichtsbarkeit erstaunlich schnell. Speziell in Deutschland und Frankreich trugen die Wirren des Dreißigjährigen Krieges dazu bei, die Hexenverfolgung abflauen zu lassen. Man hatte schlichtweg anderes zu tun, als vermeintliche Hexen zu verfolgen.

Es war auch das Verdienst einiger aufgeklärter Herrscher, welche die Verfolgungswellen eindämmten. Hier ist vor allem der als „Soldatenkönig von Preußen" bekannte Friedrich Wilhelm I. zu nennen, welcher per Gesetz festlegen ließ, dass alle Urteile in Hexenprozessen von ihm bestätigt werden müssten. So wurden manchem übereifrigen Gerichtsdiener die Hände gebunden. Friedrich II. von Preußen ließ 1740 die Folter verbieten, was praktisch das Ende der Hexenverfolgung in jenem Teil Deutschlands bedeutete.

In Frankreich wurden die Gerichte bereits 1672 angewiesen, Anklagen wegen Hexerei nur noch in Ausnahmefällen anzunehmen. Es wurden keine Todesurteile mehr vollstreckt und bei Verurteilungen nur noch Verbannung verhängt.

Erstaunlicherweise wütete die Hexenverfolgung in einigen osteuropäischen Ländern bis weit in die zweite Hälfte des 18. Jahrhunderts weiter, obwohl sich jene Länder bei der Verfolgung ansonsten nie sonderlich hervorgetan hatten. Unrühmliches Beispiel waren das habsburgisch regierte Ungarn sowie Polen, wo Hexenprozesse erst 1776 per Gesetz verboten wurden.

Gegen Ende des 18. Jahrhunderts war die Hexenverfolgung in Europa versiegt, was nicht zuletzt dem herauf keimenden Zeitalter der Aufklärung zu verdanken war. Neuentstehende Wissenschaften und verstärkte allgemeine Bildung taten ihr Übriges, das dunkle Zeitalter der Hexenjagden zu überwinden.
Bei meiner umfassenden Beschäftigung mit dem Thema Hexerei drängte sich mir immer wieder eine Frage auf: Aus welchem Grund sollten sich Unmengen von Frauen, Männer und sogar Kinder mit dem Teufel eingelassen haben?
Seit Jahrhunderten predigte die Kirche von den Qualen der Hölle. Vom Teufel und seinen Verbündeten wurden die abscheulichsten Dinge berichtet, so dass sich eigentlich niemand freiwillig mit dem „Fürsten der Finsternis“ eingelassen hätte. Reichtum schien so ein „Teufelsbündnis“ auch nicht gebracht zu haben, denn die meisten der der Hexerei verdächtigten Leute waren und blieben arm. Auch die immer wieder vom Klerus verbreitete Behauptung, dass es Menschen gab, welche „böse“ geboren wurden, entbehrt jeglicher Grundlage. Verwunderlich erscheint mir auch, dass der Teufel nie versuchte, seine Hexen vor der Verfolgung zu schützen. Auch unter den Hexen gab es keine Solidarität, vielmehr beschuldigten sich die Angeklagten gegenseitig der unvorstellbarsten Verbrechen.
Es zeigt sich, dass der ganze Hexenwahn ein von der Kirche verbreitetes Hirngespinst war, um alle Reste der vorchristlichen Religionen endgültig zu verdrängen und ihre Macht auf Dauer zu festigen.

2.3. Kinder als Opfer der Hexenverfolgung

Kinderhexen - Hexenkinder

Bekanntermaßen waren es in der Mehrzahl Frauen, die im Mittelalter der Hexerei bezichtigt wurden. In geringerer Zahl wurden auch Männer, die sogenannten Hexenmeister, verfolgt. Dass jedoch auch Kinder in die Fänge der Hexenjäger gerieten, welche ebenso wie die Erwachsenen verurteilt und hingerichtet wurden, ist heute fast vergessen.
Kinder traten bis zu Ende des 16. Jahrhunderts in Hexenprozessen nur als Zeugen auf. Wenn das Gericht auch eine mögliche Verwicklung in Hexerei vermutete, galten die Kinder bis dahin als Opfer, die unfreiwillig in den Tatbestand verwickelt wurden. Da viele der der Hexerei bezichtigten Frauen unter der Folter gestanden, mit ihrem „teuflischen” Tun schon in der Kindheit begonnen zu haben, rückten dann ab dem 17. Jahrhundert auch Kinder ins Visier der Gerichte. Es waren vor allem die Kinder von verurteilten Hexen, denen besondere Aufmerksamkeit geschenkt wurde. Gerade in jener Zeit reichten schon die geringsten Abweichungen von der alltäglichen Norm, um in den Verdacht zu geraten, mit unheimlichen Mächten im Bunde zu stehen.
Kinder nahmen ihre Umwelt schon immer völlig anders wahr, als Erwachsene. Beflügelt von ihrer kindlichen Fantasie erzählten sie dann von Dingen, die den Erwachsenen oft recht obskur vorkamen. Mit sieben Jahren galt im Mittelalter die Kindheit als beendet und Kinder wurden als vollwertige Mitglieder der Gesellschaft behandelt. Demzufolge wurden fantasievolle Äußerungen durchaus ernst genommen und erregten bei übelwollenden Mitmenschen Misstrauen. In den hysterischen Zeiten der

Hexenverfolgung konnte es dann ohne weiteres vorkommen, dass einem Kind hexerisches Tun vorgeworfen wurde. Beispielsweise wurde dann aus dem beliebten imaginären Freund schnell ein dämonisches oder teuflisches Wesen. Kinder erfanden schon immer gerne Geschichten, um sich bei anderen Kindern beliebt zu machen. Solcherlei erfundene Geschichten kamen mitunter auch Erwachsenen zu Ohren, welche diese dann nutzten, um unliebsame Mitmenschen zu diffamieren. Man brauchte nur zu behaupten, dass sich ein Kind in Hexerei übte und schon stand dessen ganze Familie unter Verdacht.

In den richterlichen Institutionen bildete sich mit der Zeit die Meinung heraus, dass Kinder, je jünger sie waren, umso anfälliger für die Versuchungen des Teufels waren. Etwa ab Mitte des 17. Jahrhunderts glaubte man, dass auch getaufte Kinder dem Teufel verfallen konnten. Es galt auch als erwiesen, dass Kinder von Geburt an „böse" sein konnten und dem Teufel mit Freuden dienten.

Den Kindern wurden bei Verhören ihre angeblichen Missetaten förmlich eingeredet. Wenn zum Beispiel ein vergewaltigtes Mädchen von dem unheimlichen Mann berichtete, der ihm wehgetan hatte, wurde dieses als Verkehr mit dem Teufel gedeutet. Waren die angeblichen Beweise für das schändliche Tun der Angeklagten noch nicht ausreichend genug, wurden die armen kleinen Menschen der Folter ausgesetzt. Spätestens dann gestanden sie alles, was ihre Peiniger von ihnen hören wollten.

Besonders verwirrend ist es heute für uns, dass sich Kinder oft selbst der Hexerei bezichtigten. Möglicherweise war es für jene Kinder die einzige Möglichkeit, mit dem Erlebten umzugehen. Gespräche über Hexerei waren in Dörfern und Städten an der Tagesordnung. Auch die Kinder wurden mit Gerüchten und wildesten Geschichten über Hexen und Teufel förmlich überschwemmt. Manche waren wohl auch bei Hinrichtungen anwesend. Diese Flut von Informationen und Ereignissen musste von den Kindern irgendwie verarbeitet werden. Das Gehörte und Gesehene fand Einzug in die kindliche Gedankenwelt und vermischte sich mit der vorhandenen kindlichen Fantasie. So manches Kind bildete sich dann mit der Zeit ein, selber hexen zu können oder dem Teufel begegnet zu sein. Wenn es dieses dann auch noch öffentlich erzählte, war es nicht mehr weit zur Verhaftung und Anklage.

In den Hexenprozessen gegen Kinder dürften auch in verschiedenen Fällen sexuelle Motive eine Rolle gespielt haben. Manch einer der im Zölibat lebenden Geistlichen hatte wohl bei dem Gedanken, dass ein junges Mädchen mit dem Teufel „Unzucht" trieb, sexuelle Anwandlungen. So etwas versetzte dann einen frommen Mann in gar arge Gewissensnot. Um das eigene Gewissen zu beruhigen, wurden solcherart Begierden dann als Versuchungen des Teufels gedeutet und wiederum dem Mädchen zur Last gelegt. Übertriebene Frömmigkeit und unterdrückte sexuelle Gier waren schon immer eine gefährliche Mischung. Wenn ein frühreifes Mädchen einen der weltlichen Herren in Versuchung führte, war ebenfalls der Teufel daran schuld, hatte jener doch dafür gesorgt, dass das Mädchen vorzeitig zur Frau reifte.

Stellvertretend für alle die gequälten und hingerichteten Kinder der Hexenprozesse, möchte ich an dieser Stelle auf das Schicksal der elfjährigen Cathrin Schmidlin aus dem schweizerischen Roomos eingehen. Die Gerichtsakten dieses Falles befinden sich meines Wissens noch heute im Staatsarchiv von Luzern. Grund für die Anklage war, dass Cathrin mehrere Male im Beisein von Erwachsenen behauptet hatte, sie könne aus Lehm lebendige Vögel machen. Wir würden heute über so eine Behauptung höchstens schmunzeln, nicht so die Menschen Mitte des 17. Jahrhunderts. Cathrin wurde aufgefordert, ihr Können unter Beweis zu stellen, was natürlich nicht funktionierte. Das peinlich berührte Mädchen schämte sich vor den Erwachsenen und behauptete deshalb stur, dass die Lehmvögel nur lebendig würden, wenn sie alleine sei. Um ihre Behauptung noch zu untermauern, sagte Cathrin, dass ein „schwarzer Bub" ihr gezeigt hätte, wie sie die Vögel machen solle. Für die Richter war sofort klar, dass es sich bei jenem „schwarzen Bub" nur um den Teufel handeln konnte. Cathrin lebte bei ihrer Tante, die sich nur wenig um das Mädchen kümmerte und musste trotz ihrer Jugend schon in einer Gastwirtschaft schuften. In ihrer knapp bemessenen Freizeit spielte Cathrin am liebsten allein an einem Teich, der in einiger Entfernung vom Dorf lag. Es war nun nach Ansicht der Gerichtsbarkeit ein leichtes für den Teufel, sich dieses Mädchens zu bemächtigen, das sich so oft wie möglich von menschlicher Gesellschaft fernhielt. Das Kind erzählte zudem noch, dass die Kröten am Teich seine liebsten Spielgefährten seien. Nun war das „Verbrechen" perfekt, waren Kröten doch seit jeher untrennbar mit der Hexerei verbunden. Anstatt das arme Mädchen der Hexerei anzuklagen, hätte man lieber eine anständige Heimstatt für sie suchen sollen. Von ihren Eltern verlassen wuchs Cathrin bei einer lieblosen Tante auf und musste schwer arbeiten, anstatt seine Kindheit unbeschwert zu genießen. Die anderen Kinder spotteten über das in sich gekehrte Mädchen und die Erwachsenen beobachteten es misstrauisch, war doch sein Vater angeblich ein fahrender Musikant und seine Mutter ein „liederliches Weibsstück", welche das Kind bald nach seiner Geburt verlassen hatten. Bei solchen Eltern konnte ja aus dem Kind nichts Gescheites werden und es war gerade dafür geschaffen, den Versuchungen des Teufels zu erliegen. Auf richterliche Anordnung wurde Cathrin verhaftet und nach Luzern in den Haferturm gebracht, wie das Gefängnis der Stadt umgangssprachlich hieß. Dort begann ein wahres Martyrium für das unschuldige Kind. Es wurde täglich verhört und gefoltert. Unter der Folter gestand Cathrin, dass es sich bei jenem „schwarzen Bub" um den Teufel handelte. Sie habe auch Unzucht mit ihm getrieben und konnte das Aussehen seines Gliedes ganz genau beschreiben. Der Richter war außer sich vor Entsetzen, als er die detailgetreue Beschreibung eines männlichen Geschlechtsteiles aus dem Mund einer Elfjährigen hörte. Seiner Ansicht nach handelte es sich um ein besonders verdorbenes Kind. Dass Cathrin sich in der männlichen Anatomie so gut auskannte, hatte aber sicherlich keinen „dämonischen" Hintergrund. Vielleicht hatte sie einmal im Wald ein Pärchen beim Liebesspiel beobachtet. Möglicherweise war Cathrin auch in der Wirtschaft von einem betrunkenen Gast belästigt worden. Es gab sicherlich auch noch andere Möglichkeiten, wie das Kind an sein „unschickliches" Wissen gekommen war, aber ihre Peiniger waren einheitlich der Meinung, dass sich Cathrin mit dem Teufel eingelassen hatte. Bei weiteren brutalen Verhören gestand das Mädchen, dass der Teufel sie auch nachts im Gefängnis besuche, um mit ihr zu „buhlen". Als Beweis dafür wurde in den Gerichtsakten vermerkt, dass Cathrin am Morgen immer „verunrathet" war, was wohl so viel wie verunreinigt bedeutet. Das lag aber wohl sicherlich nicht am Besuch eines dämonischen Geistes, sondern vielmehr an der fürchterlichen Behandlung, welche Cathrin zuteilwurde. Die Vermutung liegt nahe, dass auch das Wachpersonal sich immer wieder nachts in die Zelle des Mädchens schlich, um es sexuell zu belästigen. Nach Wochen unsäglicher Pein entschieden ihre Richter, dass bei der Gefangenen keine „Besserung" zu erwarten sei. Die elfjährige Cathrin Schmidlin wurde am 16. November 1652 stranguliert und anschließend verbrannt.

Es waren jedoch nicht nur kindliche Außenseiter, die der Hexerei verdächtigt wurden. Auch geistig zurückgebliebene Kinder gerieten schnell unter Verdacht, wie der Fall der zwölfjährigen Anna Walter aus dem Jahr 1628 zeigt. Ursprünglich war Anna Opfer in einem Vergewaltigungsprozess. Sie galt in ihrem Dorf als freches und wunderliches Kind, was auch in den Prozessakten Erwähnung fand. Dort hieß es wörtlich, dass man bei Anna „offt nicht gewußt (habe), ob es Rechtenn Verstanndts sey oder nicht".[20] Wir können also davon ausgehen, dass Anna geistig unterentwickelt war. Bei seinem ersten Verhör sagte der angeklagte Kinderschänder aus, dass Anna ihn verführt hätte. Diese wurde daraufhin vom Klosterverwalter von Alpirsbach vernommen. Dieser gab zu Protokoll, dass das Mädchen sich schändlichste Frechheit ihm gegenüber herausgenommen hätte. Um was es sich dabei genau handelte, wurde nicht erwähnt, jedoch ließ der Klosterverwalter verlauten, dass Anna „wohl gar die Hexenkunst erlernt haben" müsste.[21] Allein diese Äußerung reichte aus, einen Hexenprozess gegen das Mädchen ins Rollen zu bringen. Erstaunlicherweise gab Anna bereitwillig zu, dass sie bereits seit vier Jahren mit dem Teufel schlafe. Er sei ihr eines Nachts erschienen, habe ihr geschmeichelt und Geschenke versprochen, worauf sie sich ihm bereitwillig hingegeben habe. Das geistig verwirrte Mädchen war sich nicht darüber im Klaren, dass ihr auf Grund solcher Behauptungen die Todesstrafe drohte. Vielmehr schien ihr die Aufmerksamkeit der Öffentlichkeit zu gefallen. Bereitwillig plauderte sie weitere Details ihres angeblichen Verhältnisses mit dem Teufel aus. Die Richter sahen es als bewiesen, dass Anna ein besonders verdorbenes Kind war, das seit Jahren mit dem Teufel „buhlte". Nach der damaligen Rechtslage war allerdings nicht geklärt, ob im Falle der Kinderhexerei die Todesstrafe zu verhängen sei. Nach langwierigen Verhandlungen beschloss das Gericht, dass es besser sei, Leben und Seele des Kindes zu retten, als es hinzurichten. Man hielt Anna zugute, dass es trotz seiner „Buhlschaft" mit dem Teufel niemals anderen Menschen oder Tieren Schaden zugefügt hatte. Es wurde eine umfangreiche religiöse Betreuung angeordnet, welche das Mädchen zurück in den Schoß der Kirche führen sollte. Anna spielte dieses Spiel jedoch nicht mit, sondern behauptete nach einiger Zeit, dass der Teufel sie wieder besuche und mit ihr schlafe. Bei einer erneuten Verhandlung sagte das Mädchen, man solle ihr den Kopf abschlagen, denn sonst würde sie nie vom Teufel lassen. Dieser ungeheuerliche Wunsch schien das Gericht nun doch von der geistigen Verwirrung des Kindes

[20] Zitate entnommen bei Hartwig Weber „Kinderhexenprozesse".
[21] Zitate entnommen bei Hartwig Weber „Kinderhexenprozesse".

zu überzeugen. Es wurde die Unterbringung in einer sogenannten Irrenanstalt angeordnet, wobei dort niemand jemals über die Angelegenheiten sprechen durfte. Anna, die eigentlich das Opfer einer Vergewaltigung war, entging zwar der Todesstrafe, wurde aber für den Rest ihres Lebens „weggeschlossen".

Worin ist nun die eigentliche Ursache des Phänomens der Kinderhexen zu suchen? Meiner Ansicht nach liegt es eindeutig in der übertrieben religiös geprägten Kindererziehung der damaligen Zeit. Die kirchliche Präsenz war im Mittelalter speziell für Kinder sehr groß. Neben den üblichen Gottesdiensten wurden die Kinder auch in der Schule religiös unterrichtet. Für die Knaben in den Kirchenchören kamen dann noch die täglichen Übungsstunden sowie die Auftritte bei den Gottesdiensten hinzu.

Viele der Heranwachsenden hatten somit praktisch keine Zeit für sich. Es ist also durchaus nachvollziehbar, dass manche der Kinder gegen die übermächtig erscheinende Kirche „revoltierten". Als „Revolte" galt schon das mehrmalige Fehlen bei Gottesdiensten oder den Gesangsproben. Kinder die sich des Öfteren ihren religiösen Pflichten entzogen, gerieten schnell in den Verdacht, vom rechten Glauben abzufallen. Bis zu einem Bündnis mit den „dunklen Mächten" war es dann nicht mehr weit.

Das Eltern-Kind-Verhältnis war zur damaligen Zeit ebenfalls stark religiös geprägt. Eltern waren ängstlich bemüht, ihren Nachwuchs vor dem Bösen zu beschützen. Durch die immer mehr umsichgreifende Hexenangst wurden die familiären Beziehungen immer mehr gestört. Nach Ansicht der Kirche sollten Eltern ihren Kindern nicht zu viel Liebe entgegenbringen, viel wichtiger war eine strenge, religiöse Erziehung. In Kirche und Schule hörten die Kinder ständig, dass besonders sie den Nachstellungen des Teufels ausgesetzt seien. So manches durch fehlende Elternliebe vernachlässigte Kind wandte sich dann in seiner Fantasie wohl dem Teufel zu, da dieser sich ja angeblich so für Kinder interessierte. Bei besonders religiösen Eltern kam noch die unterschwellige Angst hinzu, dass ihre Kinder das Ergebnis von „sündigem Tun" waren. Geschlechtsverkehr zur Zeugung von Nachwuchs war zwar von der Kirche erlaubt, aber sexuelle Enthaltsamkeit galt als höchste Tugend.

In Bezug auf vor- bzw. außerehelichen Geschlechtsverkehr gab es im Mittelalter strenge Gesetze. Es darf uns also nicht verwundern, dass beim Verdacht auf sexuelle Verfehlungen bei Heranwachsenden besondere Maßnahmen ergriffen wurden. Dazu gehörten unter anderem verstärkte religiöse Unterweisungen und eine fast permanente Überwachung durch kirchliche Institutionen.

Wir sehen also, dass es durchaus nicht leicht war, im Mittelalter Kind zu sein. Zu den üblichen Problemen des Erwachsenwerdens, kam noch der übertriebene religiöse Druck dazu. Einerseits kann man die Kirchenoberen wohl verstehen, wollten sie doch jedes ihrer „Schäfchen" nach Gottes Willen erziehen. Auf der anderen Seite müssen wir uns jedoch eingestehen, dass der größte Teil der jungen Menschen schlicht überfordert wurde. Ergebnis dieser Überforderung war dann spätestens ab dem 17. Jahrhundert das massiv auftretende Phänomen der Kinderhexen. Die Heranwachsenden sahen keine andere Möglichkeit, als sich der Hexerei zu bezichtigen, um sich gegen die Übermacht der Kirche zur Wehr zu setzen. Das wiederum führte dazu, dass

Vertreter der Kirche, wie der protestantische Pastor Bernhard Waldschmidt, bei ihren Predigten öffentlich verkündeten, dass Kinder von Natur aus schlecht seien.
Bei der Verurteilung der sogenannten Kinderhexen gab es in der mittelalterlichen Rechtsprechung durchaus große Unterschiede. Im Gegensatz zu den Prozessen gegen erwachsene Hexen, wurden bei Kindern weitaus weniger Todesurteile ausgesprochen und vollstreckt. In einem Großteil der Fälle sahen die Richter die Möglichkeit, durch strenge Erziehung die dem Teufel verfallenen Kinder in den Schoß der Kirche zurückzuführen. Dafür gab es auch spezielle kirchliche Einrichtungen und Kinderheime. In solcherlei Einrichtungen kam es dann allerdings zum Entsetzen der kirchlichen Obrigkeit des Öfteren zu kollektiven Ausbrüchen von scheinbar dämonischer Besessenheit.
Es gab allerdings auch Gerichtsbarkeiten, die bei verurteilten Kinderhexen vorrangig Todesurteile aussprachen. Als besonders gnadenlos galt der Rechtsgelehrte Henry Boguet aus der Freigrafschaft Burgund. Als oberster Richter hatte er sich das Ziel gesetzt, die Hexerei mit Stumpf und Stiel auszurotten. Der unbarmherzige Hexenjäger war der Ansicht, dass Kinderhexen ohne Ausnahme verbrannt werden müssten, denn wer sich einmal dem Teufel ergeben hätte, der könne nicht mehr gerettet werden.
Beim Phänomen der Kinderhexen handelte es sich um kein lokal begrenztes Problem, es war über ganz Europa verbreitet. Auch in der sogenannten Neuen Welt kam es zur Anklage von Kindern. Hier sind vor allem die Prozesse in der Stadt Salem im US-Bundesstaat Massachusetts im Jahre 1692 zu nennen, deren Ausmaße der Stadt den wenig schmeichelhaften Beinamen „The Witch City" zu Deutsch „Die Hexenstadt" einbrachte.
Auch in Deutschland gab es bestimmte Gegenden, in denen es vermehrt zu Prozessen gegen angebliche Kinderhexen kam, allen voran die Freie Reichsstadt Reutlingen. Dort begann ab 1660 eine regelrechte Jagd auf die der Hexerei verdächtigten Kinder, der auch die bereits erwähnte, geistig zurückgebliebene Anna Walter zum Opfer fiel.
Bei den Hexenprozessen gegen Kinder handelte es sich um ein besonders abscheuliches Kapitel im Bereich der Hexenverfolgung. Zusammenfassend kann man sagen, dass die kirchliche Obrigkeit mit der Verfolgung der angeblichen Kinderhexen ein spezielles Ziel verfolgte. Bereits im Kindesalter sollte die Bevölkerung unter religiöser Kontrolle und Disziplinierung stehen. Damit wollte die römische Kirche ihre bereits bestehende religiöse Vormachtstellung für alle Ewigkeit „zementieren".
Kinder waren in den Zeiten der Hexenverfolgung nicht nur auf der Anklagebank zu finden, allzu oft traten sie auch als Kläger auf. Die Gerichtsbarkeit sah Kinder gerne im Zeugenstand. Grund dafür war zweifellos der Hang zur Mythomanie, der bei Kindern schon immer besonders stark ausgeprägt war.
Unter Mythomanie versteht man die systematische Tendenz zum Lügen und Fabulieren, ohne dass es der betroffenen Person tatsächlich bewusst wird. Bei Erwachsenen kann dies krankhafte Züge annehmen und ist in der Regel auf eine narzisstische Persönlichkeitsstörung zurückzuführen. Mangelndes Selbstwertgefühl oder übersteigerter Geltungsdrang ist oft ebenfalls ein Grund für mythomanisches Verhalten bei Erwachsenen. Bei Kindern und Jugendlichen sind solche Phasen durchaus üblich und

werden in der heutigen Zeit nicht überbewertet. Ganz anders in der Epoche der Hexenverfolgung. Da Kinder ihre erfundenen Geschichten mit der Zeit selbst glaubten, waren ihre Aussagen vor Gericht besonders beliebt, klangen diese doch besonders „wahr“.

Oft waren es auch Einflüsterungen Erwachsener, speziell der Eltern, welche die Kinder dazu brachten, ihre Mitmenschen der Hexerei zu bezichtigen. In solchen Fällen waren es dann meistens prominente Bürger in gesellschaftlichen Ämtern oder Grundbesitzer bzw. Adlige, von denen sich manche Eltern ungerecht behandelt fühlten. Neid und Missgunst waren auch Gründe, die eigenen Kinder zu Falschaussagen anzustacheln. Es war bekannt, dass die Aussagen von kindlichen Zeugen eher seltener überprüft wurden und die Bestrafungen bei einer Widerlegung der Anschuldigungen meistens geringer ausfielen.

Kinder die selbst der Hexerei beschuldigt wurden, bezichtigten oft wahllos andere Mitmenschen, um von sich abzulenken. Es ging in einigen Fällen sogar soweit, dass kirchliche Würdenträger oder auch Richter verurteilt und hingerichtet wurden. Als Beispiel sei hier der Fall eines fünfzehnjährigen Jungen aus Trier genannt. Der Spross aus adeligem Hause war Page am Hofe des Kurfürsten von Trier und behauptete, seinen Herrn verhext und dadurch krankgemacht zu haben. Bei einem verschärften Verhör über den Grund seiner Taten wurde sich der Junge wohl über die Folgen seiner Behauptungen bewusst und versuchte mit allen Mitteln, von sich abzulenken. Ihm viel nichts Besseres ein als zu erzählen, dass er den damaligen Richter Dr. Dietrich Flade beim Hexensabbat getroffen habe. Richter Flade war Vorsitzender bei allen Hexenprozessen im Raum Trier und hatte schon so manches Urteil gesprochen. Es war also nicht verwunderlich, dass er in seiner Heimat nicht besonders beliebt war und so kam es, dass insgesamt dreiundzwanzig bereits verurteilte Hexen zu Protokoll gaben, Flade ebenfalls beim Hexensabbat begegnet zu sein. So absurd uns heute auch diese Behauptungen erscheinen, gestand der ehemalige Richter nach diversen Foltersitzungen jedoch, mit dem Teufel im Bunde zu sein. Er wurde verurteilt und öffentlich hingerichtet, was den Angehörigen seiner vielen Opfer sicherlich eine Genugtuung war.

Etwa in der Mitte des 17. Jahrhunderts trat speziell in Deutschland eine Wende in den Hexenprozessen ein. Waren es bis dahin in der Mehrzahl Einzelpersonen, die angeklagt wurden, kam es nun dazu, immer öfter ganze Familien der Hexerei zu verdächtigen. In einem Großteil der Fälle waren tatsächlich Verbrechen geschehen, wie etwa sexueller Missbrauch innerhalb der Familie sowie damit verbundene heimliche Abtreibungen oder gar Säuglingsmord. Oft wurde versucht, Missbrauchsfälle einfach zu vertuschen oder es wurde bei inzestuösen Vorfällen in der Familie einfach weggesehen. Die missbrauchten Kinder hatten oft keinerlei Hilfe von der eigenen Familie zu erwarten und sahen keinen anderen Ausweg als ihre Angehörigen der Hexerei zu bezichtigen. So war auf jeden Fall gewährleistet, die Missetäter zu bestrafen, wenn auch der Grund ein anderer war.

Die Experten für mittelalterliche Hexenverfolgung sind sich heute einig, dass es vor allem die emotionale Unreife der Kinder war, welche diese zu Anklägern in Hexenprozessen werden ließ. Die jungen Menschen waren sich der Tragweite ihrer Beschuldigungen einfach noch nicht bewusst. Es ist heute wissenschaftlich erwiesen, dass Kinder bis etwa zum achten Lebensjahr Schwierigkeiten haben, ausgedachte Erlebnisse und tatsächlich Geschehenes auseinanderzuhalten. Die Suche nach Aufmerksamkeit und die oft viel zu lieblose Behandlung durch die eigene Familie trieben Kinder dazu, Unschuldige zu denunzieren und in den Tod zu schicken.

Hexen und ihr spezielles Interesse an Kindern

Dass Kinder in den mittelalterlichen Hexenprozessen sowohl als Kläger als auch als Angeklagte auftraten, haben wir bereits erfahren. Was war nun der Grund, weshalb Kinder für Hexen angeblich so ungemein interessant waren? Lag es an ihrer Jugend, ihrer Unschuld oder ihrer leichten Verführbarkeit?
Es gab in den Hexenprozessen eine Vielzahl von Anklagepunkten, welche mit Kindern zusammenhingen. Hexen liebten es scheinbar, Kinder

- zu fressen,
- aus ihnen Salben und Tränke zu brauen,
- sie dem Teufel zur „Buhlschaft" zuzuführen, um sie selbst zu Hexen zu machen,
- sie krank zu machen,
- sie in der Wiege gegen sogenannte Wechselbälger einzutauschen.

Was ist von diesen uns heute so haarsträubend erscheinenden Anschuldigungen zu halten?
Die Kinder fressende Hexe begegnet uns bereits im Märchen. In Grimms „Hänsel und Gretel" sperrt die garstige Hexe den Jungen in einen Käfig. Sie will ihn mästen, um ihn später zu verspeisen. Jedoch hat die Hexe nicht mit der Courage der Kinder gerechnet und landet selber im Ofen. Dem Teufel und seinen Hexen muss wohl das zarte Fleisch von Kindern besonders gut geschmeckt haben, da in den Prozessen immer wieder zur Sprache kam, dass Kinder heimlich des Nachts aus ihren Betten entführt wurden, um sie zum Hexensabbat zu bringen. In riesigen Kesseln wurden dabei die Speisen zubereitet, welche dann bei dem großen Gelage mit dem Teufel verspeist wurden. Schmackhaftes Kinderfleisch stand immer ganz oben auf der Speisekarte.
Doch Kinder wurden nicht nur zum Verzehr geraubt. Ausgekochtes Kinderfett war unerlässlich für die Zubereitung der Tränke und Salben, welche die Hexen brauchten, um anderen Menschen Schaden zuzufügen. Es soll auch für die Flugsalbe benötigt worden sein.
Ursprung aller dieser schier unglaublichen Vorwürfe war der Aberglaube, dass Teile von Kinderleichen magische Kräfte beinhalteten, welche Krankheiten heilen konnten. Es gab Zeiten, in denen die Friedhöfe bewacht werden mussten, um sicherzustellen, dass bereits beerdigte Kinder nicht wieder ausgegraben wurden. Besonders das Fett von Säuglingen war sehr begehrt zur Herstellung von angeblichen Heilmitteln. Als besonders ekelerregend finde ich die Tatsache, dass Kinderfett sogar dazu verwendet wurde, die im Mittelalter so beliebten Liebestränke herzustellen.

Natürlich praktizierten nur wenige Menschen zu jener Zeit diese abscheulichen Praktiken. Wichtig war die Tatsache, dass die Kirche und die zuständigen Gerichte von dem schändlichen Tun wussten. Es war für jene Institutionen also ein Leichtes, solcherlei Abartigkeiten den der Hexerei angeklagten Frauen zu unterstellen. In den Prozessen musste zweifelsfrei die Schuld der Angeklagten bewiesen werden. Da der Aberglaube an die Wirksamkeit an Tränke und Salben aus Kinderleichen im Mittelalter noch fest verwurzelt war, schien es den Gerichtsbarkeiten besonders angebracht, diesen Anklagepunkt in den Hexenprozessen immer besonders hervorzuheben.

Dem Glauben des Volkes nach trachtete der Teufel, die Christenheit ins Verderben zu stürzen und die Herrschaft über die Welt an sich zu reißen. Für seinen Plan waren dem Teufel alle Mitstreiter recht und so wurden die Hexen angewiesen, ihm auch Kinder zuzuführen. Jene galten als besonders leicht verführbar und die sexuelle Gier des Teufels nach jungem Fleisch galt zu Zeiten der Hexenjagden als feststehende Tatsache. Die unschuldigen Kinder wurden mit zum Hexensabbat geschleppt, wo sich der Teufel dann an ihnen verging und sie für seine Zwecke rekrutierte. Er kam des Nachts auch in die Häuser der Menschen und bemächtigte sich deren Nachkommen. Über die sogenannten Hexenkinder habe ich bereits ausführlich berichtet. In den Prozessen gegen Kinder wurde von den Angeklagten immer wieder von dunklen, unheimlichen Gestalten gesprochen, die ihnen Gewalt angetan hatten. Wenn auch bei Kindern der Hang zum Fantasieren nicht unberücksichtigt bleiben darf, waren es doch in vielen Fällen wohl krankhaft veranlagte Erwachsene, welche die Kinder sexuell missbraucht hatten. Die geschändeten Kinder konnten das Geschehene nur schwer begreifen und verarbeiten. Wenn es sich dazu noch um Familienangehörige handelte, was nicht selten vorkam, versuchten die Opfer, die Untat zu verdrängen. Der eigentlich geliebte Mensch, der plötzlich so unvorstellbare Dinge tat, wurde dann in der Gedankenwelt der Kinder zu einem finsteren, gesichtslosen Wesen.

Aus dem Aberglauben, dass des Nachts der Teufel ins Haus kam, hat sich auch die bis heute bekannte Schreckensgestalt des „schwarzen Mannes" entwickelt. Es gibt immer noch Eltern, die ihren eigenen Kindern damit drohen, um sie einzuschüchtern und zum Gehorsam zu zwingen. Eine Erziehungsmethode, die allerdings recht fragwürdig ist.

Dass Hexen Kinder krank machten, fällt mit unter die Kategorie der Schadenszauber. Es war den Hexen angeblich ein spezielles Bedürfnis, ihre Mitmenschen zu verhexen um sie an schweren Krankheiten leiden zu lassen. Kinder sind für Krankheiten immer besonders anfällig, das war auch im Mittelalter nicht anders. Ebenso die hohe Kindersterblichkeit in jenen Zeiten, die ganz reale Gründe hatte und wohl kaum zauberkundigen Frauen zugeschrieben werden kann.

Zu guter Letzt wollen wir uns dem Thema der Wechselbälger zuwenden. Jener Begriff geistert noch heute durch unseren Sprachgebrauch und sicherlich haben schon die meisten meiner Leser davon gehört. Worum handelt es sich dabei?

Dem Volksglauben nach handelte es sich hierbei um jene Kinder, die der Teufel mit seinen Hexen zeugte. Das Ergebnis solcher unheiligen Verbindungen waren stets hässliche, missgestaltete, oft kleinwüchsige Kreaturen, welche kaum als Menschen

betrachtet werden konnten. Der Teufel und seine Hexen hatten ein diebisches Vergnügen daran, neugeborene Säuglinge zu rauben und sie gegen ihre missgestalteten Nachkommen auszutauschen. Jene wurden dann als Wechselbälger bezeichnet und galten als göttliche Strafe für sündiges Verhalten. War eine Familie mit solch einem Wechselbalg „gestraft" wurde sie automatisch der Hexerei verdächtigt.
Bei den sogenannten Wechselbälgern handelte es sich zweifellos um körperlich bzw. geistig behinderte Kinder, die es in der menschlichen Entwicklung immer gegeben hat. In manchen Kulturen und Epochen galten körperliche Gebrechen als Prüfungen der Götter. Geistig Behinderte wurden zum Teil sogar verehrt, da man annahm, die Götter „sprachen" aus ihnen. Nicht so zu Zeiten der Hexenverfolgung, dort wurden behinderte Kinder als „Teufelsbrut" betrachtet. So manch eines der schon von der Natur aus stiefmütterlich behandelten Kinder wurde dann von den abergläubischen Eltern ausgesetzt oder schlimmer noch, getötet. Es ging sogar so weit, dass kirchliche Würdenträger öffentlich dazu aufforderten, die „Satansbrut" zu verstoßen oder zu beseitigen. Hardwig Weber spricht in seinem Buch „Kinderhexenprozesse" von einer Art „theologisch fundierter Euthanasie". Dieser Bezeichnung kann ich mich nur anschließen.

2.4. Rufer in der Wüste

Obwohl in den finsteren Zeiten der Hexenverfolgung in Europa eine heute nur noch schwer nachzuvollziehende Hysterie herrschte, waren jedoch auch immer wieder Stimmen der Vernunft zu vernehmen.
An erster Stelle sei hier natürlich Friedrich von Spee genannt, Mitglied der Gesellschaft Jesu und Seelsorger zahlreicher verurteilter Hexen. Durch diese Tätigkeit hatte von Spee intensiven Kontakt mit den vermeintlichen „Teufelsweibern", wodurch sich ihm ein völlig anders Bild der Geschehnisse bot als der breiten Masse der Bevölkerung. Einem Bekannten gegenüber erklärte er einmal, dass er bei keiner der Verurteilten, welche er auf ihren Weg in den Tod seelsorgerisch begleitete, auch nur den geringsten stichhaltigen Beweis dafür gefunden habe, dass jene zu Recht der Hexerei beschuldigt wurde. Tiefe Betroffenheit über das Schicksal jener Menschen ließen Friedrich von Spee die Schrift „Cautio criminalis seu de processibus contra Sagas Liber" zu Deutsch „Kriminalistische Vorsicht oder rechtliche Bedenken wegen der Hexenprozesse" verfassen. Jene Schrift entstand in der Zeit von 1628 bis 1630 und gibt die Ansichten des Jesuitenpaters in Bezug auf die Hexenverfolgung wieder. Erstmals erschien das Werk 1631 bei dem Buchdrucker Peter Lucius in Rinteln an der Weser. Die ersten Exemplare erschienen anonym und ohne die kirchliche Druckerlaubnis des Jesuitenordens, welche eigentlich vonnöten gewesen wäre. Zunächst war man sich nicht ganz sicher, ob natürliche Bescheidenheit des Verfassers oder Furcht vor der eigenen Courage der Grund für das anonyme Erscheinen des Buches waren. Experten sind heute der Ansicht, dass die Erstveröffentlichung sogar ohne das Wissen von Friedrich von Spee erschien. Grund für diese Annahme ist das Schlusswort späterer Ausgaben, in dem ausdrücklich betont wurde, dass der Verfasser nicht zu bewegen war, sein Werk drucken zu lassen und einer seiner Anhänger einen „from-

men Diebstahl“ beging, um der Menschheit die Ungeheuerlichkeiten der Hexenverfolgung aufzuzeigen. Obwohl sich Friedrich von Spee zunächst nicht als der Verfasser der Schrift zu erkennen gab, verdichteten sich die Vermutungen. Seine Meinung zur Hexenverfolgung war allgemein bekannt und seine nähere Umgebung wusste auch von seinen Niederschriften. Auf Druck seiner Vorgesetzten im Jesuitenorden gab sich von Spee schließlich als Verfasser zu erkennen, worauf im Orden sogar ein Ausschluss des Paters debattiert wurde. Soweit kam es jedoch nicht. Friedrich von Spee wurde jedoch von seiner bisherigen Tätigkeit entbunden und an die Universität in Trier als Theologielehrer versetzt. Dort starb er jedoch schon im Jahre 1635 an den Folgen der Pest.

Die „Cautio criminalis“ war ein flammender Appell an alle Menschen, die zuständige Gerichtsbarkeit und die gesamte Kirche, den Sinn von Hexenprozessen zu überdenken. Mit eindringlichen Worten schilderte der Verfasser die brutalen Verhöre und Folterungen, die entwürdigende Behandlung der Angeklagten und hinterfragte den Wahrheitsgehalt der erpressten Geständnisse. Vor allem sein Scharfsinn und die tiefe Menschlichkeit, mit denen Friedrich von Spee das Thema der Hexenverfolgung analysierte, waren für die damalige Zeit einzigartig. Daher wird er bis heute zu Recht als der entschiedenste Gegner der Hexenverfolgung betrachtet.

Obwohl Friedrich von Spee als bekanntester Gegner des mittelalterlichen Hexenwahns in Deutschland gilt, war er beileibe nicht der Erste. Schon einige Jahrzehnte früher war einen mahnende Stimme aus dem Herzen Europas zu vernehmen. Sie gehörte Johannes Weyer, der von 1515/16 bis 1588 lebte. Weyer hatte Medizin studiert und war ab 1550 der Leibarzt des Düsseldorfer Herzogs von Kleve-Jülich-Berg. Dort verfasste er auch sein Buch „Von den Blendwerken der Dämonen sowie von Bezauberungen und Vergiftungen“, welches erstmals 1563 erschien und neben den lateinischen Ausgaben zusätzlich noch in deutscher und französischer Sprache veröffentlicht wurde. Dieses deutet schon auf die Brisanz seiner Ausführungen hin. Weyer stritt zwar die Existenz von Hexen nicht ab, vertrat aber die Ansicht, dass es sich hierbei um verwirrte, melancholische Frauen handelte, welche den Einflüsterungen des Teufels erlagen. Oft waren es auch die Machenschaften dämonischer Wesen, welche jene Frauen verblendeten und täuschten, so dass sie Missetaten gestanden, die sie gar nicht begangen hatten. Obwohl Johannes Weyer nicht an der Macht des Teufels zweifelte, sah er die vermeintlichen Hexen in der Opferrolle und mahnte seine Mitmenschen, jene Frauen in ärztliche Behandlung und nicht auf den Scheiterhaufen zu schicken.

Weyers Veröffentlichung verursachte eine ziemliche Aufregung in kirchlichen Kreisen und man beauftragte den Theologieprofessor Cornelius Loos, eine Gegendarstellung zu schreiben. Loos, der sich intensiv mit Weyers Buch beschäftigte und in diverse Hexenprozesse in Trier involviert war, tat genau das Gegenteil. Er schloss sich Weyers Meinung an, dass die Untaten der vermeintlichen Hexen nichts als Einbildung waren. Die Geständnisse seien durch Folter erpresst und die Urteile standen schon vor Prozessbeginn fest. Cornelius Loos hütete sich jedoch, sein Manuskript der zuständigen kirchlichen Institution zur Prüfung vorzulegen, sondern gab es einem

Kölner Drucker zur Veröffentlichung. Der Klerus war natürlich empört und ließ durch den Kölner Nuntius alle Exemplare und Aufzeichnungen beschlagnahmen. Loos wurde inhaftiert und später in eine kleine Pfarrei in Brüssel zwangsversetzt. Von dort aus versuchte er weiter, gegen die Hexenverfolgung zu kämpfen. Er geriet dadurch erneut ins Visier seiner Vorgesetzten, verstarb aber, bevor ihm der Prozess gemacht werden konnte.

Neben den bereits genannten Streitern für die Gerechtigkeit war es auch Christian Thomasius, der durch seinen aktiven Einsatz mit für das Ende der Hexenverfolgung sorgte. Der 1655 in Leipzig geborene Jurist und Philosoph gilt heute als einer der frühen Vertreter der deutschen Aufklärung. Obwohl Christian Thomasius in etwa die gleichen Ansichten wie seine geistigen Väter Johannes Weyer und Friedrich von Spee hatte, war er ein weitaus streitbarerer Geist als jene. Das zeigte sich vor allem bei seiner Lehrtätigkeit an der Universität von Halle. Zum Missfallen seiner Vorgesetzten verstieß er gegen so gut wie jede der althergebrachten Universitätsregeln. So hielt er beispielsweise seine Vorlesungen in deutscher Sprache und nicht wie üblich auf Latein. Außerdem verzichtete er dabei auf den vorgeschriebenen Talar und bevorzugte ausgewählt modische Kleidung.

Gegen Ende des 17. Jahrhunderts begann sich Thomasius auch intensiv mit dem Problem der Hexenverfolgung zu beschäftigen. Sein wacher Geist ließ ihn schnell zum entschiedenen Gegner der Hexenprozesse werden. In mehreren Schriften stellte er die Hexerei als fiktives Verbrechen dar, welches durch jahrhundertelange falsche Beschuldigungen der Kirche und die dadurch im Volk ausgelöste Hysterie mittlerweile als Tatsache galten. Thomasius bestritt energisch, dass es dem Teufel möglich sei, eine körperliche Form anzunehmen. Für ihn war jener nur ein geistiges Wesen, das mit keinem Menschen ein persönliches Bündnis eingehen und erst recht nicht sexuell verkehren konnte. So entzog er den Hexereianklagen die „wichtigen" Grundpfeiler des Teufelspaktes und der Teufelsbuhlschaft. In seinen Ausführungen verbannte Thomasius sämtliche Vorstellungen von Hexerei und Zauber in das Reich von Hirngespinsten und Aberglauben. Mit außerordentlichem Scharfsinn griff er auch die führenden Vertreter der Hexenverfolgung an, was wütende Reaktionen in kirchlichen wie juristischen Kreisen hervorrief. Thomasius ließ sich davon jedoch nicht beirren und veröffentlichte weitere Abhandlungen gegen den Hexenwahn. Seine Aufopferung für die unschuldigen Angeklagten sollte nicht umsonst sein. In den Zeiten der voranschreitenden Aufklärung befassten sich immer mehr Menschen mit den wahren Gründen für die Hexenverfolgung, worauf jene immer mehr an Bedeutung verlor.

Doch nicht nur in Deutschland gab es Gegner der Hexenverfolgung. Auch in anderen Ländern Europas fanden sich immer wieder Streiter für die Gerechtigkeit.

So veröffentlichte beispielsweise der italienische Franziskaner Samuel de Cassini 1505 sein Buch „Questitio de le Strie", in welchem er die Hexenjäger selbst als Ketzer bezeichnete, da sie den heidnischen Aberglauben des Hexenfluges für Wahrheit ansahen. Er forderte die Gerichte außerdem auf, das begangene Unrecht wieder gutzumachen und den guten Namen der Opfer wiederherzustellen.

Auch der Jurist Johannes Franz de Ponzinibius aus Florenz sprach sich gegen die Rechtswürdigkeit von Hexenprozessen aus. In seiner 1520 veröffentlichten Schrift „Tractatus de Lamiis" warf er seinen Kollegen vor, das Mittel der Folter zur Wahrheitsfindung massiv zu gebrauchen. Seiner Ansicht nach müsste jedoch jeder vernünftige Gerichtsdiener erkennen, dass unter der Tortur gemachte Aussagen keinen Wert hatten. Aus Frankreich ist uns der unermüdliche Einsatz des Benediktiners Guillaume Edelin gegen die Hexenverfolgung bekannt. Jener predigte schon Mitte des 15. Jahrhunderts unermüdlich von seiner Kanzel, dass Zauberei, Hexensabbat und die vermeintlichen Hexenflüge nichts weiter als das Produkt von Aberglauben und überreizter Fantasie seien. Das ließ sich der französische Klerus natürlich nicht bieten und in einem sensationsheischenden Schauprozess wurde Guillaume Edelin dazu gebracht, sich selbst der Hexerei zu bezichtigen.
Es war damals keine Seltenheit, mit prominenten Gegnern der Hexenverfolgung so zu verfahren. Dieses war sicherlich auch ein Grund dafür, dass sich in den finsteren Zeiten der Hexenjagden viel zu wenige Menschen offen gegen die Verfolgung unschuldiger Frauen, Männer und Kinder wandten.

3. Der Teufel

Satan, Luzifer, Beelzebub, Schwarzer Mann, Herr der Fliegen, alles Synonyme für das personifizierte Böse, das Universalböse, was auch gerne unter dem Begriff Teufel zusammengefasst wird. Es war schon immer leicht, alle Missgeschicke und Unbilden des Lebens auf eine Person zu projizieren, welche zudem nicht physisch greifbar ist.
In den mittelalterlichen Hexenprozessen war der Teufel allgegenwärtig. Er war der große Verführer, welchem die Frauen nicht widerstehen konnten. Sie gaben sich ihm freiwillig zu den abartigsten sexuellen Praktiken hin, feierten mit ihm Orgien, verkehrten dort mit Ziegenböcken, töteten und verspeisten gar Kinder. Kaum war eine vormals tugendhafte Frau dem Teufel begegnet, schloss sie freudig einen Pakt mit ihm und begann in seinem Sinne den Menschen zu schaden. Laut Ansicht der Kirche ließen sich auch Männer und Kinder bereitwillig in den Bann des Teufels ziehen. Niemand schien also vor der Macht des Bösen gefeit.
Wer war also jener Teufel, jener Universalböse, welcher für alles Schlechte in der Welt verantwortlich war?
Das religiös geprägte dualistische Gut-Böse-Prinzip hatte laut verschiedener Expertenmeinungen seinen Ursprung in der Gegend des heutigen Iran. Dort hatten sich die religiösen Ansichten von eingewanderten Indogermanen mit denen der ansässigen Bevölkerung zu einer vielschichtigen Glaubenswelt vermischt. Auf diesen Grundlagen aufbauend, begann im 1. Jahrhundert v. Chr. der Religionsstifter Zarathustra seine Glaubenslehren zu verbreiten. Uns ist jener bemerkenswerte Mensch heute vor allem durch Nietzsches „Also sprach Zarathustra" bekannt. Der Zarathustrismus war von der Auseinandersetzung des guten Gott Ahura Mazda mit seinem bösen Gegenspieler Ahriman Mainyu bestimmt.

Bis heute gibt es in Indien und im Iran Volksgruppen, welche sich zum Zarathustrismus bekennen, unter anderem die Gemeinschaft der Parsen. Jene sind für unsere Betrachtungen durchaus von Interesse. Bei den Parsen handelt es sich um eine Volksgemeinschaft, welche zunächst im früheren Persien siedelte. Im Zuge der Islamisierung des Perserreiches wurden die Parsen um das 8. Jahrhundert nach Indien vertrieben, wo sie noch heute leben. Nach vorsichtigen Schätzungen zählt die Gemeinschaft in Indien heute zwischen fünfzig- bis einhunderttausend Mitglieder. Die Parsen sind eine ethnisch streng abgeschlossene Gemeinschaft. Als Parse kann man nur geboren werden, ein Konvertieren ist nicht möglich. Bei den Parsen sind besonders die früheren Bestattungsriten von Interesse. Bestattet wurden die Toten in den sogenannten Dakhmas, welche auch als „Türme des Schweigens“ bekannt waren. Laut parsischer Glaubensvorstellung war der tote Körper unrein. Deshalb durfte er nicht beerdigt werden, da er dadurch die den Parsen so heilige Erde verunreinigen würde. Ebenso war eine Feuerbestattung nicht möglich, da das Feuer laut der Lehren von Zarathustra ebenfalls als heiliges Element betrachtet wurde.
Die Schriften der Parsen sprachen von einer Dämonin namens Nasav, welche in Gestalt einer Fliege Seuchen verbreitete und in Verbindung mit den parsischen Bestattungsritualen stand. Jenes Wesen war auch als die „fliegenartige Seuchenhexe Nasav“ bekannt. An den „Türmen des Schweigens“ konzentrierten sich nach parsischer Vorstellung böse Geister. Sie wurden von der Unreinheit, Zersetzung und Fäulnis angelockt, welche von dem Toten ausging. Nicht ohne Grund stand in den parsischen Schriften geschrieben, dass die Menschen in den Dakhmas am tödlichsten seien. Auf den ersten Blick erscheint uns diese Vorstellung recht abstrus, doch wenn wir die Verehrung der Parsen für die Elemente bedenken, ergeben ihre Ansichten von Tod und Verwesung durchaus einen Sinn. In der Glaubenswelt der Parsen stellte Nasav die personifizierte Verunreinigung dar und war für die Verwesung der in den Dakhmas aufgebahrten Toten zuständig. Im Todesfall eilte die fliegenartige Hexe ungerufen herbei und kroch in die Körperöffnungen des Verstorbenen, wo sie die Verwesung in Gang setzte. Es ist uns heute bekannt, dass verschiedene Fliegenarten ihre Larven, die sogenannten Maden, auf toten Körpern absetzen. Diese ernähren sich von dem toten Fleisch und sind somit an der Verwesung beteiligt. Eine biochemische, wenn auch unappetitliche Normalität. Verständlicherweise hatten die frühen Parsen natürlich noch keine Ahnung von biochemischen Prozessen und so entstand die Legende von der fliegenartigen Seuchenhexe Nasav. Der Name Seuchenhexe kam auch nicht von ungefähr. Nasav war nicht nur für die Verwesung der Toten verantwortlich, ihr wurde auch die Verbreitung von ansteckenden Krankheiten angelastet. Die parsischen Priester waren darin geschult, Nasav zu „beschwören“. Spezielle Formeln konnten die Hexe daran hindern, den Tod aus den „Türmen des Schweigens“ zu den Lebenden zu tragen.
Erstaunlicherweise beschäftigte sich die SS, Machtinstrument der Nationalsozialisten, ebenfalls mit der fliegenartigen Seuchenhexe Nasav. Im Frühjahr 1944 gab es einen Briefwechsel zwischen SS-Obersturmbannführer Brandt und SS-Arzt Dr. Grawitz

zum Thema.[22] Eine definitive Erklärung für das Interesse der SS an einer parsischen Dämonin wird es wohl niemals geben. Ein Lösungsansatz findet sich vielleicht in der Suche nach Möglichkeiten der effektiven Leichenbeseitigung, welche in der damaligen Kriegslage dringend notwendig war. Denken wir nur an die Bilder der Leichenberge nach den verheerenden Luftangriffen auf Dresden.

Im zweiten Buch der Könige aus dem Alten Testament, begegnet uns Baal-Sebub, ein Gott der Philister aus der biblischen Stadt Ekron. Baal-Sebub ist uns auch als der „Herr der Fliegen" bekannt, weil sein Altar ständig von unzähligen Fliegen umschwärmt gewesen sein soll. In wissenschaftlichen Kreisen wird angenommen, dass der jüdische Gott der Fliegen auf die Seuchenhexe Nasav aus den Lehren des Zarathustra zurückgeht. Es ist außerdem nicht auszuschließen, dass verschiedene Elemente der parsischen Glaubenslehre im Judentum Aufnahme fanden. Von Baal-Sebub leitet sich auch Beelzebub ab, was ein bis heute gebräuchlicher Begriff für den Teufel ist. Der Name Beelzebub findet sich auch in den Evangelien des Neuen Testaments, wo er als der Oberste der Dämonen bezeichnet wird.

Neben dem Beelzebub begegnet uns das Universalböse in der Bibel noch in vielfältiger Form. Im Alten Testament ist es zunächst die Schlange, welche Eva dazu verführte, vom Baum der Erkenntnis zu essen, was zur Vertreibung von Adam und Eva aus dem Paradies führte. Ebenfalls als Verführer begegnet uns Satan im Buch Hiob. Hier tritt er allerdings noch nicht als der Gegenspieler Gottes auf, denn es heißt, dass Satan gemeinsam mit den Gottessöhnen vor den Herrn trat. Satan war also zunächst einer der Engel Gottes. Er hinterfragt jedoch die ernsthafte Frömmigkeit der Menschen und versucht am Beispiel des Hiob, Gott von der Eigennützigkeit der Menschen zu überzeugen.

Im Neuen Testament tritt dann das vielschichtige Böse in seiner Reinstform als Teufel auf. Im Evangelium des Matthäus nähert er sich niemand Geringerem als Jesus, um jenen vom rechten Glauben abzubringen. Jesus hatte sich zum Fasten in die Wüste begeben, um seinem Gott näher zu sein. Nach vierzig Tagen kam der Teufel zum hungrigen Heiland und sagte zu ihm, er solle doch Steine in Brot verwandeln, wenn er Gottes Sohn sei. Jesus ließ sich jedoch nicht beirren und antwortete: „Der Mensch lebt nicht vom Brot allein, sondern von einem jeglichen Wort, das durch den Mund Gottes geht." (Matthäus 4,4). Der Teufel ließ jedoch nicht locker und führte Jesus auf die Zinnen vom Jerusalemer Tempel. Dort sollte sich Jesus hinunterstürzen, seine Engel würden ihn wohl auffangen. Diesmal wurde der Heiland energischer und antwortete: „Du sollst Gott, deinen Herrn, nicht versuchen." (Matthäus 4,10). Nun setzte der Teufel alles auf eine Karte, führte Jesus auf einen hohen Berg, zeigte ihm alle Reiche der Welt und versprach ihm die Herrschaft über jene. Er müsse nur vor dem Teufel auf die Knie fallen und ihn anbeten. Erbost antwortete Jesus: „Hebe dich hinweg von mir Satan!" (Matthäus 4,10). Der Teufel musste einsehen, dass er verloren hatte und Jesus sich nicht von eitlem Blendwerk verführen ließ.

---

[22] Mehr dazu in Franz Wegeners empfehlenswertem Buch „Heinrich Himmler; Deutscher Spiritismus, französischer Okkultismus und der Reichsführer SS".

In der Offenbarung des Johannes begegnet uns der Teufel wieder. Hier wird er gleichzeitig als der große Drache, die alte Schlange, als Teufel und als Satan bezeichnet. Hier wird also deutlich, dass man dem Bösen zwar unterschiedlichste Namen geben kann, es sich jedoch letztendlich in einer einzigen Gestalt, dem Universalbösen, personifizieren lässt.

Im Zusammenhang mit den verschiedenen Namen, welche das Universalböse in der Bibel trägt, sollte auch der Begriff Luzifer nicht unerwähnt bleiben. Er wird oft als Name für jenen Engel verwendet, welcher gegen Gott rebellierte und so den Krieg zwischen den himmlischen Engelsscharen auslöste. Ursprünglich stammte der Begriff Luzifer aus der römischen Mythologie, wo er als Name für den Morgenstern verwendet wurde, bei dem es sich um den Planeten Venus handelte. In der christlichen Tradition hat sich Luzifer mit der Zeit zu jenem gefallenen Engel entwickelt, welcher für seinen Hochmut und seine Anmaßung, Gott gleich zu sein, von Gott zur Strafe auf die Erde verbannt wurde. In der volkstümlichen Tradition ist jener gefallene Engel mit in das Gesamtbild des Universalbösen eingeflossen.

Besondere Erwähnung fand Luzifer in den Schriften von Jacob Lorber. Jener war ein österreichischer Musiker, welcher am 15. März 1840 eine Stimme vernahm, welche ihm befahl, zur Feder zu greifen und zu schreiben. Lorbers umfangreiche Niederschriften umfassten wissenschaftliche, philosophische und auch religiöse Aspekte. Woher der sogenannte „Schreiber Gottes“ seine Eingebungen hatte, ist nie geklärt worden. Jacob Lorber war der felsenfesten Überzeugung, dass Jesus Christus ihm höchstpersönlich diktierte. Die religiösen Niederschriften Lorbers sind als „Neuoffenbarung“ bekannt. Hier war Luzifer ebenfalls ein verblendeter Engel, welcher sich auf eine Stufe mit Gott stellen wollte und deshalb aus dem Himmel verbannt wurde. Anders als in der christlichen Tradition hält in der „Neuoffenbarung“ Gott Luzifer jedoch die Möglichkeit offen, in den Himmel zurückzukehren, wenn er seinen Fehler einsehen würde. Jacob Lorbers eigenwillige Interpretation des Heilsplanes, den Gott für seine Geschöpfe hegt, mag zwar durchaus interessant sein, wird aber mittlerweile berechtigterweise angezweifelt. Kirchenhistoriker gehen davon aus, dass speziell die religiösen Niederschriften Lorbers die Sichtweise des Verfassers auf das Christentum widerspiegeln, aber sicherlich nicht von Jesus Christus diktiert wurden.

In der Zeit der Christianisierung der germanischen Stämme Europas hatte der Teufel noch keine reale Gestalt. Vielmehr wurde den Menschen gepredigt, dass ihr gesamter Glaube Teufelswerk sei und ihre Seelen nur mit dem Übertritt zum christlichen Glauben zu retten seien. Die vermeintlichen Barbaren konnten mit solchen Worten nicht viel anfangen. In ihrer Glaubenswelt gab es keinen Teufel. Man kannte zwar verschiedenste unheimliche Wesen, welche Übel in der Welt verbreiteten, aber die christlichen Missionare stellten auch die verehrten Götter unserer Vorfahren als bösartige, teuflische Gestalten hin. Erinnern wir uns nur an die sächsische Abschwörformel, in welcher Donar, Wodan und Saxnot als die „Genossen des Teufels“ hingestellt werden. Der frühmittelalterliche Volksglauben in Europa entwickelte sein ganz eigenes Bild vom Teufel. In die von der christlichen Kirche propagierte Gestalt des Universalbösen wurden die Vorstellungen von verschiedenen dämonischen Wesen der heidnischen

Religionen hineingedeutet. Bevor das Christentum seinen Siegeszug in Europa antrat, hatten die Menschen alle Unbilden des Lebens bösen Geistern und Dämonen angelastet. Jene bis dahin körperlosen, nicht greifbaren Wesen erhielten durch die christliche Teufelsvorstellung nun plötzlich eine Person, welche sich auch manifestieren konnte. Der Teufel war ja schließlich ein gefallener Engel, welchen Gott auf die Erde verbannt hatte. Mit der fortschreitenden Christianisierung Europas wurde der Glaube an bösartige Dämonenwesen immer mehr in die eine Person des Universalbösen kanalisiert. Der volkstümliche Teufel des frühen Mittelalters war also durchaus eine reale Person, von der der man ausging, sie wandelte unerkannt zwischen den Menschen. Jener wurde auch des Öfteren gesichtet, wobei nach Expertenmeinungen solche Sichtungen in der Mehrzahl auf Vergiftungen durch Mutterkorn im Roggen zurückzuführen waren. Der Verzehr von Mutterkorn führte zu äußerst unangenehmen Visionen, in welchen sich unter anderem auch der Teufel manifestierte. Der „Volksteufel" hatte allerdings eine Gestalt, welche noch stark an die unheimlichen Kreaturen der vorchristlichen Zeit erinnerte. Er wurde als dunkles Wesen beschrieben, dessen Körper mit einem Pelz bedeckt war, er hatte Hörner, einen Schwanz und Bocksfüße. Oft wurde der Teufel als Mischwesen, halb Mensch halb Tier, beschrieben.

In den Jahrhunderten der unsäglichen Hexenverfolgungen wurde das Bild des Teufels sozusagen „verfeinert". Er behielt zwar seine bocksähnliche Grundgestalt, trat aber in den unterschiedlichsten Formen in Erscheinung. Nach Ansicht der Kirche war es das Ziel des Teufels, so viele Menschen wie möglich vom rechten Glauben abzubringen und so die Weltherrschaft an sich zu reißen. Der Teufel trat also dem jeweiligen Menschen in jener Form entgegen, in der er glaubte, am leichtesten ans Ziel zu gelangen. Frauen begegnete der Teufel als charmanter, gutgekleideter Herr. Männer wurden von ihm in der Form von unwiderstehlichen, sexuell anziehenden Frauen verführt. Kindern wiederum näherte sich der Teufel häufig als Tier, welches besonders gemocht wurde.

Auch in der christlichen Welt gab es durchaus unterschiedliche Vorstellungen vom Universalbösen. Die mittelalterlichen Katharer kannten beispielsweise den Demiurgen, den „Nachbilder", welcher die diesseitige Welt als schlechte Kopie des Himmelreichs Gottes erschaffen hatte. Die Katharer waren eine religiöse Gemeinschaft, welche in Südfrankreich und Teilen Spaniens beheimatet waren. Seine Blütezeit hatte der Katharismus zwischen dem 11. und 14. Jahrhundert. Obwohl seine Anhänger gläubige Christen waren, hatten sie sich völlig von den Glaubensvorstellungen der römischen Kirche gelöst und orientierten sich am Urchristentum, welches seinen Anfang in Jerusalem genommen hatte. Das dualistische Weltbild der Katharer unterschied, wie bereits erwähnt, zwischen der diesseitigen Welt des Demiurgen und dem himmlischen Reich Gottes. In die Welt des Demiurgen, jenem „Jammertal" auf Erden hineingeboren, war es das erstrebenswerte Ziel jedes Katharers, in das Reich Gottes aufzusteigen, was jedoch nicht ohne weiteres möglich war. Der Weg zur geistigen Vollkommenheit, welcher Grundvoraussetzung war, wurde über den sogenannten „Weg zu den Sternen" in sieben Einweihungsstufen erreicht. Der Weihling wurde dabei von seinem persönlichen Parfait, einem der geistigen Führer der Katharer, von

Stufe zu Stufe begleitet. Hatte der Gläubige die höchste Stufe der Vollkommenheit erreicht, stand ihm der Weg ins Reich Gottes offen, in welches er nach seinem Ableben einging. Um das erstrebenswerte Ziel früher zu erreichen, gab es im Katharismus die sogenannte Endura, eine Art religiösen Selbstmord. Jene Art der Selbsttötung wurde meistens durch Einstellung der Nahrungsaufnahme vorgenommen. Dabei wurde der Gläubige ebenfalls von seinem Parfait begleitet.[23]
Ein so unheimliches Wesen wie der Teufel brauchte natürlich auch einen unheimlichen Ort, an welchem er sich aufzuhalten pflegte. Laut Expertenmeinung leitet sich der heute gebräuchliche Begriff Hölle vom Totenreich Hel aus der nordischen Mythologie ab. Dorthin kamen alle Verstorbenen, welche nicht den ruhmreichen Kriegstod gefunden hatten. Herrscherin über jenes Reich war die gleichnamige Totengöttin Hel. Ihr Totenland war gleichsam das Gegenstück zum strahlenden Walhall der gefallen Krieger. Da wir bereits im Kapitel über die germanische Religion erfahren haben, dass die Vorstellung vom Kriegerparadies Walhall erst zu Zeiten der Wikinger entstand, können wir davon ausgehen, dass West- und Ostgermanen das Totenland Hel ebensowenig kannten wie Walhall. Der Glauben der frühen germanischen Völker ging vielmehr davon aus, dass die Seelen der Verstorbenen Einzug in die Natur, beispielsweise in Bäume oder Tiere fanden. Jene Vorstellung wird in der Fachwelt auch als der germanische Seelenglauben bezeichnet. Der Glaube an ein Totenreich fand erst ab dem 6. Jahrhundert seine Verbreitung in Europa. Das Eindringen der christlichen Religion in die Glaubenswelt der germanischen Stämme machte aus dem Reich der Totengöttin Hel einen strafenden Ort, in welche alle Sünder verbannt wurden. Da die Religion des gekreuzigten Heilands auf die Grundfesten des Judentums aufbaute, können wir davon ausgehen, dass die Hölle als Ort der Strafe auf die sogenannte „Feuerhölle“ der jüdischen Geschichte zurückgeht. In der jüdischen Tradition war die Hölle ein real existierender Ort, welcher in einem Tal nahe der Stadt Jerusalem lag. Das Tal Ge-Hinnom war ein ungemütlicher Ort, eine wüste Landschaft, aus deren Boden Rauch aufstieg. Einstmals soll dort der altorientalische Gott Moloch verehrt worden sein, dem man grausame Menschenopfer darbrachte. Solch ein Ort eignete sich natürlich hervorragend als Wohnstatt für den Teufel des Christentums. Die Kirche propagierte zwar nicht mehr die Gegend um Jerusalem, behielt aber die Form der Hölle aus der jüdischen Überlieferung bei. Wenn wir das Wort Hölle hören, denken wir unweigerlich an einen unheimlichen, rauchverhangenen Ort, an welchem Feuer lodern. Jene Vorstellung, welche durch die jahrhundertelange Beeinflussung durch die Kirche entstand, hatte also mit Sicherheit ihren Ursprung in der jüdischen Religion. Wie müssen wir uns nun die christliche Hölle vorstellen?
Zuerst sei angemerkt, dass die Hölle das Gegenstück zum Himmelreich Gottes war. In die Hölle kamen nach dem Tod alle Sünder, deren Verfehlungen zu Lebzeiten so schwer waren, dass ihnen die Aufnahme in Gottes Reich verwehrt wurde. Laut christ-

---

[23] Sollten meine geneigten Leser mehr über die Glaubenswelt der Katharer und ihre brutale Vernichtung durch die römische Kirche erfahren wollen, möchte ich an dieser Stelle mein Buch „Mysterium Heiliger Gral“, erschienen im Bohmeier Verlag, empfehlen.

lichen Vorstellungen befand sich die Hölle im Inneren der Erde. Es gab neben der eigentlichen Hölle noch das Fegefeuer sowie zwei Vorhöllen. Der Aufenthalt der Sünder in den jeweiligen Bereichen wurde durch die Schwere ihrer Schuld bestimmt. Die Hölle selbst wurde meistens als finsterer, hässlicher Ort, umschlossen von dunklen Mauern beschrieben, welcher von den Schreien der gepeinigten Sündern widerhallte.

Der Autor Gernot L. Geise stellt in seinem Buch „Der Teufel und die Hölle - historisch nachweisbar" eine durchaus interessante These auf, welche ein ganz anderes Bild vom Teufel und der Hölle entwirft. Laut Geise war der Teufel kein unheimlicher, dämonischer Geselle, sondern ein Berufszweig(!), welcher unter anderem das Einäschern und Begraben von Verstorbenen besorgte, in der Schmiedekunst bewandert war und eine Lichtsignalstation betrieb. Der Beruf des Teufels war also für das Wohl der Gemeinschaft wichtig und der Teufel durchaus eine angesehene Person. Auf Grund der verrichteten Arbeit lässt sich so auch das Äußere des Teufels erklären, wie es uns heute überliefert ist. Das angebliche zottige Fell war die wärmende und vor Regen schützende Kleidung des Teufels, welcher sich auf Grund seiner Tätigkeit fast ständig im Freien aufhielt. Der Gestank von Pech und Schwefel kam vom vielen Hantieren mit Feuer. Der Bocksfuß oder der hinkende Gang waren möglicherweise auf eine Kriegsverletzung zurückzuführen, da oft ehemalige Krieger als Hellmänner eingesetzt wurden. Hellmann war laut Geise eine andere Bezeichnung für den Berufszweig des Teufels und leitet sich von der Signal- bzw. Alarmstation ab, welche als Helle bezeichnet wurde. Eine Helle lag immer auf einem strategisch günstigen Platz, von welchem eine Feindannäherung beizeiten entdeckt wurde. Um solcherart Feindbewegung richtig deuten zu können, wurden oft ehemalige Soldaten mit der Aufgabe des Hellmanns betraut. Bei Gefahr gab jener an die benachbarten Signalstationen Feuer- und Rauchzeichen, so dass die Bevölkerung rechtzeitig gewarnt war. Da eine Hellstation ständig besetzt sein musste, lebte der Hellmann praktisch außerhalb der Gesellschaft. Er wurde von der Gemeinschaft jedoch mit allem versorgt, was er zum Leben brauchte. Nach Geises Ansicht sind die uns heute als Opferplätze bekannten Stellen, welche mit heidnischem Götzenkult in Verbindung gebracht werden, nichts weiter als jene Plätze, wo die Bevölkerung ihre Gaben für den Hellmann hinterlegten. Obwohl der Hellmann ein ehrbarer Berufsstand war, wollten die meisten Menschen seinem Arbeitsumfeld nicht zu nahekommen, es galt faktisch als Tabuzone. Das hatte sicherlich mit seiner weiteren Tätigkeit als Totengräber zu tun. Obwohl der Tod an sich nichts Geheimnisvolles ist, war ein Mann, der die Leichen verbrannte und beerdigte, auch bei unseren Vorfahren schon mit einer unheimlichen Aura umgeben. Geise ist der Ansicht, dass große Teile Europas mit einem Netz aus Signalstationen versehen waren, welches er als keltisches Nachrichtensystem deutet. Der historische Wahrheitsgehalt lässt sich sicherlich nur schwer beweisen, aber die Vorstellung eines militärischen Frühwarnsystems unserer Vorfahren ist durchaus interessant. Wenn es so ein Alarmsystem tatsächlich gab, war den Franken wohl daran gelegen, bei der Unterjochung des heidnischen Europas ein solches System zu zerschlagen. Die Hellmänner wurden damit zu wahrlich „armen Teufeln". Als Außenstehende der Gesellschaft, welche durch die Predigten der christlichen Missionare zudem noch mit den dämonischen Wesen der Bibel gleichgesetzt wurden, konnten sie ihren Lebensunterhalt vielfach nur noch durch nächtliche Diebestouren bestreiten. So wurde der vormals ehrbare Berufsstand des Teufels im Volksglauben zu einem unheimlichen Wesen degradiert, welches sich des Nachts zu den Menschen schlich, um ihnen Schaden zuzufügen. Durch die weitere Beeinflussung der Kirche entstand so das Bild des Universalbösen, wie wir es heute kennen. In Gernot L. Geises Buch sind auch einige Bilder von ehemaligen Hellstationen abgebildet, welche er auch als Ludrenplätze bezeichnet. Einen solchen Ludrenplatz auf dem Herzberg nahe Bad Homburg habe ich persönlich besucht. Nach einigem Suchen entdeckte ich im dichtbewachsenen Wald einen kleinen aufgeschichteten Steinkreis, welcher zur Einfassung des Signalfeuers gedient haben soll. Die Lage des vermeintlichen Ludrenplatzes auf dem Gipfel des Herzberges lässt eine Signalstation durchaus möglich erscheinen. Geise identifiziert auch die uns wohlbekannten Externsteine als vermeintliche Signalstation. Das „Sonnenloch" in der Kapelle soll demnach als Beobachtungspunkt auf die nächstgelegene Nachrichtenstation gedient haben. Die unteren Höhlenräume in den Externsteinen sollen zur Verbrennung von Leichen gedient haben. Geise schreibt von wissenschaftlichen Untersuchungen, welche ergeben haben, dass in den bewussten Höhlenräumen über längere Zeit sehr heiße Feuer gebrannt haben sollen. Eine zeitliche Datierung deutet auf eine Nutzung der Externsteine als Hellstation vor unserer Zeitrechnung hin. In Verbindung mit den Hellstationen sollen auch die Hellwege nicht unerwähnt bleiben. Als Hellwege wurden im Mittelalter verschiedene Fernhandelswege bezeichnet. Jene Wege waren meist schon sehr alt und bei verschiedenen Volksgruppen Europas war es üblich, die Asche der Toten an solchen Wegen beizusetzen. Der Ursprung des Begriffes Hellweg hatte also möglicherweise mit der Helle zu tun, wo die Toten verbrannt wurden. Insgesamt kann man die Ausführungen von Gernot L. Geise als durchaus beachtenswert bezeichnen. Inwieweit sie allerdings historisch belegbar sind, muss noch geklärt werden. Grenzwissenschaftlich begeisterten Lesern kann ich die Lektüre von „Der Teufel und die Hölle - historisch nachweisbar" jedoch nur wärmstens empfehlen.

Stellen wir uns nun am Ende dieses Kapitels noch einmal die alles entscheidende Frage: Was oder wer ist der Teufel?

Meiner Ansicht nach war der Teufel als personifiziertes Universalböses eindeutig eine Erfindung der christlichen Kirche. Ausgehend von den verschiedenen dämonischen Gestalten der biblischen Geschichten wurden im Zuge der Christianisierung Europas alle heidnischen Dämonen- wie Göttergestalten in die Person des einen Teufels kanalisiert, wie wir sie bis heute kennen.

Schlussbemerkung

Wir sind nun am Ende unserer Reise zu den Wurzeln unserer germanischen Vorfahren angekommen. Am Beispiel des altsächsischen Gottes Krodo haben wir gesehen, wie leicht es den Anhängern der Kirche im frühen Mittelalter gelang, aus einem vorchristlichen Gott einen „christlichen“ Teufel zu machen.
Die alten germanischen Götter sind vielfach in Vergessenheit geraten. Durch die zeitweilige Überhöhung alles Germanischen in der Zeit des Nationalsozialismus hatte die Beschäftigung mit der Geschichte unserer Vorfahren lange Zeit einen negativen Beigeschmack. Inzwischen ist jedoch das allgemeine Interesse an der germanischen Geschichte wieder stärker geworden. Das vorliegende Buch soll dazu seinen Beitrag leisten.

ENDE

Der Krodoaltar im Museum von Goslar.

Literaturverzeichnis

Verlag und Jahr beziehen sich auf die jeweils vom Autor verwendete Ausgabe

Agte, Patrick	„Der Sachsenhain bei Verden", Munin Verlag 2001
Algermissen/Konrad	„Germanentum und Christentum", Verlag Joseph Giesel 1934
Baatz, Dietwulf	„Der Römische Limes", Gebr. Mann Verlag 1975
Berlitz, Charles	„Die Suche nach der Arche Noah", Deutscher Bücherbund GmbH & Co. 1987
Betha, Ernst	„Die Erde und unsere Ahnen", Deutschherren Verlag 2001
Calvör, Caspar	„Das alte und heydnische Nieder-Sachsen"; Christoph König/Buchhändler Goslar 1714
Dahn, Felix u. Therese	„Germanische Götter- und Heldensagen"; Marix Verlag 2004
Dahn, Felix	„Die Goten", Emil Vollmer Verlag k .A.
Delius, Christian Heinrich	„Untersuchungen über die Geschichte der Harzburg und den vermeinten Götzen Krodo", Halberstadt 1826 *und* „Über den vermeinten Götzen Krodo zur Harzburg", Halberstadt 1827
Deschner, Karlheinz	„Kriminalgeschichte des Christentums/ Band 4/ Frühmittelalter", Rohwohlt Verlag 1994
di Nola, Alfonso	„Der Teufel", Hugendubel Verlag 1990
Döbler, Hannsferdinand	„Die Germanen", Orbis Verlag 2000
Epperlein, Siegfried	„Karl der Große", Deutscher Verlag der Wissenschaften 1973
Ewig, Eugen	„Die Merowinger und das Frankenreich", Verlag W. Kohlhammer
Franke, Alfred	„Rom und die Germanen", Grabert Verlag 1980
Gardner, Laurence	„Das Geheimnis der Gralskönige", Ullstein 2006
Geise, Gernot L.	„Die Hexen", Michaels Verlag 2002 *und* „Der Teufel und die Hölle - historisch nachweisbar", Efodon e. V. 2000
Giovetti, Paola	„Der gefallene Engel", Hugendubel Verlag 2003
Gloger, Bruno/ Zöllner, Walter	„Teufelsglaube und Hexenwahn", Böhlau Verlag Wien 1999
Gorsleben, Rudolf John	„Hochzeit der Menschheit", HAG-ALL Verlag 2005
Griep, Hans-Günther	„Harzer Legenden", Verlag August Thuhoff 2003 *und* „Mythologie Harz", Verlag Schadach 2002
Gutmann, Christoph/ Schadach, Volker	„Kaiserpfalz Goslar", Verlag Schadach 2002
Hammes, Manfred	„Hexenwahn und Hexenprozesse", Fischer Taschenbuchverlag 1977
Hammerbacher, Hans Wilhelm	„Die Donareiche", Orion Heimreiter Verlag 2002 *und* „Die hohe Zeit der Sueben und Alamannen", Orion Heimreiter Verlag 1974
Hasler, Eveline	„Die Vogelmacherin", Verlag Nagel & Kimche 1997
Hägermann, Dieter	„Karl der Große", List Verlag 2003
Henze, Usch	„Osning - Die Externsteine", Neue Erde Verlag 2006
Hermerding, Dr. Siegfried	„Die Magier vom Klus", Verlag Joachim Hermerding 1995
Hellenthal, Verena	„Widukind", Sutton Verlag 2009
Heine, Alexander	„Berichte über Germanen und Germanien", Phaidon Verlag k. A.
Herwig Wolfram	„Das Reich und die Germanen", Siedler Verlag 1998
Hohenschwert, Dr. Friedrich/ Prof. Springhorn, Rainer	„Die Externsteine", Landesverb. Lippe 2000
Hofmann/Prof. Hans	„Kirchengeschichte", O. R. Reislandverlag 1925
Imhof, Michael/ Stasch, Gregor K. (Hrg.)	„Bonifatius", Michael Imhof Verlag 2004
Jung, Ernst F.	„Die Germanen", Weltbild Verlag 1993
Katholing, Winfried	„Die Großstein-Skulpturen - Kultplätze der Steinzeit", W. Katholing, Aschaffenburg 2001 *und* „Heilige Stätten der Heiden und Ketzer", W. Katholing, Aschaffenburg 1999
Kiekebusch, Albert	„Germanische Geschichte und Kultur", Verlag Quelle & Meyer 1935
Knappe, Hartmut	„Brocken, Harz und Hexentanz", Knappe/ Wernigerode 1995

Kortum, Carl Arnold	„Beschreibung einer neuentdeckten alten germanischen Grabstätte", Gebrüder Mallinckrodt/ Dortmund 1804
Koch, Karl	„Widukind - Heide und Heiliger", Verlag J. P. Bachem 1935
König, Emil B.	„Hexenprozesse", A. Bock Verlag k. A.
Krause, Arnulf	„Die Geschichte der Germanen", Campus Verlag 2005
Krüger, Dennis (Hrg.)	„Externsteinforschung im Spiegel 30er Jahre", Forsite-Verlag 2004
Kurowski, Franz	„Die Sachsen", Manfred Pawlak Verlag k. A. *und* „Die Friesen", Manfred Pawlak Verlag 1987
Leonhard, Julius Gottfried Eberhard	„Die Harzburg und ihre Geschichte", Helmstedt 1825
Lamprecht, Karl	„Deutsche Geschichte", Weidmansche Buchhandlung Berlin 1920
Machalett, Günther	„Die Kluskapelle in Goslar", Hagenberg-Verlag 1982
Messadiè, Gerald	„Teufel, Satan, Luzifer" Eichborn Verlag 1995
Mogk, Eugen	„Germanische Religionsgeschichte und Mythologie", Verlag Walter Gruyter & Co. 1933
Moreau Jacques	„Die Kelten", Emil Vollmer Verlag k. A.
Mund, Rudolf J./ Wiligut, Karl Maria	„Fragmente einer verschollenen Religion", Deutschherren Verlag 2002
Nack, Emil	„Germanien", Verlag Carl Ueberreuter 1977
Nyssen, Wilhelm/ Sonntag, Franz-Peter	„Der Gott der wandernden Völker", St. Benno Verlag 1969
Otto, Bertram	„Die Nachricht kam über die Alpen", Verlag Borromäusverein 1967
Paetow, Karl	„Die Wittekindsage", Adolf Sponholtz Verlag 1994
Pantle, Christian	„Die Varus-Schlacht", List Verlag 2010
Pohanka, Reinhard	„Die Völkerwanderung", Marix Verlag 2008
Quidde, Dr. L. (Hrg.)	„Das Blutbad von Verden", Verlag J.C.B. Mohr 1889
Rohkam, Heinrich	„Sechs Märchen um Bad Harzburg", Giebel & Oehlschlägel 1971
Roskoff, Gustav	„Geschichte des Teufels", Greno Verlagsgesellschaft 1987
Röhner, Regina	„Hexen müssen brennen", Chemnitzer Verlag 2000
Röttger, Klaus	„Der Krodo-Mythos", Harzklub-Zweigverein Bad Harzburg e.V. 2004 *und* „Von Kaisern, Räubern und Wilddieben", Harzklub- Zweigverein e.V. 2005
Rückert, Hans	„Die Christianisierung der Germanen", Verlag J.C.B. Mohr 1934
Schlender, J. H.	„Germanische Mythologie", Verlag Alexander Köhler 1925
Schmidt, Karl Dietrich	„Widukind", Vandenhoeck & Dietrich 1935 *und* „Die Christianisierung der Sachsen", Vandenhoeck & Dietrich 1937
Schormann, Gerhard	„Hexenprozesse in Deutschland", Vandenhoeck & Ruprecht
Schucht, H.	„Chronik des Ortes Oker", C. R. Stolle`s Hofbuchhandlung 1888
Schuchert, August	„Kirchengeschichte", Verlag Borromäusverein 1955
Schwaiger, Georg (Hrg)	„Teufelsglaube und Hexenprozesse", Nikol Verlag 2007
Schwarz, Ernst	„Germanische Stammeskunde", VMA-Verlag 2010
Sebald, Hans	„Hexenkinder", S. Fischer Verlag 1996
Simrock, Karl (Übersetz.)	„Die Edda", J. G. Cotta'scher Verlag 1855
Spanuth, Gottfried	„Die altgermanische Religion und das Christentum", Vandenhoeck & Ruprecht 1934
Strasser, Karl Theodor	„Sachsen und Angelsachsen" Hanseatische Verlagsanstalt 1931
Trimondi, Victor u. Victoria	„Hitler, Buddha, Krishna", Überreuter 2002
Vogler, Mike	„Mysterium Heiliger Gral", Bohmeier Verlag 2010
von Padberg, Lutz E.	„Bonifatius", R. Brockhaus Verlag 1989
von Ricklingen, Gerwin	„Renaissance eine verlorenen Mythos", Forsite-Verlag 2009
Weber, Hartwig	„Kinderhexenprozesse", Insel Verlag 1991
Zimmermann, J. A.	„Die Heiligen Columban und Gallus nach ihrem Leben und Wirken", A. J. Köpel Verlag 1865
Werner, Helmut	„Die Hölle", Area Verlag 2006
k. A.	„Die Bibel", Daumüller Verlagsgesellschaft 1964